中国古代建筑知识普及与传承系列丛书·中国古建筑地图
HISTORICAL ARCHITECTURAL MAP OF GUIZHOU

贵州古建筑地图

赵海翔　吴锐　编著

清華大学出版社
北京

图书在版编目（CIP）数据

贵州古建筑地图 / 赵海翔，吴锐编著 . —北京 : 清华大学出版社，2023.4
（中国古代建筑知识普及与传承系列丛书 . 中国古建筑地图）
ISBN 978-7-302-62063-1

Ⅰ . ①贵… Ⅱ . ①赵… ②吴… Ⅲ . ①古建筑—介绍—贵州 Ⅳ . ① K928.717.3

中国版本图书馆 CIP 数据核字（2022）第 195109 号

责任编辑：徐　颖
装帧设计：谢晓翠
责任校对：王荣静
责任印制：杨　艳

出版发行：清华大学出版社
网　　址：http://www.tup.com.cn，http://www.wqbook.com
地　　址：北京清华大学学研大厦 A 座　　**邮　　编**：100084
社 总 机：010-83470000　　**邮　　购**：010-62786544
投稿与读者服务：010-62776969，c-service@tup.tsinghua.edu.cn
质量反馈：010-62772015，zhiliang@tup.tsinghua.edu.cn
印 装 者：小森印刷（北京）有限公司
经　　销：全国新华书店
开　　本：180mm×260mm　　**印　　张**：27.75　　**字　　数**：953 千字
版　　次：2023 年 4 月第 1 版　　**印　　次**：2023 年 4 月第 1 次印刷
定　　价：219.00 元

产品编号：092492-01

献给关注中国古代建筑文化的人们

策　划：华润雪花啤酒（中国）有限公司
　　　　清华大学建筑学院
统　筹：王　群　朱文一
主　持：王贵祥　曾申平
执　行：清华大学建筑学院
资　助：华润雪花啤酒（中国）有限公司

参　赞：
廖慧农　李　菁　马冬梅　张　弦
刘　敏　毕朝娇　张　巍　韩晓菲
刘　旭　张宜坤

总序一

2008年年初，我们总算和清华大学完成了谈判，召开了一个小小的新闻发布会。面对一脸茫然的记者和不着边际的提问，我心里想，和清华大学的这项合作，真是很有必要。

在“大国”“崛起”街谈巷议的背后，中国人不乏智慧、不乏决心、不乏激情，甚至不乏财力。但关键的是，我们缺少一点“独立性”，不论是我们的“产品”，还是我们的“思想”。没有“独立性”，就不会有“独特性”；没有“独特性”，连“识别”都无法建立。

我们最独特的东西，就是自己的文化了。学术界有一句话：“建筑是一个民族文化的结晶。”梁思成先生说得稍客气一些：“雄峙已数百年的古建筑，充沛艺术趣味的街市，为一民族文化之显著表现者。”当然我是在“断章取义”，把逗号改成了句号。这句话的结尾是：“亦常在‘改善’的旗帜之下完全牺牲。”

我们的初衷，是想为中国古建筑知识的普及做一点事情。通过专家给大众写书的方式，使中国古建筑知识得以普及和传承。当我们开始行动时，由我们自己的无知产生了两个惊奇：一是在这片天地里，有这么多的前辈和新秀在努力并富有成果地工作着；二是这个领域的研究经费是如此的窘迫，令我们瞠目结舌。

希望“中国古代建筑知识普及与传承系列丛书”的出版，能为中国古建筑知识的普及贡献一点力量；能让从事中国古建筑研究的前辈、新秀们的研究成果得到更多的宣扬；能为读者了解和认识中国古建筑提供一点工具；能为我们的“独立性”添砖加瓦。

王群

华润雪花啤酒（中国）有限公司总经理

2009年1月1日于北京

总序二

2008年的一天，王贵祥教授告知有一项大合作正在谈判之中。华润雪花啤酒（中国）有限公司准备资助清华大学开展中国建筑研究与普及。资助总经费达1000万元之巨！这对于像中国传统建筑研究这样的纯理论领域而言，无异于天文数字。身为院长的我不敢怠慢，随即跟着王教授奔赴雪花总部，在公司的大会议室见到了王群总经理。他留给我的印象是慈眉善目，始终面带微笑。

从知道这项合作那天起，我就一直在琢磨一个问题：中国传统建筑还能与源自西方的啤酒产生关联？王总的微笑似乎给出了答案：建筑与啤酒之间似乎并无关联，但在雪花与清华联手之后，情况将会发生改变，中国传统建筑研究领域将会带有雪花啤酒深深的印记。

其后不久，签约仪式在清华大学隆重举行，我有机会再次见到王总。有一个场景令我记忆至今，王总在象征合作的揭幕牌上按下印章后，发现印上的墨色较浅，当即遗憾地一声叹息。我刹那间感悟到王总的性格。这是一位做事一丝不苟、追求完美的人。

对自己有严格要求的人，代表的是一个锐意进取的企业。这样一个企业，必然对合作者有同样严格的要求。而他的合作者也是这样的一个集体。清华大学建筑学院建筑历史与文物保护研究所，这个不大的集体，其背后的积累却可以一直追溯到80年前，在爱国志士朱启钤先生资助下创办的“中国营造学社”。60年前，梁思成先生把这份事业带到清华，第一次系统地写出了中国人自己的建筑史。而今天，在王贵祥教授和他的年长或年轻的同事们，以及整个建筑史界的同人们的辛勤耕耘下，中国传统建筑研究领域硕果累累。又一股强大的力量！强强联合一定能出精品！

王群总经理与王贵祥教授，企业家与建筑家十指紧扣，成就了一次企业与文化的成功联姻，一次企业与教育的无间合作。今天这次联手，一定能开创中国传统建筑研究与普及的新局面！

朱文一

清华大学建筑学院院长
2009年1月22日凌晨于清华园

总序三

清华大学建筑学院与华润雪花啤酒（中国）有限公司在中国古代建筑普及与传承方面的合作，已经进入了第二个阶段。在第一个阶段的合作中，在华润雪花的大力支持下，清华大学建筑学院建筑历史与文物保护研究所的教师与研究生，投入了极大的努力，先后完成了《北京古建筑五书》（2009 年）、《中国民居五书》（2010 年）、《中国古建筑装饰五书》（2011 年）、《中国古都五书》（2012 年）和《中国园林五书》（2013 年）等，共 5 个系列 25 部中国古代建筑普及性读物。这其实只是有关中国古代建筑知识普及与传承工作的开始，按照这样一种模式，很可能还会有《中国古代宫殿建筑五书》《中国古代佛教建筑五书》《中国古代军事防卫建筑五书》，如此等等，因为延续了 5000 年之久的中国古代建筑，是一个十分庞大复杂的体系。关于古代建筑的知识，类似普及性读物的写作与出版，还可以继续许多年。然而，这又是一个几乎难以完成的目标，因为，随着研究的深入，相关的知识，还会处在一个不断增加的过程之中。正是在这样一种成功与困惑的两难之中，清华大学建筑学院与华润雪花啤酒（中国）有限公司，开启了双方合作进行中国古代建筑普及与传承出版工作的第二阶段。

第二阶段的工作应该如何开展，究竟怎样才能既最有效，又最全面地向社会普及中国古代建筑的基本知识。华润雪花针对这个问题，做了大量的市场调查与分析，在充分的市场第一手数据的支持下，华润雪花的决策者们提出了一个全新的思路，即为全国范围，包括港、澳、台地区的古代建筑遗存，做一个全面而系统的梳理，完成一套以各省、自治区、直辖市及港、澳、台为单位的中国古建筑地图集。把我们的老祖宗留给我们的那些古建筑家底，做一个系统的梳理，并以简单、明快、便捷的语言与图形模式，做出既具学术性，又通俗易懂的说明。这其实既是一套科普性读物，同时也是一套实用性的工具书。

这确实是一个有魄力的决定，同时也是一个庞大、复杂的系统工程。为了完成这样一套具有全面覆盖性的中国古建筑通俗性、工具性读物，不仅需要有能够覆盖全国尚存古代建筑的详细资料与相应建筑史知识体系，而且要对这些建筑所在的准确位置，保存状况，交通信息，联系信息等读者可能需要的资料，一一搜集、梳理，并以一种适当的方式在书中表达出来，以方便读者学习或前往参观、考察。

既然是一本古建筑地图集，就不仅要有翔实而准确的古代建筑知识，以及这些古代建筑遗存的相关信息，还要有直观、明了的地图表达模式。这同样是一个十分复杂的工程。我们地图集的作者们，不仅要仔细斟酌每一座古建筑的历史、艺术诸方面的价值，要认真整理、提炼与这座古建筑相关的种种信息，而且，还有搜集并提供与这些建筑直接相关的图片资料，此外，更重要的，是要将每一座古建筑的空间定位，准确地表达在一张清晰而简练的地图上。

这就需要我们这些参与写作的古建筑专家们，不仅要仔细而缜密地以一种恰当方式，来描绘每一个省、自治区、直辖市及地、市、县的地图，而且，要在这些地图上，将这些古建筑准确地标识出来。这样一个烦琐而细密的工作，其中包含了多少具体而微的繁杂文字、图形与数据性工作，又有多少细致而准确的科学定位工作，是可以想见的。这对于那些本来主要是从事古代建筑历史研究与保护的古建筑学者们来说，是一个不小的挑战。

困难是现实的，工作内容是庞杂而繁细的，但既然社会有这样一个需求，既然华润雪花啤酒（中国）有限公司的领导们，从民族文化与大众需求的角度，向我们提出了这个要求，我们的老师和博士、硕士研究生们，就必须迎难而上，必须实实在在，一丝不苟地为读者们打造出一套合格的中国古代建筑地图集，这不仅是华润雪花啤酒（中国）有限公司对中国古代建筑研究与教学多方位支持的一个回报，更是向社会大众普及中华民族传统建筑文化的责任所在。

这是一个需要连续五年的漫长工作周期，每一年都需要完成5部，覆盖五个省、自治区、直辖市或地区的重要古代建筑地图集。随着每年5本地图集的问世，一套简略、快速而概要地学习与了解中国古代建筑历史知识的丛书，就会展现在我们读者们的面前，希望我们的读者，无论是为了学习古代建筑知识，抑或是为了休闲旅游的实用功能，都能够喜欢这套丛书，很好地利用这套丛书，同时，在阅读与使用中，如果发现我们的丛书中，还有哪些不尽如人意之处，也希望有识方家与广大读者不吝赐教，及时给我们提出来，我们将认真对待每一位读者的意见和建议，不仅要在后续的地图集编写工作中，汲取大家的意见，而且还会在今后可能的再版中加以修正与完善。

王贵祥

于清华大学建筑学院

作者简介

赵海翔
Zhao Haixiang

中央民族大学美术学院环境设计系副教授、硕导，清华大学建筑学院建筑设计及其理论博士研究生，文化和旅游部恭王府中华传统技艺研究与保护中心研究员。近年在设计工作之余，对传统聚落和民居建筑进行了大量的实地调研，完成论文和课题包括《全球化视野下对民族性建筑的再思考》《少数民族建筑中的民族性探析》、中国美协《现代欧洲城市建筑对历史文化场所的重塑》、中国工程院《当代中国建筑设计现状与发展研究》（清华子课题参加人）；出版有《少数民族建筑艺术概论》《纪念性空间研究》《云南古建筑地图》等。于2014年起任住建部传统民居保护工作组成员期间，参加了《中国传统民居类型全集》和《中国传统建筑解析与传承》等课题工作。

吴锐
Wu Rui

毕业于中央民族大学美术学院环境设计系，现从事建筑和景观设计工作。自大学起即对传统聚落和民居建筑有浓厚的兴趣，近年开始对西南地区的古建筑及村落进行了较多的实地调研，曾参与多个传统村落保护和发展规划设计项目，以及传统街区改造和民居建筑改造设计工作等。

贵州古建筑概述

一、贵州概况

贵州省位于中国西南部，云贵高原东部，东毗湖南、南临广西、西接湖南、北连四川、重庆，总面积约为17.6万平方公里。贵州境内地势西高东低，自中部向北、东、南三面倾斜，有“八山一水一分田”之说，是全国唯一没有平原的省份。全省地貌分为高原、山地、丘陵和盆地四种基本类型，其中高原和山地居多。

贵州简称贵或“黔”，其建制沿革历史始终与“黔”字息息相关。早在战国时期，今贵州部分区域属于楚国的黔中，秦代在此设立黔中郡。而至唐代在今贵州设黔中道，建黔州郡，设黔州都督府等。至于为何最早使用”黔”字为名，说法大致有二类，一是字义说，《说文解字》有“黔，黎也。从黑，今声。秦谓民为黔首，谓黑色也，周谓之黎民”。以“黔”为名，可能与此地侗族、苗族等少数民族普遍常见穿黑色衣服和戴黑色或深青色头巾有关孔颖达《礼记》疏，“黔，谓黑也。凡人以黑巾覆头，故谓之黔首”。二是字音方面，民族学相关专家认为，“黔”的发音和当地侗水语支民族的自称“我”的发音类似，是结合了其音译。

贵州省现有9个地级行政区划单位，包括贵阳市、六盘水市、遵义市、安顺市、铜仁市、毕节市6个地级市，以及黔西南布依族苗族自治州、黔东南苗族侗族自治州和黔南布依族苗族自治州3个少数民族自治州。贵州是一个多民族共居的省份，共有54个民族人口，其中世居民族有汉族、苗族、布依族、侗族、土家族、彝族、仡佬族、水族、回族、白族、瑶族、壮族、畲族、毛南族、满族、蒙古族、仫佬族、羌族等18个民族。据2020年统计，各少数民族人口占总常住人口的比例为36.44%。

贵州属于喀斯特典型区域，是世界上岩溶地貌发育最典型的地区之一。由于处于纬度较低海拔较高的高原，属亚热带湿润季风气候，气温变化小、气候温暖湿润，冬暖夏凉、气候宜人。多样的地形变化，使贵州的气候具有 “一山分四季，十里不同天”的特点。贵州省山川秀丽，气候宜人，自然资源富集，是中国古人类发祥地和中国古文化重要的发源地之一，至今已陆续发现多处旧石器时代的重要文化遗址。

1. 历史沿革和建筑发展

由于贵州的地形地貌特点，使得贵州的“洞居”有着得天独厚的自然条件，除了陆续发现原始人类洞穴居住的遗址，还有很多自古至今人们利用洞穴营建生产生活居所、宗教场所的实例。

在贵州西部发现汉代之前的少量半地穴式和地面式建筑、窑址等作坊遗址和墓葬建筑遗存。在贵州毕节以汉代夜郎文化为主的遗址中出土的砖瓦，以及带有斗拱的干阑式陶屋模型，与现在的干阑式民居结构类似，一定程度上反映了当时本土建筑的发展情况。在贵州部分地区发现了不少的两汉时期汉式墓葬，形制与中原地区相似，出土的陶屋模型与汉代中原地区的做法基本一致，也反映了当地受汉文化影响的程度。

简言之，秦汉时期的贵州，一方面主要为本土族群为主的先民发展；另一方面汉文化逐渐进入。秦开“五尺道”，开启了中央王朝开发贵州的历史；从西汉中期开始，武帝开发西南夷、推行郡县制，汉文化由四川地区自北而南，沿着既有的文

织金营上村石洞房

化孔道，向黔中及黔西南发展。期间，汉代移入云贵的“三蜀大姓”和当地的土酋结合成“南中大姓”，以大姓为中心建立少数民族政权，更迭兼并。其后经历了百濮、氐羌、苗蛮、百越等众多民族体系的变迁和融合、汉文化的渗透，一定程度上为贵州民族分布及民族关系奠定了历史基础。

在对建筑的影响方面，随着唐宋时期兴修了水利、航运和道路工程，迅速带动了贵州的发展；宋元时期，贵州已陆续开始了城垣建设；尤其在明清以后，贵州宣慰使司的设立，使贵州政治地位和军事战略地位进一步提升，加之东西、南北驿道的打通，使贵州交通大为便捷，经济迅速发展，客观上也促进了建筑的迅速发展。明初开始的“调北征南”，在贵州通往云南的驿道两旁大举屯兵，来自江南地区的屯兵，带来汉族地区的生产方式和传统文化。明清时期水路交通的改善、移民屯垦的加速等利于商贸的繁荣，加快了各类建筑在贵州高原的发展变化。由此逐步形成贵州的因受持续的汉地移民而影响的民居和宗教文化建筑，以及受军事和政治因素影响的建筑，这些建筑和本土各民族自有的特色建筑在一起，既独立又不断交融，成为贵州建筑特点的发展基础之一。

2. 贵州古建筑的主要影响因素

贵州传统建筑的发展和演变深刻地体现出特殊的自然地貌与特定的历史事件交互影响，主要影响因素可以总结为三方面：

第一，多山多水的地理影响。山地的险峻和水资源的分布对传统聚落的选址及空间布局的影响较大，形成了不同形态的山地聚落和适应地形的干阑式建筑结构形态、就地取材的石木结合为主等山地建筑形式，形成了人们对贵州古建筑的总体认知。

第二，多民族交流融合的文化人类学影响。贵州境内分布的少数民族，尤其是自明代起，民族关系发生的变化和民族分布格局的变迁等，传统建筑的特征也集中

铜仁客兰寨周边地貌

安顺鲍家屯周边地形地貌

三都怎雷村周边地貌

反映了这些各民族既独立发展又在民族之间文化交融的特点。

第三，外来文化持续作用的影响。明朝时期开始的调北征南事件、长期发生的大规模移民等影响的宗教文化传播等事件在各个时期从不同方面影响着贵州传统建筑的发展和流变。

在上述因素交织影响下的贵州传统建筑，一是保留了基于自然地理环境而本土生长的自身特点；二是多民族既融合又有各自的民族特色；三是外来的建筑传统以及对本土建筑不断影响且呈融合的特征，使得贵州传统建筑呈现出多元化发展态势，特色显著。

二、以自然环境为基础的建筑特点

1. 环境对建筑材料的影响

贵州山川秀丽、气候较宜人，境内高原和山地居多，平均海拔约为 1100 米。由于总体位于低纬度、高海拔的高原，属于亚热带湿热季风气候，受大气环流及地形影响，大部分地区层峦叠嶂，气候、土壤和生物都具有明显的垂直化差异，表现出“一山分四季，十里不同天”的多样性。

复杂多样的山地生态，气候湿热、雨量充沛的自然环境，有利于高大树木的生长，形成了丰富的生态资源，成为聚居于此的苗族、侗族等各民族的重要生活材料，造就了木建筑文化特色。据记载，明代在赤水河、清水江、都柳江即开始人工栽植杉木，“苗杉”远销中原地区。清代苗岭山区的人工造林规模扩大，清水江、都柳江、舞阳河上游一带多采用林粮间作的方式，培育大面积的杉木林。原始森林和人工种植林，为贵州传统建筑以木结构为主的营建形式提供了条件，至今贵州部分地区仍普遍采用木构建筑的传统营造方式。

除了大量的山地和与之相适应的干阑式木构建筑，贵州还有少量的山间盆地与河谷盆地，其地势平坦且土层深厚，利于灌溉耕种，成为开发较早的人类聚居区，在建筑材料方面较为成熟多样，是使用土、砖等建筑材料较多的区域。

贵州山多水多，且山势险峻，峡谷和岩溶洞穴、瀑布和湖泊隐蔽其间，是世界上岩溶地貌，即喀斯特地貌发育最典型的地区之一，岩溶地貌面积约占 73%，大部分地区被碳酸盐类岩层所覆盖，丰富的石灰石随处可取。南北盘江流域的石灰岩地质，易于加工石板，尤其贵州中部的石质硬度适中、材质均匀且易于加工，使石头成为建筑的常用材料。

独特的地质构造和地形地貌，不仅是自然风光的成因，还可以解析民族建筑文化的特质。而建筑材料是民居构成的基本物质要素，因而贵州本土传统建筑，自然形成了以资源丰富的木材、石材为基本材料，进而形成以砖木、石木、土木等材料和相应结构为基础的建筑特征，也因此成就了贵州传统建筑的特殊风貌。

2. 木建筑的广泛使用

贵州森林资源丰富，木材也自然成为主要的建筑材料，直至今天，部分地区建筑仍然以木材为主。这一方面是因为本身的资源丰富，方便获取；另一方面是因为平地少、山地多，木材产业不易形成大规模产业化的林场，但能方便百姓自用，因此仍然可作为部分地区当地居民的建筑材料使用。如黔东南苗族侗族自治州，地处中低纬度，雨量多、湿度大，土地有机质积累较多，极为适宜林木生长，是全国著名的木材产地之一，有“宜林山国”之称。因而在建筑材料上，自然是以资源丰富的木材为主。这里喜温、喜湿的亚热带树种，如杉树和马尾松蕴藏量大。水杉纹理通直、质地硬且木质细密，用于建造房屋可以保持木纹本色不加油饰，为干阑木构建筑的广泛建造提供了物质材料这一基础前提。这些地区随处可见这种用木梁柱立架承重、凿木穿枋，四周壁板、顶覆杉皮或青瓦，两端有偏厦的干阑木楼。

（1）干阑式建筑

干阑式建筑是我国南方古代民族的住房形式，通常认为是由树居或称“巢居”的居住方式演变而来的。干阑式建筑的分布范围很广，在东南亚建筑文化圈中，几乎都能见到。我国的一些南方的少数民族，如傣族、侗族、苗族、壮族、布依族、佤族、景颇族、德昂族等聚居区，传统上也是大多居住在这种房屋，另外这些山地民族，为适应地形条件，常将房屋后半部建在地面，前半部架空的“半干阑”，俗称“吊脚楼”，可视作干阑式建筑的变化形式。

早期的干阑式建筑，还带有巢居的痕迹，“依树积木，以居其上，名曰干阑；干阑大小，随家口之数”，后随建造的发展，逐渐向楼的形式变化，即“人楼居，梯而上，名为干阑”。干阑建筑抬离地面做架空层，易清理且可防御虫蛇野兽；在炎热多雨的气候中可离开潮湿地面，以使居住更舒适；适应地面不平坦且有起伏变化的地形，等等，这些都是人们选择干阑式建筑这种居住形式的原因，而最重要的前提是有丰富的林木。

干阑式建筑的结构可简单分为支撑框架和整体框架两大类。支撑框架体系，是由架空的桩或短柱等下部底架支撑上部居住单元组成的结构形式；整体框架体系，则是整体结构上下为一个整体。通常干阑式木楼由四部分组成：石砌基础、架空底层、中间为居住层、双坡硬山屋面。屋顶形式大多为双坡悬山顶，也有部分四坡顶形式，如在贵州黔东南地区，采用悬山式屋顶最为普遍，悬山屋顶两端常加山墙偏厦。这些村寨的干阑式建筑屋顶横向高低错落、随山地层递、形态优美，所用材料皆为环境中所取木石，与周围自然环境融为一体，成为聚落组团最显著的特点。

（2）吊脚楼建筑

为适应山地而采用的“半边吊脚楼”，是典型的半干阑式建筑，在苗、侗等少数民族村寨较多见。因山地的地形所限，半边架空、半边落地的吊脚楼，在坡度较大的地方，能有效地利用地形且省工料。半边架空的吊脚楼一般是前半部分底层架空，二层设通廊，梢间或偏厦内设木楼梯。

总之，干阑式民居的形态，从侧面反映出贵州山区特点和社会历史、社会生活。这些木构建筑风格独特，是山地地貌、温润的气候、丰富的林业资源所决定的。虽然从建筑本身来看，贵州的木构干阑式建筑并不复杂，保留着人们原初的居住形态，但这些建筑单体组织在一起，和村寨中传统的民族文化、生活居住形式以及民族习俗等相互作用，形成了迥然不同的贵州民居建筑，体现贵州山地建筑生活的丰富多彩。

3. 对石材的充分利用

前面提到，贵州山多石头多，大部分区域为喀斯特地貌，丰富的石材随处方便可取，山地提供了自然多变的建筑环境，提供了建筑营建的基本材料。贵州岩石分布以水成岩为主，总体上具“岩层外露、材质硬度适中、节理裂隙分层”等特点，尤其中部和西部的部分地区石质的厚薄和硬度等，非常易于开采和加工，使石头成为建筑的常用材料。这些石材广泛用于城墙、营盘的墙垣砌筑，建筑墙基和墙体，桥梁和道路铺砌等。甚至在黔中和黔西地区使用大量的石材作为建筑围护结构和屋面盖瓦，在部分地区形成了独特的“石头民居”“石头寨”，石头建筑成为具有地域特色的贵州建筑中的一种特殊类型。

在安顺、关岭、镇宁等贵州西部地区的民居也常见以石块为墙、石板代瓦的石板房。这里的房屋结构及家庭生活用具均用石料制成。建筑布置虽然自由随机，然而这也是贵州山地建筑文化的特点，受制于群山而使地理环境成为建筑的特点。

这些石头寨中的建筑，块石用于砌墙承重，并多结合木架构支撑屋面，结构多随机变化，或石包柱或抬高柱基衔接屋顶，或下石上木利于功能划分和自由分隔等等。石墙有的采用普通石块砌筑，也有的采用较薄的片石结合木构，模拟传统民居木板墙壁的做法。屋顶的石瓦片也是石头房主要特点之一，石瓦通常采用规整的方形呈菱形排布，或是自然形状随机搭接。石建筑窗洞一般较小，单个或多个并列设置洞口，辅以简洁石雕装饰。石头房的装饰少，是受到地区经济和文化发展的制约，属因陋就简的素朴装饰，整个建筑看上去质朴敦厚。

还有一类也是较为特殊的石头在建筑中的应用形式，是以石材为结构的“穿斗式石结构”建筑。贵州常被用“天无三日晴、地无三里平”形容，雨量充沛，需要防雨防潮。在建筑中为了适应防雨防潮的功能，常见采用较高的石基和较高的石柱础，也有半高甚至通高的石檐柱代替木檐柱，甚至石结构。在我国建筑类型中，穿斗式木结构建筑是分布较广的一类，但在贵州看到的穿斗式石结构建筑，以石替代木材，做穿斗式结构，实属是一种特殊的建筑类型。

村落木楼

木构民居

木构粮仓

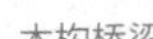

木构桥梁

穿斗木构

石头民居

石柱

石头檐柱

民居石板墙

石牌坊

石头墙

灵龟寺无梁殿

石头穿斗架构

三、民族文化和建筑特色

贵州是个多民族的省份，据统计，全省人口中共有民族 54 个，除塔吉克族和乌孜别克族外，其他民族在贵州省均有分布。其中，少数民族常住人口中数量较多为苗族、布依族、土家族、侗族和彝族等，这几个民族占少数民族人口总数的 80% 多。民族成分的多样，建筑文化也必然呈现出多元的文化特征。

1. 地域性和民族性的体现

通常认为建筑的多样性，来自于地域性和民族性两方面，地域性对建筑特征有普遍性的影响，包括其建筑材料、对环境气候和地形地貌的适应，还包括其工匠或建造者的技术水平、经济发展程度，共同形成某一地域的普遍特征。但民族不同，在建筑中体现出其特殊性，是基于民族风俗习惯和宗教信仰等，无论在外观还是空间方面的建筑不同表现。

受山区自然环境的制约，贵州建筑大多具有明显的山地特征。少数民族聚落和建筑大都依山傍水而居，选择水源好、获取木材方便、离耕地较近之处建立村寨，多以血缘聚族而居。无论是鳞次栉比的苗家吊脚楼、布依族石头寨，或是侗族的鼓楼和风雨桥，贵州各族人民创造了本民族独具风格的建筑。

侗族的鼓楼和风雨桥是侗族村寨的特点。侗寨鼓楼形态丰富，大致分为厅堂式、楼阁式、门阙式、密檐式几种；平面一般有正方形、四边形、六边形等。从鼓楼和风雨桥中可以看到，其建筑构件规整程度和营建技术，远好于周边其他少数民族，其原因被认为是相比较其他当地的少数民族，他们较早地采用了汉族常用的木工工具和部分技术。村寨多依山傍水而建，溪流绕过寨前或穿寨而过，风雨桥横溪其间、重檐鼓楼耸立寨中。民居和其他居住干阑建筑的民族类似，侗族同胞多聚族而居，采取在架空层上生活的居住习惯，他们将楼层作为日常起居的主要生活层，而架空层用于储藏杂物和牲畜饲养。

榕江大利村村貌

述洞独柱鼓楼

信团鼓楼

宰俄鼓楼

高阡鼓楼

流芳村鼓楼

仁团鼓楼和风雨桥

苗族是我国人口较多的少数民族之一，目前的分布范围，以湖南、湖北、贵州、广西为中心，乃至整个华南地区和大范围内的东南亚，其中以贵州最多，几乎遍布全省各地。历史上经历的大范围民族迁移，使得贵州苗族分布广、支系也比较多，由于各地的地理、历史、经济、文化等条件的不同，也存在着许多差异。传统的苗寨以铜鼓坪或芦笙场为苗寨公共空间的标志，而吊脚楼被认为是苗寨的特点，但吊脚楼的广泛使用，与较大的建筑选址的坡度有关，这在相似环境的其他民族建筑中同样存在。选在高处或半坡处，有适宜的自然环境，可避山洪危害，也可种植庄稼。由于多依山建寨，民居鳞次栉比，次第升高，具有强烈的山地聚落特色。这些民居的最大特点，是利用地形，建筑柱脚下吊、廊台上挑，倚坡筑屋、人畜兼顾。

布依族因黔中一带的石头寨特点，为大家所关注，但显然这是其周边环境所共有的特征。在布依族的石头村寨里，就地取材，善于用简单的工具开采种种石料，用石头铺路、筑屋，砌墙，甚至屋顶也是用片石作瓦，这些灰白色的石头村寨浑然一体而又错落有致。建筑平面布置往往利用地形高差，根据不同使用功能要求，自下而上，分别布置牲畜空间、生活空间、储藏空间，这是贵州石头建筑最基本、最普遍的竖向格局。远眺山寨，可见随等高线布置而展现的交错相间的屋面和山墙，其间穿插有小路和坡坎。形成了具有朴实自然气息的村寨。而在贵州黔南及黔西南

郎德上寨苗族铜鼓坪

布依族苗族自治州等地方的布依族村寨都住木结构吊脚楼，和周边其他民族建筑无明显差异。

彝族村寨，多建在山区平缓地带或河谷、盆地。像其他民族一样，不同地区的彝族村寨在建筑上的表现也不同。依山而建的彝族村寨，朝向随地形布置，村寨富有变化的层次感；建于平地的村寨，民居朝向较为一致，呈较规律的布局。彝族信奉万物有灵，祖先崇拜，道教对彝族信仰也有很深的影响。彝族崇火、尚黑；以虎、鹰、龙、葫芦等为崇拜的图腾，崇尚黑、红、黄三色，这也充分反映在彝族建筑的装饰上，装饰纹样的色彩多以红、黄、黑三色配用，构成各种图案，极富民族装饰效果。彝族崇拜火，有“火的民族”称谓，传统彝族的火塘文化至今还保留，兼具使用和精神双重功能，是家庭活动的中心。

彝族建筑装饰一

彝族建筑装饰二

2. 建筑文化的相互影响

贵州由于距离中原文化和江南文化圈的中心较远，加之贵州古代交通不便，历史上和中原地区的文化联系时强时弱。在行政建制上的“土流并治”，一方面是汉文化渗透的扩大；另一方面是少数民族文化自身的发展，二者相互影响。

（1）汉族文化对当地民族建筑的影响

贵州的移民，特别与几次大规模汉族移民，在不同程度上对当地建筑产生影响。特别是贵州自明代以后，随着中央王朝控制加强，驿道、水道等成为大量汉族移民进入的重要通道，沿线所形成的村落、集镇成为文化交融的典型地带。

例如，早在封建社会初期，一些汉族文人、学者先后进入侗族地区开办书院、传播汉文化，对侗族建筑的发展起到了积极作用。例如肇兴侗寨几座鼓楼均具有汉族密檐塔造型特点，鼓楼顶部虽然与佛塔的刹顶装饰不同，但覆钵构件形式和汉族佛塔造型类似。攒尖顶的鼓楼，雷公柱通顶成刹，用烧制的钵或瓶、坛装饰。鼓楼的檐口向上各层有升高，使用的人字形斗拱形式，在从汉末至唐代的建筑上较多运用。

装饰方面，“圆钱方胜”和汉族装饰相同，《三国演义》《杨家将》《西游记》等名著中的人物，是鼓楼常见的绘画和雕塑形象。鼓楼里的匾额、对联，也体现出汉侗文化的交流。此外，在大多侗族民居中，常见以堂屋居中进行平面布置，也反映出这些地区受到汉族文化的影响，有些家庭还像汉族一样在堂屋安置祭祀祖先的神龛，作为精神生活中心。

民族间的文化影响还反映在院落形式方面，一些贵州民族如侗族、土家族、布依族等居住建筑中采取的合院形式，布局类似汉族住宅中常用的围合或半围合的天井、庭院等，这些也是反映出民族之间文化交流与融合的结果。

（2）相邻地区民族之间建筑的影响

众所周知，贵州是一个多民族聚居的省份，由于各民族文化上存在差异、经济上不平衡，对各民族建筑的发展均有影响。既有外部环境相同而产生的共同特点，也有各民族自身独特的文化特点。

黔东南的苗族、侗族，以及土家族，建筑外部环境相似，建筑材料也相同，因而多数是居住干阑房与吊脚楼，但民族性有差异，建筑表现也有所不同。如侗族村寨一般都有鼓楼、戏台等公共建筑。鼓楼，是侗寨的标志物，由此形成中心空间，但其他民族并没有这种明确的中心标志物；与之类似的是苗族村寨通常有铜鼓坪或

民族建筑中的汉文化装饰

民族建筑中的汉文化装饰

芦笙坪，作为节庆时供村民进行歌舞等活动的场所，也是村寨的中心空间。但在从江县、台江县一带的个别苗族村寨中，在铜鼓坪上也建有与鼓楼类似的建筑。

这些民族在传统上同样居住在干阑建筑中，但苗族多居山上和坡地，离地而居的干阑建筑逐渐演变成一半建在坡上、一半吊脚架空的“半干阑”吊脚楼，以适应更陡峭的山地条件。侗族干阑式建筑大都建在水边较平的基础上，有的临水，在石墩柱或石基上立柱，建造干阑民居，遇坡地也建有架空层的吊脚楼，所以二层和三、四层皆有，保持“离地居住”的习惯，这明显不同于典型的苗族聚居区建筑。

传统水族干阑式建筑的底层平台柱网较密，木楼构造与苗、侗民族略不同，部分采用抬梁结构，以扩大木楼堂屋房间。这可能是因为节日期间，常在堂屋室内跳铜鼓舞，更需要宽敞的室内空间。这些都说明地域性建筑虽然相似，但因不同的民族文化习俗影响到建筑的外观和空间的不同。

此外，贵州周边地区和贵州本地的经济互动和人口流动，包括由于工匠的流动，对贵州建筑的影响也十分明显。例如遵义地区毗邻四川，地面建筑受汉族民居影响明显；靠近湖南的铜仁地区侗族建筑受湘西土家族民居影响，建筑在这地区的侗族民居，民族传统特色并不十分明显；而近广西的黔东南部分边缘村寨的侗族民居与广西侗族与壮族的民居类似；龙里县和布依族邻近的苗寨民居十分相似，均是石木结构的石板房。这些都充分说明相邻地区和民族的建筑文化亦是相互影响、相互渗透。

四、建制沿革与建筑文化传播

1. 元代之前的建筑遗存概况

贵州文化和建筑的演变，经历了漫长的发展时期。贵州元代之前的早期建筑，由于建筑的实物例证的缺乏，只能通过考古发掘和历史文献的记载进行推测。

“洞居”就是原始人类普遍采用的居住方式，一些能干燥且通风、利于安全、水源方便的山洞成为人们的原始居所。在贵州的一些“洞居”遗迹遗址中考古发现了房屋、火塘、围栏等建筑遗迹。直至今天，仍有一些利用洞穴居住的例子。

汉代之前的建筑，目前在贵州西部发现一些少量半地穴式和地面式建筑、窑址等作坊遗址和墓葬建筑遗存。在贵州毕节的赫章可乐汉代以夜郎文化为主的遗址，出土大量几何纹砖、绳纹瓦片和瓦当等，还有一件带斗拱的干阑式陶屋模型，与现在黔南、黔东南地区的干阑式民居、粮仓的结构基本类似。

西汉武帝时期后，中原地区的官兵、百姓不断进入贵州，促进了贵州地区经济文化发展。在黔西北、黔东北、黔中、黔西南等地，都发现大量两汉时期汉式墓葬，形制与中原地区相似。在务川大坪汉墓出土的陶屋模型，面阔三间、带前廊，斗拱与汉代中原地区的做法基本一致，也反映了当地受汉文化影响的程度。

从魏晋至隋唐时期，只能从为数不多的出土的砖墓室和石墓室中，了解当时的建造发展情况。宋代黔中和黔北的石墓室建筑保存较多，许多用巨大石料筑成，墓内多有石刻图案，内容丰富、雕工精美。其中尤以杨粲墓、夜郎坝宋墓、两岔河宋墓等最为典型。其中杨粲墓为夫妇合葬墓，石室规模较大，墓内外共有人物、动物、花卉等各类雕刻 190 幅，是宋代石刻艺术精品。墓室中的仿木构石雕，与《营造法式》所载宋代建筑相似。

宋元时期的贵州城垣建设，包括始建于宋代的贵定县城城垣、黄平旧州城垣、始建于元代的贵阳城垣等，多为夯土墙，也有部分因山就势修建的石墙。元代贵州许多地方为各级土司所统治，分别建有宣抚司、安抚司、长官司等土司衙署，地面建筑早已不存。现存的个别衙署遗址也仅存部分石柱础及石阶，无法考证上部建筑的形制。随着宋元时期中原文化的深入传播，陆续修建的寺观和书院，亦仅存遗址和出土一些建筑残存构件。

总之，元代之前的贵州建筑，因为缺少实物的印证，仅能从一些遗址、墓葬和考古成果，管窥其建筑发展。

2. 明清之后的贵州建筑发展

明代以后，特别是明永乐十一年（1413年）贵州布政使司的设立，使贵州政治地位和军事战略地位迅速上升，加之东西、南北驿道的打通，使贵州交通大为便捷，经济发展在客观上也促进了建筑的发展。明初“调北征南”，在贵州通往云南的驿道两旁大举屯兵，来自中原地区的屯兵，带来汉族的生产方式和传统文化，加快了贵州建筑的丰富和发展。

（1）城市营建快速发展

明代贵州随着战略地位的提升，城市不论是数量还是建造规模上，都得到快速的发展。据明清《贵州通志》记载，明代贵州有城垣47座，至清代，有城垣59座。这些城垣多依山临水修建，如镇远、铜仁、赤水等；也有一些源于很强防御目的，建在山腰，如柳基古城垣、都江古城垣等；甚至建在山顶，典型代表是遵义海龙囤。

这些城垣，体现出了“城郭不必中规矩，道路不必中准绳”的因势利导、顺应地形的规划特点。无论是城门设置、还是内部布局，虽受形制所约束，但也大多都呈不规则形，与山势水形紧密结合。

（2）衙署建筑大量出现

明清时期，中央王朝对贵州采取“土司”和“流官”并行的双轨制，并逐步加强对贵州的统治，象征封建统治的衙署建筑大量出现。但由于明清时期的多次战乱，建筑实物几乎不存，除了一些少量建筑遗存或近年修复的除外，皆仅存遗址。

据统计，至今有衙署遗址尚存70余处，其中宣抚司、安抚司、长官司等各级衙署，在建筑格局方面，和中原地区的衙署并无本质区别，同样为前朝后寝的平面布局，主要建筑单元沿中轴布置，但规模方面普遍比中原地区要小一些。

（3）文教建筑各处倡建

明清时期随着中央王朝统治的强化，“改土归流”对发展民族地区文化起到了积极作用，而且各地也受到儒家文化的影响。各府、州、都陆续倡建文庙、建书院学宫，以求人文蔚起，渐渐成为地方的重要文化风气。

随着文风昌盛，由官员捐献或民众集资修建相关建筑，包括文昌阁、魁星楼和文笔塔等文教类建筑，不仅在城市，甚至乡村中也随处可见文峰塔。据统计，贵州与儒家文化教育相关的上述古建筑或遗址，目前尚存有200多处。

滇黔两省因地处西南边陲，相对文化落后、信息闭塞，历来被视为文化不发达之地，士林有“黔无人”的说法。在科举开始以来，云贵两省高中进士者寥寥，更别说大魁天下了。直到赵以炯在光绪十二年（1886年）丙戌科中进士，后殿试一甲第一名，成为云贵两省自科举以来“以状元及第而夺魁天下”的第一人后才被打破。当时赵以炯大魁天下，成为首个云贵状元被认为是“培补甲秀楼”之功。

作为此类建筑的代表，当属文庙、书院、文昌阁，其中如贵阳文昌阁和甲秀楼、安顺府文庙、石阡府文庙、思南府文庙、普安州文庙、印江文昌阁、普定文昌阁等，都是贵州明清文教建筑的代表作。

青岩古城鸟瞰

隆里古城鸟瞰图

福泉城墙

都江厅城墙北门

赤水古城垣

大屯土司庄园鸟瞰

海龙屯新王宫鸟瞰

贵阳甲秀楼

贵阳文昌阁

安顺文庙

印山书院大门

正安尹道真务本堂惜字塔

印江文昌阁

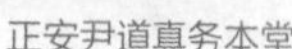
正安尹道真务本堂

兴义府试院大门

（4）庙宇寺观随处可见

明清时期，为满足儒释道等宗教信仰的需要，建城伴随建庙，各地广泛修建寺庙道观和宗祠等建筑。迄今保存下来和尚存遗址的此类明清建筑，全省共有数百处，是贵州古建筑中数量最多的类型。

由于贵州气候潮湿，木结构建筑难保存，加之频有战乱，贵州古建筑较之其他省份，保留下来则更为宝贵。目前保留较早几座代表性建筑，为建于明末或清初，包括天台山伍龙寺、安顺圆通寺、贵阳拱南阁等。安顺伍龙寺大雄宝殿大梁上，记有明万历四十四年 (1616 年) 维修题记，这被认为是贵州年代最早的大梁题记。

宗教建筑历来是除宫殿建筑之外，最为辉煌精彩的建筑类型。但贵州这些宗教建筑，与其他地域相比较而言，在精美彩绘和木雕等建筑细节方面，整体略为逊色。其原因除了和经济发展、当时的工匠水平等有关，最重要的还是受气候影响，彩绘和木雕细节在常年潮湿的环境中，更难以保留。

明清时期的贵州还有一些的清真寺和天主堂遗存。清真寺主要集中在贵州中西部的回族聚居区，天主堂则随宗教的传播，在全省都有分布，这些天主教堂主要修建于清初、盛行至清末，大都采取中西折中的建筑风格，将中式的牌楼大门、穿斗结构、楼阁与教堂的建筑特色结合，形成西方教堂的地方风格。

贵州修建的这些佛寺道观，因受山形地势限制和世俗文化影响，多因地制宜、充分利用自然山势。既有形制灵活的特点，也有儒释道多种宗教同居于一山或齐聚一堂的特点。

还有一些庙宇带有地域信仰色彩，专门祭祀地方的或本民族的神祇。如黑神庙，祭祀唐代忠臣南霁云；现存锦屏飞山庙和铜仁飞山宫等，祭祀唐末五代之际的“十峒首领”杨再思；苗族的苗王庙，祭祀苗族村民的入黔始，等等。

（5）古镇建筑因商而兴

明清时期有三个主要原因，促进了贵州对外商贸的繁荣。一是云南经贵州到湖广的东西要道、四川经贵州至广西的南北要道全面贯通，沿线各级的军事保障措施保障了驿道的畅通，对外交流和商贸往来更方便安全；二是官府主导下的乌江、赤水河、清水江、舞阳河、都柳江等主要水域的航道整治，促进了航运发展，方便贵州本地的货物外运和外省生活用品内销；三是屯垦、移民等政策，加速了贵州人口增长，增加了商贸往来需求。因此，沿交通枢纽和物产丰富地方逐步发展成为经济文化重镇，出现了一批商贸集镇、水陆码头商业区。在明清之后尤其是清晚期到民国期间，街区、码头、商号、会馆、民居等建筑呈多元繁茂之势。

江口梵净山金顶古庙

青龙洞古建筑群鸟瞰

黔西象祠遗址（复建）

天台山伍龙寺

锦屏飞山庙

织金保安寺

尚稽陈玉壂祠

两会水石窟寺

明清“江西填湖广、湖广填四川”等移民政策和商帮商贸活动的影响，随之而产生的各类会馆建筑，多以寺庙形式存在，既是宗教建筑，也是外地工商行帮聚会、议事的场所。如万寿宫、仁寿宫、万天宫等为名的江西会馆；禹王宫、三楚宫、两湖会馆等湖南和湖北两省移民的会馆；川主宫、川主庙等四川会馆；天后宫、娘娘庙等福建会馆。

（6）民族建筑多元统一

明清时期，受汉式建筑技术及建筑文化的影响，贵州各民族的建筑也加速了新的融合和变化。这些融合，一方面发生在本土的少数民族建筑之间；另一方面是汉族建筑对民族地区的影响。

贵州经历了一个长期的洞居、巢居和干阑式民居并存的时期，尤其是干阑式民居存在的历史非常长，这种在底层柱网平台、平台上立柱的干阑式建筑逐渐过渡到上下柱子贯通落地的穿斗式结构。直到现在，贵州苗、侗、布、水、瑶、仡佬等少数民族，都普遍使用了木楼居、吊脚楼，及其他变化方式的楼居，是干阑式建筑和贵州山地结合变化的结果，是贵州最具地方特点和民族特色的古建筑形式。苗族的郎德寨、西江苗寨，侗族的肇兴、大利，水族的水浦、怎雷，等等，都是这些村寨为各民族文化的典型代表。这些民居单体，组成的贵州少数民族村寨，无论是建筑环境、造型和布局、建筑用材和工艺、村寨习俗等都独具特色，是物质文化遗产与非物质文化遗产结合一体的结果。

明清之前的这些民族建筑和本土建构，缓慢发展，随着与汉式建筑的交融受到的影响也越来越大，一些屯垦移民聚居区和自然条件较好地区，以及水陆码头等商贸经济交流较好的地区，当地民族建筑受到汉式建筑的影响越来越大，或采用汉式建筑方式。如黔中地区布依族受汉族的影响程度就非常明显，其中典型者如花溪镇山村和开阳马头寨等；苗族地区的松桃寨英村和天柱三门塘村，也出现了大量的汉族地区建筑形式。这些地区的建筑受到汉族地区技术和习俗影响较大，但在一些细部装饰和生活习惯影响的室内空间上，仍保留了一些当地民族的元素。

建筑文化的发展和传播，总体上还是由政治中心向周边地带、由经济发达地区向不发达地区发展，贵州省由于自古远离政治和经济中心且交通不便，古建筑虽不如大多数其他省份古建筑的规模和精美程度，但很多贵州本土各民族的山地聚落和建筑保留较为完整、特色突出，为研究古代建筑提供了很好的样本；也有来自其他不同地域的建筑文化，与本土建筑共存或融合，这也为基于建筑发展史或其他相关学科的研究提供了样本，这是贵州建筑的特点，也是贵州古建筑的可贵之处。

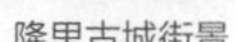
隆里古城街景

云山屯古驿道两侧商铺

丙安古建筑群鸟瞰

石阡万寿宫

施洞两湖会馆

周和顺盐号大门

目录 | Contents

凡例
How To Use This Book

编号 国家级文保单位　　编号 省级文保单位

编号 其他建筑

1 甲秀楼		古建筑编号及名称
Jiaxiu Tower		英译名
级　别	第六批全国重点文物保护单位	文物级别
地　址	南明区翠微巷八号	地址
年　代	明	对于多次重修或改建的古建筑，指现存部分的年代范围
看　点	建筑和景观、人文历史	开放方式 / 现况

古建筑图片

甲秀楼全景 —— 图名

贵州省分片索引

Map Index of Guizhou

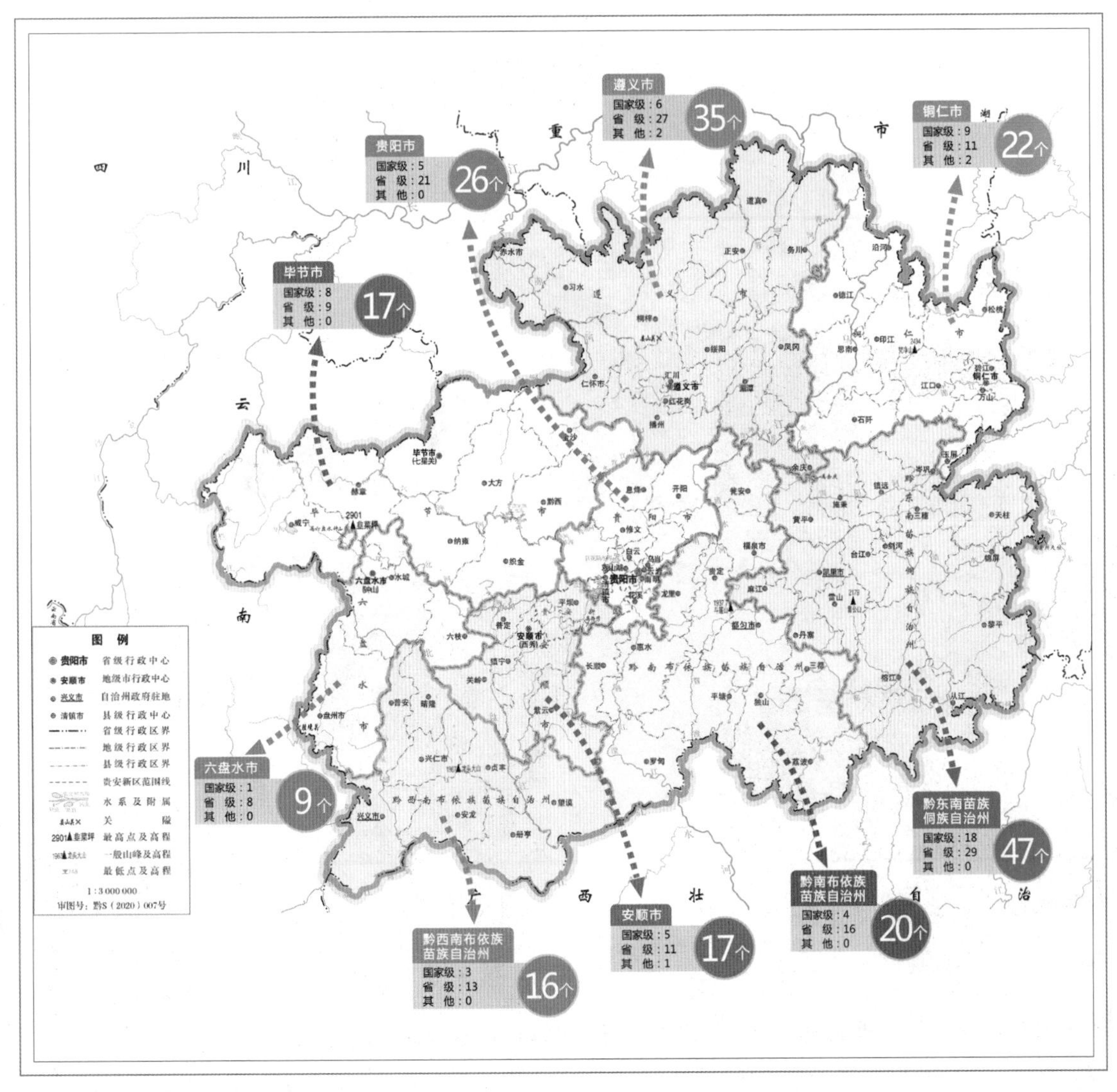

甲秀楼

1
贵阳市
GUIYANG

贵阳市古建筑分布图

Historical Architectural Map of Guiyang

1 甲秀楼
2 黔明寺
3 达德学校旧址
4 刘统之先生祠
5 文昌阁
6 阳明祠
7 黔灵山弘福寺
8 大觉精舍
9 乌当来仙阁
10 乌当协天宫
11 赵以炯故居
12 慈云寺
13 万寿宫
14 文昌阁
15 龙泉寺
16 寿佛寺
17 赵理伦百岁坊
18 周王氏媳刘氏节孝坊
19 赵彩章百岁坊
20 花溪镇山村民居
21 花溪桐埜书屋
22 阳明洞
23 修文三潮水
24 马头寨古建筑群
25 宝王庙
26 开阳长庆寺

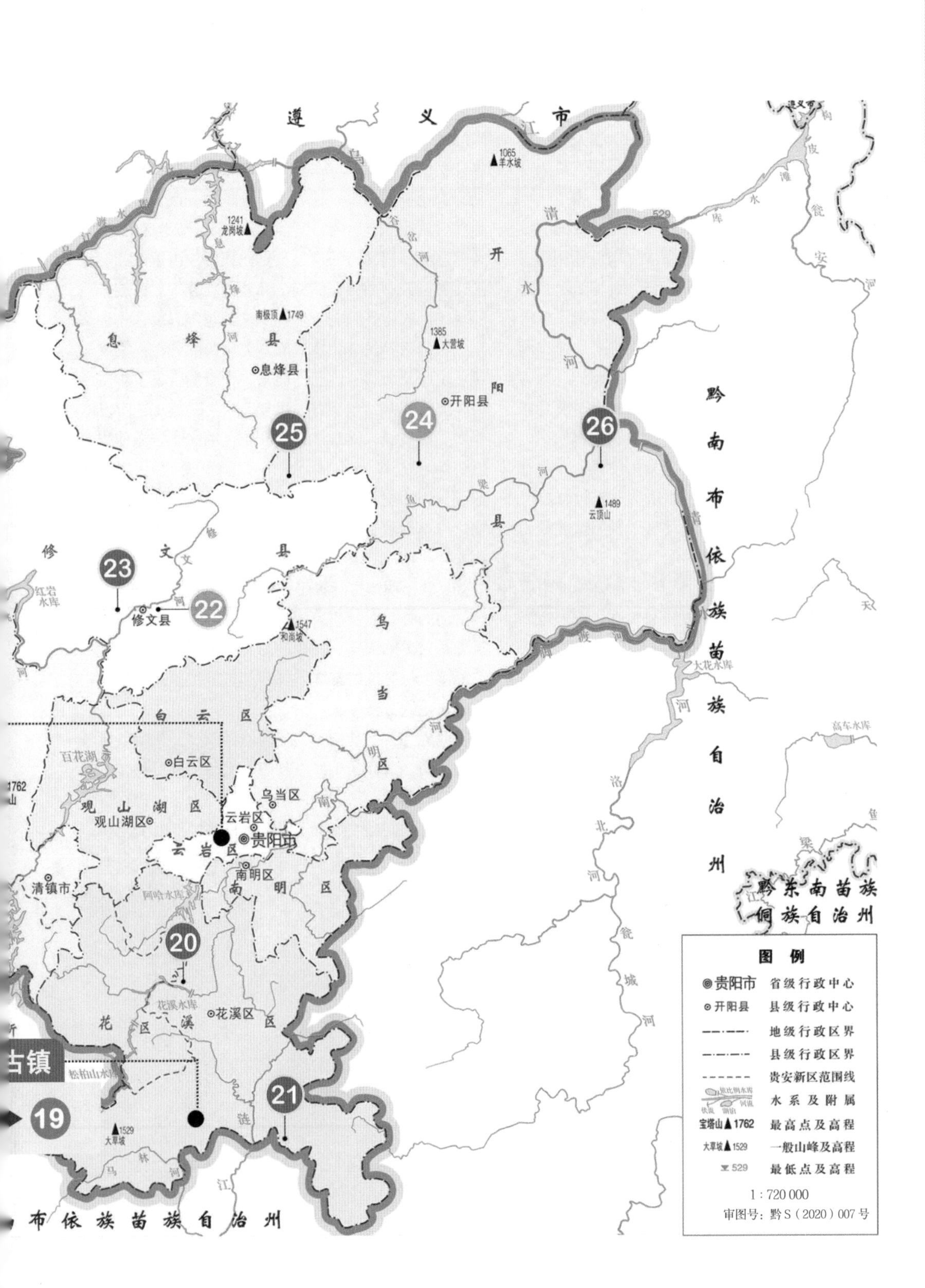
遵义市
息烽县
息烽县
开阳县
开阳县
修文县
修文县
乌当区
乌当区
白云区
白云区
观山湖区
观山湖区
云岩区
云岩区
贵阳市
南明区
南明区
清镇市
花溪区
花溪区
黔南布依族苗族自治州
黔东南苗族侗族自治州
布依族苗族自治州
古镇
19
20
21
22
23
24
25
26
1241 龙岗坡
南极顶 1749
1385 大营坡
1065 羊水坡
1489 云顶山
1547 和尚坡
1529 大草坡
百花湖
红岩水库
花溪水库
松柏山水库
大花水库
高车水库
图例
贵阳市 省级行政中心
开阳县 县级行政中心
地级行政区界
县级行政区界
贵安新区范围线
水系及附属
宝塔山 1762 最高点及高程
大草坡 1529 一般山峰及高程
529 最低点及高程
1 : 720 000
审图号：黔S（2020）007号

概 述

贵阳是贵州省的省会，有“林城”之美誉。“贵阳”作为地名距今至少已有600多年的历史，较早文献记载见于明代《贵州图经新志》“郡在贵山之阳故名”，自明朝永乐十一年（1413年）贵州建省以来，贵阳一直是贵州省会。

春秋时期今贵阳属柯国辖地，战国时属夜郎国范围，两汉时期隶属柯郡，唐朝在乌江以南设羁縻州，贵阳属矩州，宋代称贵阳为贵州。元至元十七年（1280年）置顺元路宣抚司，翌年改为宣慰司；后置贵州等处长官司，为顺元路治，先隶四川行中书省，后隶湖广行中书省；至元二十九年（1292年），顺元、八番两宣慰司合并，设八番顺元宣慰司都元帅府于顺元城（今贵阳）。明洪武四年（1371年）设贵州宣慰使司，司治贵州（今贵阳）；后置贵州卫指挥使司、贵州都指挥使司，下领贵州等十八卫。明永乐十一年（1413年）置贵州等处承宣布政使司，贵州建省，贵阳至此成为贵州省的政治、军事、经济、文化中心。

清顺治十六年（1659年）设贵州巡抚驻贵阳军民府，康熙五年（1666年）移云贵总督驻贵阳；康熙二十六年（1687年），省贵州卫、贵州前卫置贵筑县，改贵阳军民府为贵阳府。乾隆十四年（1749年）贵阳府辖贵筑县、贵定县、龙里县、修文县、开州、定番州、广顺州和长寨厅（今属长顺县）。

民国三十年（1941年）7月1日，撤贵阳县设贵阳市，另置贵筑县驻花溪，至1949年成立贵阳市人民政府前未变动。1996年起，将原安顺地区管辖的清镇市和修文、息烽、开阳“一市三县”划归贵阳市辖。贵阳市现辖云岩、南明、花溪、乌当、白云、观山湖六个区，清镇一个县级市，修文、息烽、开阳三个县。

贵阳地处黔中山原丘陵中部，位于长江与珠江分水岭地带，总地势西南高、东北低，属于亚热带湿润温和型气候。贵阳市东南与黔南布依族苗族自治州的瓮安、龙里、惠水、长顺四个县接壤，西靠安顺地区的平坝县和毕节地区的织金县，北邻毕节地区的黔西、金沙两县和遵义市的遵义县。此地常住少数民族有布依族、苗族、回族、侗族、彝族、壮族等。民族杂居的现象反映出贵阳对于多种文化的包容态度，这种文化中也包括移民文化，贵阳多数居民的先祖是秦汉以后从中原及周边省区迁徙而来，为贵阳带来了丰富的民族文化元素，包括各类民族节日、民族工艺等。这些多彩的地域人文景观和富有特色的文化资源使得贵阳获得“旅游城市、园林城市”等称号。

贵阳历史悠久、文化底蕴深厚，贵阳辖区内的文物保护单位数量较多，贵阳区域建筑样式和风格与贵阳的文化构成有着密切的关系。文教建筑文昌阁和甲秀楼反映出明清之际贵州“建书院、办义学、设学宫”等活动的频繁以及儒家教化的深远影响；马头寨古建筑群映射出宋氏土司文化的历史；儒道兼具的寺观；花溪镇山村民族村寨则是鲜明的贵阳民族地域风格与中原文化的结合。

此地元代之前的古代建筑遗留较少，保留数量较多的是明、清代建筑群。其中，文昌阁和甲秀楼、阳明洞和阳明祠、马头寨古建筑群被列为国家级文物保护单位。除此之外贵阳还保留着许多民国时期建筑以及传统村落。这些传统建筑及村落构成了贵阳多元化一体的区域建筑文化。

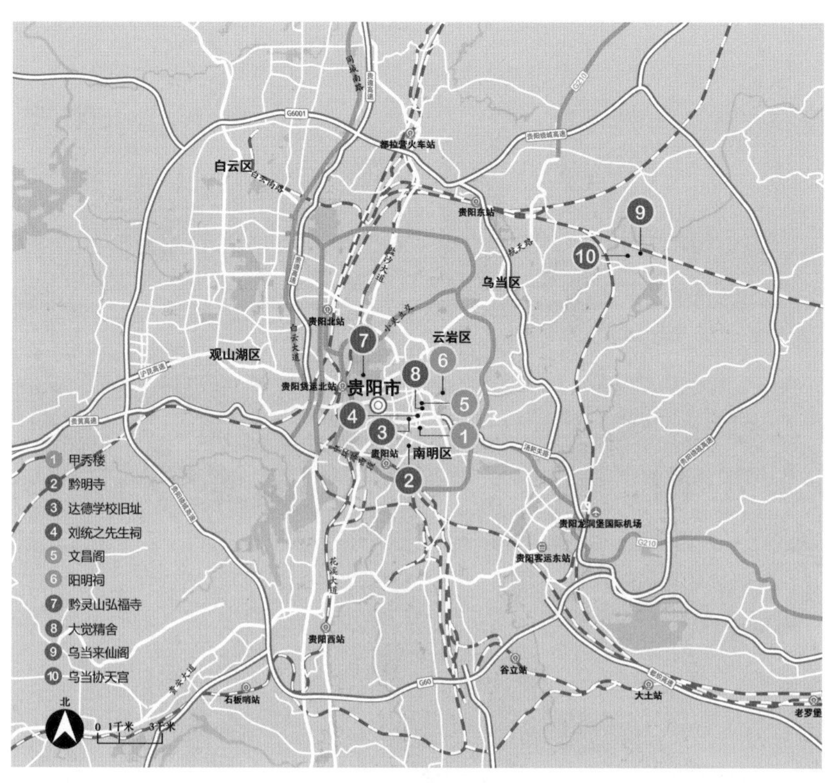

贵阳市区古建筑分布图

南明区

1 甲秀楼

Jiaxiu Tower

级 别	第六批全国重点文物保护单位
地 址	南明区翠微巷八号
年 代	明
看 点	建筑和景观、人文历史

甲秀楼矗立在贵阳南明河中的鳌矶上，与翠微园、浮玉桥、涵碧亭、城南胜迹坊等共同构成了贵阳历史文化的代表性古建筑。楼始建于明朝万历二十六年（1598 年），贵州巡抚江东之在此筑堤并建楼阁以培植文风，取名“甲秀”意“科甲挺秀”。天启元年（1621 年）焚毁，后重建，更名来凤阁；后又被毁，并于清康熙二十八年（1689 年）重建，沿用旧名甲秀楼。从古至今该楼曾经历了数次毁坏和大规模修葺，最近一次为 20 世纪 80 年代重修。

浮玉桥连接南明河南北两岸，因其为白绵石砌筑，远观如白玉浮波而得名“浮玉桥”。桥长近百米，原为九孔石拱桥，后因修筑滨河路北端两孔被填埋，现余七孔。浮玉桥头设有“城南胜迹”牌坊，桥上建有“涵碧亭”，为 1981 年重修，正面亭柱刻有清咸丰年间贵阳知府的撰联：“水从碧玉环中出，人在青莲瓣里行”。城南胜迹坊和涵碧亭与浮玉桥前的主体建筑甲秀楼、桥南的翠微阁遥相呼应，形成整体的古建筑景观。

甲秀楼为三重檐四角攒尖琉璃顶楼阁式建筑，三层通高约 20 米。据资料介绍，现存建筑是宣统元年（1909 年）重建、20 世纪 80 年代重修，现楼顶的绿色琉璃瓦屋面和黄色琉璃脊饰为后期维修时所更换，并不是历史传统形式。甲秀楼平面为正方形，边长约 12.5 米，四周环廊置轩棚顶，外檐施卷棚装饰。底层环廊 12 根檐柱和石雕栏板均采用具有黔中特色的白棉石，组成“回”字形平面布局，二层的檐柱直接落在一层内墙上，一层四根内金柱直通达三层。

甲秀楼一层楼柱上悬有著名的长联，该联内容汇聚了贵州历史和甲秀楼的人文景观，为清末进士、贵阳人刘蕴良所撰，几经传抄，有不同的版本，联中个别词汇略有不同。上联为：“五百年稳占鳌矶，独撑天宇，让我一层更上，眼界拓开。看东枕衡湘，西襟滇诏，南屏粤峤，北带巴夔，迢递关河。喜雄跨两游，支持岩疆半壁。恰好马撒碉隳，乌蒙箐扫，艰难缔造，装点成锦绣湖山。漫云筑国偏荒，难与神州争胜概”；

甲秀楼和翠微园全景

浮玉桥上碧涵亭

甲秀楼全景

甲秀楼近景

下联为："数千仞高陵牛渡，永镇边隅，问谁双柱重镌，颓波挽住。想秦通僰道，汉置牂柯，唐靖苴兰，宋封罗甸，凄迷风雨。叹名流几辈，留得旧迹千秋，对此云送螺峰，霞餐象岭，缓步登临，领略些画阁烟景。恍觉蓬莱咫尺，招邀仙侣话游踪"。

翠微园始建年代不详，但明宣德年间（1426—1435年）此处称为"南庵"，历史上先后有过南庵、圣寿寺、武侯祠、观音寺等不同称谓。现翠微园是由拱南阁、翠微阁、龙门书院组成的明清古建筑群，整体布局以园林式风格为主，楼阁建筑辅以游廊和叠山理水等，使院内生机盎然、人文气息浓郁。

从翠微园山门沿中轴线向内逐层上升，两翼则有曲折水廊和假山亭阁，整体中轴和两侧园林布局动静相宜。园门为双层重檐庑殿顶式建筑，入口处明间向外凸出形成抱厦，山门内正对的石级上为主体建筑拱南阁，阁为双层重檐歇山顶阁楼、穿斗式结构。

翠微园门楼

翠微园拱南阁

山门东接翠微园、西为小径至龙门书院，它们分别位于拱南阁左右。翠微阁为二层重檐卷棚顶式建筑，临水而建，端庄秀丽。阁东穿过洞门为岁寒园，园内有桂舫亭。康熙四十七年（1708年）龙门书院曾因祀贵州巡抚刘荫枢"政绩卓著，吏民讴歌"，而更名为"刘公祠"，1993年修复后改用"龙门书院"原名。

翠微阁正面

翠微园曲廊和翠微阁

2 黔明寺

Qianming Temple

级　别	第二批省级文物保护单位
地　址	南明区阳明路 84 号
年　代	明—清
看　点	建筑格局和历史

黔明寺坐北向南，始建于明代末期，乾隆三十六年（1771 年）重修，是贵阳市城区主要佛寺之一。现寺院有山门、影壁、韦驮殿、大殿、观音阁、藏经楼等，占地面积约 2500 平方米。

清朝咸丰、同治年间，因战火频繁，黔明寺僧众离去，成为当地士绅舒竹平的“舒家祠堂”长达数十年之久。后由贵阳地方知名人士主持恢复黔明古寺，在原仅余“观音阁、三佛殿”的基础上又增修了大佛殿、藏经楼，以及东西厢房等。1944 年“黔南事变”期间，海内外影响很大的佛教刊物《海潮音》月刊由上海迁至贵阳，曾在黔明寺内出版发行了两期。20 世纪 80 年代后曾对黔明寺进行扩修，除观音阁外，皆为后期修建仿古建筑。

大雄宝殿为三开间，单檐琉璃瓦屋顶，内供奉释迦牟尼佛坐像，两旁侍立阿难、迦叶两尊者，后墙左右分别供文殊菩萨、普贤菩萨坐像，两旁有

黔明寺全景

十八罗汉像。藏经楼第一层为玉佛殿，供奉高 1.5 米玉佛一尊；第二层为方丈室，供奉玉卧佛一尊，藏有佛经和文史书籍约千余册；第三层藏有法器。

观音阁，亦称大悲阁，三层三重檐八角攒尖青筒瓦顶，通高为 18 米多。建筑底层平面为方形，边长约 10 米，外檐设卷棚，二层和三层则为八角形平面。

黔明寺正殿

黔明寺观音阁

3 达德学校旧址

Former site of Dade School

级　别	第一批省级文物保护单位
地　址	南明区中华南路 18 号
年　代	清
看　点	建筑和贵阳近代教育发展

达德学校在清末欧风东渐、西学日兴的时代背景中诞生。校址原是元代修建的南霁云庙，明清两代曾多次重修和增修，改建为忠烈宫。清光绪二十七年（1901 年）在忠烈宫内成立了研究自然科学的团体“算学馆”，后算学馆扩大组成达德书社；光绪三十年（1904 年）达德书社社员在忠烈宫后院左厢房设立民立小学堂；光绪三十一年（1905 年）民立小学堂改称达德学堂；自民国元年（1912 年）起改称达德学校。达德学校从开办至 1950 年结束，历时 46 年。王若飞烈士 1905 年曾入贵阳达德学校读书，1917 年在此任小学教员并积极参加爱国运动。这里不仅是历史名胜，也是一所反映贵阳，乃至贵州近代教育发展的博物馆、爱国主义教育地。

现存旧址主体部分由两座典型的明清风格的四合院组成。前院大门内原是南霁云庙，是一所典型的明清风格的四合院布局，正面为原忠烈堂，左右两侧厢房分别挂有“达德书院”和“冰壶居”匾额。

穿过忠烈宫后是达德学校旧址的主体部分，正面是礼堂、挂有“好学、力行、知耻”校训匾额。礼堂前台阶上有王若飞、黄齐生塑像，礼堂内陈列达德学校校史展。礼堂前左右两侧有一楼一底的厢房，为纪念展览和陈列所用。

达德学校旧址大门

达德学校旧址全景

达德学校旧址忠烈堂

4 刘统之先生祠

Shrine to Liu Tongzhi

级别	第五批省级文物保护单位
地址	南明区白沙巷
年代	民国

刘官礼，字统之，贵州兴义人，是贵州兴义地区近代新式教育的奠基者、贵州兴义系军阀中最重要的人物之一。该祠建于民国六年（1917年），当时为贵州省财政厅厅长张协陆私宅，民国八年（1919年）贵阳“民八之变”后张协陆自杀，由贵州督军兼省长刘显世购得此宅，祀其父刘统之。该祠坐南朝北，曾占地4500余平方米，今仅存前后两院，占地约2000平方米。刘统之先生祠至今有一百年的历史，除了前院东廊已经毁损，整体较完好，现为幼儿园使用。

院落中所有建筑均为穿斗式木结构硬山顶建筑，两山及后檐为砖砌空斗墙，前檐为木作，屋面盖小青瓦。前院由门楼、耳房、东西厢房、过厅组成。门楼面阔三间，进深一间，高约6米，门额“刘统之先生祠”系民国九年（1920年）康有为所题，两侧各附耳房一栋，比门楼略低，东西厢已不存。

过厅面阔五间、进深二间，前后带廊，高约9米，明间为过厅。后院有享堂及东西两厢，享堂带前廊，与东西两厢屋檐及过厅后廊相连。享堂建在一米多高的台基上，面阔五间、进深一间，高约10米，廊顶及檐下为鹤颈轩，堂前有小月台，正中及东西两侧设踏步，四周设石栏。

刘统之先生祠全景

刘统之先生祠大门

刘统之先生祠前院过厅

云岩区

5 文昌阁

Wenchang Tower

级　别	第六批全国重点文物保护单位
地　址	文昌北路 1 号
年　代	明
看　点	独特的建筑结构和形式

贵阳古城曾有“九门四阁”，文昌阁是东门城墙上的一阁。明朝洪武十五年（1382 年）贵阳改建元代土城为石城，上有门楼、外筑月城。明万历二十四年（1596 年），在东门外月城上修建文昌阁，楼阁东侧即是砌有雉堞的瓮城城墙，在防御功能为主的瓮城上建“文昌阁”，并不多见。至民国时，贵阳的城墙已经只余断壁残垣，文昌阁为贵阳“九门四阁”中的仅存之阁。

从外观上看，文昌阁是一座三层三檐的阁楼，其内上层祀奎星、中层祀文昌、下层祀武安王（关羽）。但此阁的修建独具特色，据称为国内仅存，被称之为“绝世奇楼”，与甲秀楼一起被列为全国重点文物保护单位。

文昌阁坐西向东，朝向城内，阁高约 20 米，为三层三檐不等边九角攒尖顶。阁底层正面明间设四樘隔扇门，其余三面装板、板顶小方窗。自二层以上，正面各有 3 个雕花透空圆窗，窗心图案是井口字纹饰，阁楼梁垫、雀替等处有雕花装饰。

阁底层平面为正方形，面阔三间，通面阔和进深皆约 11.5 米，但二层和三层，平面逐层收缩，并由正方形变为不等边的九边形。其二、三层的平面和屋顶形式，具体来说，圆周作四等分，正面的一段平分三段，将其余三段一分为二，这样形成正面 3 个角的角度为 30 度、其余 6 个角均为 45 度的不等边、但有规律的九角攒尖顶阁楼。我国古代认为“九”为“阳数”中最大者，文昌阁共有 81 根梁、54 根立柱，都是以 9 为基数，体现了崇尚极数的思想。国内楼阁古建筑，多以四角、六角、八角等偶数平面形式建造为多，九角亭阁已为少见，而九角不等的划分更显独特。

结构方面，阁楼顶层的金柱用楼过梁承托，而未下穿至第二层，檐柱则下穿至二层作为二层金柱，也用过梁承托，不再下穿，部分二层檐柱又与底层金柱

文昌阁和瓮城全景

对齐，底层檐柱再向外放出，形成上小下大的稳定结构，这种处理方法使一层和底层各少了一圈柱网。阁翼的角梁用挑枋挑出，挑枋穿过檐柱，以檐柱为支点，将内部金柱挑起，形成杠杆式结构，据称这种结构在国内阁楼中也是少见的。

文昌阁建筑群呈中轴对称，空间紧凑。现存建筑的组群布局形成于清嘉庆五年（1800 年），阁前有庭园和倒座，南北各设二层厢房，以环廊相连。倒座后墙为高约 5 米的叠落山墙，既作为东向的照壁，也是文昌阁的入口。

文昌阁院落平面

文昌阁外观

文昌阁底层结构

6 阳明祠

Shrine to Wang Yangming

级 别	第六批全国重点文物保护单位
地 址	云岩区东山路 13 号
年 代	清
看 点	建筑布局和人文历史

阳明祠、尹道真祠和扶风寺（已毁）为紧邻的三组建筑，由于阳明祠影响最大，习惯将三处并称为“阳明祠”。扶风寺居中，阳明祠和尹道真祠在两侧。

阳明祠，祀明代理学家王守仁，始建于明嘉靖十一年（1534 年），祠堂曾设于当地各书院间，至清嘉庆年间始，在扶风寺旁建祠，清光绪年间对其进行修缮和扩建形成今日规模。祠坐东向西，背靠小山依山势构建，有后厅、享堂、正气亭、游廊及庭院等。享堂位于最上一级台地上，为穿斗式结构，面阔五间、进深三间。带前廊的单檐硬山顶建筑，正脊中央塑万字图案和宝瓶。室内明见和次间为一大厅，两侧设圆洞门进入稍间。堂前有桂花树二株，堂前两侧游廊相通“正气亭”，游廊护壁上嵌有名家诗文碑刻。

阳明祠山门

阳明祠院落内景

阳明祠建筑群全景

扶风寺始建于清乾隆二十年（1755 年）。该寺居于三组建筑群中间位置，但扶风寺已毁，仅复建带有“扶风”二字影壁，现扶风画廊、扶风棋院所用建筑也为后建。

尹道真祠，在扶风寺右侧，为祀东汉学者尹珍的专祠，建于民国五年（1916 年）。现为独立的院落，前有戏楼、后为享堂，以两侧回廊相连。圆洞门入口上嵌“尹道真先生祠”石刻祠额，为集康有为先生之字所重刻。享堂前廊柱上的清嘉庆二十年（1815 年）贵州巡抚曾燠撰联“北学游中国，南天破大荒”语，正中悬清乾隆五十八年（1793 年）贵州学政洪亮吉所题“德兼教养”横匾，都为近年所重刻。

尹道真祠院落内景

尹道真祠正殿

阳明祠正殿内景

7 黔灵山弘福寺

Hongfu Temple at Qianling Mountain

级 别	第一批省级文物保护单位
地 址	云岩区黔灵公园
年 代	清
看 点	寺院格局与自然风貌

黔灵山有“黔南第一山”之誉，黔灵山公园近在城边，现为动植物和森林资源丰富的城市森林公园，以名山秀水和古寺为其主要特色。黔灵山公园内的人文古迹主要包括弘福寺、麒麟洞、摩崖石刻等部分构成。

弘福寺位于黔灵山公园内，又名黔灵山寺，清朝康熙十一年（1672 年）赤松和尚创建。康熙四十五年（1706 年），赤松和尚圆寂后，弟子瞿脉经过数十年的经营，弘福寺成为贵州佛教第一丛林。弘福寺自赤松、瞿脉后，历代陆续增修，如嘉庆时于寺门左建“亦云栖”亭，道光时在寺门侧建山神祠、修甬道、建牌坊等。

沿九曲径而上，石壁的留有不少摩崖石刻古迹，如“第一山”“古佛洞”“赤松归隐”等，新修葺的“一泉亭”后岩石上有自然形成的泉池“洗钵池”，名字源自弘福寺开山和尚赤松诗“万斛泉源一鉴明，闲来洗钵有余情；照心不待澄波月，鸟语松风趣自生”。

黔灵山弘福寺山门

沿九曲径上行，即到弘福寺，寺坐落在半山平地上，四面林木葱郁。现在的弘福寺，经过不断扩建，规模较大，整个布局近似一个“甲”字。山门牌楼上镌“黔南第一山”五个鎏金大字，系董必武手迹。

进山门，寺院中轴部分有三进，主体建筑分别为前殿弥勒殿、中殿观音殿、正殿大雄宝殿，另有藏经楼、毗卢阁等。近年于寺主体建筑两侧陆续扩建，新建法华塔、开山祖师塔、九龙石壁、钟鼓楼、天王殿等殿宇，以及禅堂、斋堂、僧寮、方丈苑、碑廊等，规模不断扩大。在黔灵山弘福寺侧面狮子岩下洞旁为麒麟洞，因洞内巨型钟乳状似麒麟而得名。抗战期间，张学良、杨虎城二将军曾被囚于洞旁水月庵。

黔灵山弘福寺全景

黔灵山弘福寺前殿

黔灵山弘福寺正殿

黔灵山弘福寺正殿装饰细部

黔灵山弘福寺正殿内景

8 大觉精舍

Dajue Vihara

级 别	第四批省级文物保护单位
地 址	云岩区电台街 86 号
年 代	民国
看 点	建筑形制和装饰

大觉精舍，俗称“华家阁楼”，建于 1923 年，为当时贵阳实业家华之鸿的私家禅院。抗战时期，贵州创立的广播电台曾使用藏经楼底层及右厢楼房，所以精舍所在街道，称为电台街。

大觉精舍由阁楼、两厢及倒座组成封闭式四合院。阁前为庭院，左右楼房对称相配，前为藏经楼，有回廊与左右厢楼房上下相通，形成错落有致的院落。中庭栽有桂花等各类花卉，环境清雅宜人。

精舍的中心建筑为五层五重檐楼阁，八角翘檐、八面开窗，高约 32 米，为贵州现存楼阁中的最高建筑。阁楼每层八个翘角与近半圆形的檐口曲线升起较大，赋予了阁楼灵动挺拔的造型。其坐东朝西，底层为方形平面，面阔三间约 18 米、进深三间，前后带廊。阁楼结构形式与贵阳文昌阁近似，从二层开始，其 4 根金柱和 8 根檐柱由底层大梁支承，然后每层金柱升至楼上成为檐柱，金柱又支撑在下层大梁上，使其获得较大的使用空间。

大觉精舍内院

阁楼一层前廊左右分别设砖砌拱门以方便出入，前檐两侧砖柱上的泥塑狮子撑拱造型精致生动，雌雄狮呈倒立状分列左右。拱门形制显然受到西方建筑风格的影响，其砖柱叠涩有典型的近代建筑特征，是传统建筑结合西方建筑元素向近代建筑转变的重要建筑遗存。

大觉精舍全景

大觉精舍阁楼

大觉精舍阁楼细部

大觉精舍倒座

乌当区

9 乌当来仙阁

Laixian Tower

级　别	第二批省级文物保护单位
地　址	乌当区东风镇麦穰村赵家庄
年　代	明—清
看　点	形制和装饰

来仙阁始建于明万历年间，在河中矶石上建水月庵和仙临桥，至清光绪三十四年（1908 年）楼阁毁于火，乡人集资重修。因阁建于河中的矶石上，凌空高耸，山环水绕，云霭缥缈时似有仙人将至，取名“来仙阁”。阁前有连接来仙阁与河岸之间的单孔石拱桥，为近年修复。

来仙阁配有山门、庑廊、禅房、庭院，主体建筑阁楼占地约一百余平方米。阁高 24 米，为三层三重檐六角攒尖顶木结构建筑，青石基座、葫芦宝顶。阁底层为方形平面，二层和三层为六角形平面，逐层收分，18 只翘耸的翼角顶端饰鳌鱼灰塑，下悬铜铃木鱼。阁一层为镂空双开寿字团花纹大门，大门正中悬挂清光绪三十四年（1908 年）楷书“来仙阁”木匾，横眉为“八仙过海”木雕。中上两层均为六面五开窗，中层有围栏回廊，供游人凭栏远眺。阁楼檐口无斗拱，而用挑檐，是明清两代代南方阁楼常用的木结构建筑形式。

原阁上层祭奎星、中层祀文昌，底层奉观音。阁楼外左右两侧墙壁上有碎瓷镶嵌的“天高地回、岳峙渊渟”，反映了来仙阁的环境风貌。

来仙阁一层大门装饰

来仙阁全景

来仙阁近景

来仙阁一层大内部

来仙阁顶层内部结构

10 乌当协天宫

Temple of God of Wealth

级　别	第三批省级文物保护单位
地　址	乌当区东风镇乌当村老街
年　代	清

乌当协天宫又名财神庙，始建年代不详，于清光绪三十二年（1906 年）复建。协天宫是祭祀关羽的神庙之一，不仅供奉“协天护国忠义大帝”的关羽，还供奉主宰人间祸福的三官大帝，即赐福天官、赦罪地官、解厄水官。

协天宫坐东向西，由大殿、戏楼、左右厢组成封闭四合院。大门前原有砖石牌楼一座，正间嵌“协天宫”石匾。门两侧为石雕左青龙、右白虎护卫，现唯存右侧白虎石雕，牌楼也被拆除。

入山门过道的二层戏楼为穿斗式结构，歇山与硬山相结合的屋面形式。前后檐均出翼角，翼角飞翘幅度较大，戏台面向外也开六合门，使前后均可观看演出，贵州戏楼中少有。间墙上开启八角窗、方形窗各二樘，有精巧的蝙蝠及蟠桃等镂花木雕，前后台口横枋为“二龙戏珠”“三国演义”等木雕，斜撑为文武财神浮雕，内有八角形藻井。

左右厢房为双层单檐硬山顶建筑，空花护栏。大殿建在约 1.5 米高的台基上，面阔三间，硬山抬梁式建筑，卷棚前檐，六合隔扇门，正脊为堆瓦铜钱花脊、葫芦宝顶。

乌当协天宫入口和戏楼

乌当协天宫戏楼正面

乌当协天宫内院和大殿

青岩古镇古建筑分布

花溪区

11 赵以炯故居

Former residence of Zhao Yijiong

级　别	第三批省级文物保护单位
地　址	花溪区青岩镇状元街 1 号
年　代	清
看　点	古镇文化、建筑装饰

赵以炯故居俗称状元府，为清道光年间文状元赵以炯的曾祖父赵理伦于清乾隆年间所建。赵以炯为清光绪十二年（1886 年）丙戌科中进士，后殿试一甲第一名，中状元，成为云贵两省自科举以来第一人。赵以炯的长兄赵以焕、三弟赵以炳、四弟赵以奎、堂弟赵继香均为同榜进士，一门五进士，全国闻名。

赵以炯故居全景

府第坐南向北，为两进的一正两厢四合院布局，房屋均为穿斗式悬山顶砖木结构。大门位于院落东北角，为单开间雕花垂花门，门楣上有“文魁”匾额，两侧砌八字墙。

入内为一进四合院，青石板墁地，门内西墙为百寿图影壁，集 100 多个篆书“寿”字于墙壁上，当地传为纪念赵以炯曾祖父赵理伦 102 岁所作。前院正房的明间为三开间过厅，明间设有太师壁，两侧有小门至内院。内院带吞口正房为三开间，中为堂屋，供有天地君亲师佛龛，左右为卧房。建筑为穿斗硬山小青瓦顶。内院正房左右有东西两厢，围合成为四合后院。

现为文物陈列馆对外开放，故居内有赵以炯生平展、科举制度展、青岩镇文物图片展等展览内容。

赵以炯故居大门

赵以炯故居内院

赵以炯故居前院过厅

12 慈云寺

Ciyun Temple

级　别	第三批省级文物保护单位
地　址	花溪区青岩镇青岩古镇景区内
年　代	清
看　点	格局和装饰

慈云寺系青岩镇的九寺之一，始建于清代康熙初年，为供奉观音菩萨的庙宇。该寺庙建根据地形分为前院、后院和侧院，有带戏楼的门楼、钟鼓亭、大殿、灵官殿、观音殿及两厢等建筑组成。

前院门楼为两层，下层门道、上层即为戏楼。两厢是二层的钟、鼓亭和观戏廊。钟鼓亭和休息廊的组合，五间侧廊的第二间凸起歇山屋面亭顶，丰富了立面轮廓。戏楼明间和两次间的上下额枋上精湛的木雕主要反映三国时期刘备、张飞、关羽等历史人物故事，戏楼中壁龙凤组成的“福”字浮雕是艺术珍品。

院中正面大雄宝殿，次间后墙有门通后院和侧院。

慈云寺山门

慈云寺鸟瞰

后院轴线与前院轴线有45度左右的夹角，正殿为面阔三间的观音殿、倒座为灵官殿，东西两厢为客堂。大殿、灵官殿、观音殿及两厢均带前廊，倒座灵官殿明间有前凸的出厦，此种带前廊的建筑形式，提供了半开敞过渡空间，也适合当地多雨的气候特点。

慈云寺整个建筑构架今仍保持完好，石柱础雕刻精致。各单体建筑梁架以穿斗式为多，同时在大殿中也使用了穿斗抬梁混合的形式。山架的穿斗木柱落地，而山架的穿斗或封板或开敞。山墙多砌空斗砖墙，檐口两端做墀头和装饰以彩绘，主体建筑屋脊中间塑宝顶、两端设龙饰脊吻。

慈云寺戏楼

慈云寺前院大雄宝殿

慈云寺后院观音殿（左）和灵官殿（右）

13 万寿宫

Wanshou Palace

级　别	第四批省级文物保护单位[1]
地　址	花溪区青岩镇西街北段
年　代	清
看　点	格局和装饰

万寿宫即“江西会馆”，紧邻慈云寺，为道教宫观。始建于清乾隆四十三年（1778 年）、道光十二年（1832 年）重建，后多次维修。万寿宫坐南向北，紧邻慈云寺，占地面积 1500 余平方米，由山门、戏楼、两厢、杨泗殿、许真君祠组成。

山门为四柱三间砖石牌楼式，通高约 12 米。明间石拱门上方竖向楷书刻竖匾“万寿宫”，匾两侧双龙装饰，上部及两侧泥塑许真君及八仙像。明间、次间上方各嵌一组砖雕人物故事图案。山门上部戏楼坐北向南，面阔三间、进深二间，穿斗式木结构、歇山青瓦顶，翼角起翘。方形藻井正中雕刻“龙凤朝阳”图，四周绘山水图画。戏楼檐下垂花木柱有双狮透雕撑拱、戏楼照面枋雕刻 12 幅历史故事图案等，木雕精美，为贵州古建筑中少有精品。

杨泗殿面阔三间约 10 米、进深三间约 9 米，建在近一米的台基上，穿斗式木结构、硬山青瓦顶。前廊外设廊厦，明间悬“玉隆万寿”金字匾额。两侧厢房皆为两层，与戏楼相连。殿内供奉杨泗将军以及两侧的六十甲子大将军塑像，造型完整、形态生动。

许真君祠坐西向东，面阔三间、通面阔 10 米；进深三间、通进深 7 米，为硬山青瓦顶、穿斗式木结构。

万寿宫全景

万寿宫山门

万寿宫山门细部

万寿宫大殿

1. 贵阳市青岩古镇的万寿宫、文昌阁、龙泉寺、赵理伦百岁坊、周王氏媳刘氏节孝坊、赵彩章百岁坊与第三批省级文物保护单位“青岩慈云寺”合并，更名为“青岩古建筑群”。

万寿宫戏楼

万寿宫大殿内景

14 文昌阁

Wenchang Tower

级　别	第四批省级文物保护单位
地　址	花溪区青岩古镇东街
年　代	清
看　点	格局和形制

文昌阁建于清道光初，据清道光《贵阳府志》记载：“文昌阁，旧在朝阳寺，移建今址，缭以曲垣，花竹掩映，为青岩胜景”。文昌阁坐南向北，占地面积约600平方米，由山门、前殿、过厅、两厢、文昌阁等组成。前殿面阔三间，通面阔18米，进深三间，通进深5米，穿斗式木结构悬山青瓦顶，内奉孔子和七十二贤。文昌阁为重檐六角攒尖顶，底层面阔、进深各8米，有前廊；二层为六角平面，通高约13余米。阁前有月台，围以石栏板。

青岩文昌阁山门

青岩文昌阁前院

青岩文昌阁

青岩文昌阁鸟瞰

15 龙泉寺

Longquan Temple

级别	第四批省级文物保护单位
地址	花溪区青岩古镇北街
年代	清

龙泉寺始建于明万历年间，清康熙五十七年（1718年）和嘉庆三年（1798年）重修，是一座佛、道兼容的寺院，由两个院落组成，占地面积约1800平方米。

主院坐西向东，中轴线对称布局，由山门、戏楼、两厢、观音殿、大雄宝殿等组成。清末道教盛行时期，观音殿成为道教真武宫、大雄宝殿为后殿。主院进山门为穿斗式木结构、悬山青瓦顶的两层戏楼，一层为大门过厅，面阔三间、进深三间。二层为戏台，顶置藻井，历史人物故事雕刻精致。真武宫面阔三间，通面阔15米多，进深近9米，为歇山顶。侧院布局轴线与主院轴线约45度夹角，由山门、纯阳殿组成院落。

龙泉寺山门

龙泉寺戏楼

龙泉寺鸟瞰

龙泉寺真武宫

龙泉寺南门

龙泉寺大雄宝殿

龙泉寺纯阳殿

16 寿佛寺

Shoufo Temple

级　别	市级文物保护单位
地　址	花溪区青岩镇书院街
年　代	清

寿佛寺即“两湖会馆”，建于清道光九年（1829年），由当时的湖南客民所建。寺为坐南向北布局的二进院落，占地面积约1500平方米，由山门、戏楼、无量寿佛殿等组成。

戏楼两层，穿斗式木结构、悬山青瓦顶。一层为过道、二层为戏台，顶置“二龙戏珠”木雕图案藻井。无量寿佛殿面阔三间，通面阔12米；进深三间，通进深8米，穿斗式木结构、悬山青瓦顶。庭院幽静，内有两株古桂花树郁然茂盛，据介绍为当年寺僧所植。寿佛寺近年修缮一新，改造后的寿佛寺增加了品茶住宿等接待功能。

寿佛寺山门

寿佛寺正殿

17 赵理伦百岁坊

Archway in commemoration of the 100th birthday of Zhao Lilun

级　别	第四批省级文物保护单位
地　址	花溪区青岩古镇内
年　代	清
看　点	建筑形制和石雕艺术

赵氏为青岩大户，“贵州状元第一人”赵以炯系赵理伦之重孙。赵理伦百岁坊建于清道光二十三年（1843年），是为旌表赵理伦长寿102岁所建。

牌坊位于古镇定广门外，为南北向，四柱三门三楼四阿顶式牌楼，高近10米，宽约9米，由青岩本地白绵石所建。牌坊正中横梁上镂空雕“二龙抢宝”，北面正中刻有“升平人瑞”四字，左右分别刻有“赵理伦百岁坊”等字样。

牌坊四根立柱抱鼓石不是“抱鼓”，而是四柱南北两侧均有精美雕刻的石狮护柱。石狮造型独特，高约 1.5 米，未采用常见的蹲式石狮，而是石狮均尾朝上头朝下，后爪壁于石柱之上，雄狮戏宝、雌狮护崽，相映成趣，生动活泼。

赵理伦百岁坊和青岩古镇

赵理伦百岁坊

赵理伦百岁坊细部一

赵理伦百岁坊细部二

18 周王氏媳刘氏节孝坊

Archway in commemoration of virtue of Ms. Liu, daughter-in-law of Mrs. Zhou

级　别	第四批省级文物保护单位
地　址	花溪区青岩镇南门外
年　代	清
看　点	建筑形制和石雕艺术

周王氏媳刘氏节孝坊建于清同治八年（1869年），为旌表周王氏及其儿媳刘氏恪守节孝而建。石坊是四柱三间三楼四阿顶式，高约9.5米，宽9米。四柱南北两面有云鼓护柱，并置有长方形柱基，中间二柱和三个门的内侧皆有楹联。节孝坊的正中横梁上刻精美的“二龙抢宝”，中间还嵌“圣旨”立匾，匾额上方横梁刻浮雕“荷花图”。

历史上青岩古城四门内外有八座牌坊，现保存下来的除了南门外的“周王氏媳刘氏节孝坊”，还有前述的南门内“赵理伦百寿坊”和北门外的“赵彩章百寿坊”三座。三座牌坊的建筑造型基本相同，建造年代相近，同属清朝石牌坊建筑风格。

周王氏媳刘氏节孝坊

19 赵彩章百岁坊

Archway in commemoration of the 100th birthday of Zhao Caizhang

级　别	第四批省级文物保护单位
地　址	花溪区青岩镇北门外
年　代	清
看　点	建筑形制和石雕艺术

赵彩章百岁坊建于清道光十九年（1839年），是为旌表赵彩章长寿101岁所建。石坊南北向，四柱三间三楼四阿顶式，高约9.5米、宽约9米，四立柱为长方形柱基，南北两面有云鼓护柱。

中间柱南北两面及三间门内，均阴刻赞誉赵彩章的楷书楹联。中门上横匾南面刻“赵彩章百岁坊”，北为道光皇帝钦赐“七叶衍祥”题额。中门梁上有五个梯形石礅，居中的南北两面嵌“圣旨”，左右两面刻“百岁有一”“升平人瑞”。左右间额板上，刻赵彩章生平等内容。左右两间梁柱上方，分别有4个梯形垫墩，南北两面阴刻楷书“堂开五代、身立三朝”和“寿过百龄、目及七世”。

赵彩章百岁坊

20 花溪镇山村民居

Civil dwellings in Zhenshan Village

级　别	第三批省级文物保护单位
地　址	花溪区镇山村
年　代	明—清
看　点	村落格局和布依族民居建筑

花溪镇山村是一座具有 400 多年历史，始于明万历年间（1573—1620）于明廷建堡屯兵，是一个以布依族居民为主的村寨，全村分上寨、下寨两个部分。村寨位于花溪水库中部的一个半岛上，三面环水，虽然距离市区不远，但由于村寨周边地形隐蔽和经济不发达等原因，直到 20 世纪 80 年代后才逐渐被所关注，得以至今能够较好地保留原初风貌。

村寨内的民居建筑独具特色，在形态上可以简单分为合院民居建筑和联排民居两种类型，分别分布在以古屯墙为界的上寨和下寨之中。村内民居建筑以采用就地取材的石材为主要特点，这些石材被用作构建石板屋顶、石墙、院坝铺装等。

上寨的寨门和屯墙始建于明万历年间，清咸丰、同治年间陆续补修。屯墙依山势而建，东段和南段均以山崖为屏而砌，至今保存较完好。在屯墙南北两面各设有石拱寨门，其中，南寨门仍较完好地保持着历史原状。

在屯墙以内约有数十户上寨民居建筑，系古屯堡区。沿连续的上行巷道集中分布在地势较高的位置，以相对独立的合院建筑为单元，由大门、正房及厢房组成三合院民居。民居多为悬山顶、一楼一底穿斗式石木结构建筑，部分仍保留着石板装壁、石板屋面、石板铺天井的传统方式。正房三开间或五开间，明间有吞口，堂屋设神龛，明间或次间窗户木雕多有图案。对开式木质大门常配有雕刻各异的腰门，多与大门不在同一条轴线上。

下寨原位于花溪河畔，20 世纪 50 年代末年因修建花溪水库迁移至古屯墙之下椅子形的缓坡地带，随地形呈阶梯状分布在四级台地上。主要民居坐北朝南，多为穿斗木结构、石板屋顶，以二至数幢建筑联排一字形布置，正房带吞口。房前有平整的石板院坝，形成相对独立的庭院，几组建筑和庭院随地形，面向水面围合凹形空间组团。

镇山村除了屯墙、寨门、民居，目前还保留有始建于明万历年间、于清光绪年间重建的武庙一座，是当年屯兵的实物见证，是集山水格局、民居建筑、历史遗存于一体的民族村寨。

镇山村和周边环境

镇山村上寨民居一

镇山村上寨民居二

镇山村寨门

镇山村上寨巷道

镇山村下寨民居

镇山村下寨

21 花溪桐埜书屋

Tongye House

级　别	第五批省级文物保护单位
地　址	花溪区黔陶乡骑龙村
年　代	清
看　点	名人生平、历史人文

花溪桐埜书屋是清康熙时贵州著名诗人、学者周渔璜儿时的读书之处。原书屋已毁，近年重建后的书屋由影壁、正房、右厢房、草亭、荷花池及慧泉组成，主要建筑为穿斗式悬山顶、二重檐砖木结构。

周渔璜于康熙三十三年（1694 年）中进士，为翰林院庶吉士，后历任浙江乡试正考官、直隶（今河北）学政等要职，曾被钦定参加《康熙字典》编纂工作，著有《桐埜诗集》传世。现桐埜书屋陈列了周渔璜生平及其诗集、器物、读过的书籍等内容，书屋外有石铺庭院、石桌凳，影壁朝门，草亭荷池，环境清幽。

1992 年在原址旁新建了这座桐埜书屋，用于周渔璜生平事迹介绍和接待交流，其书屋原址在附近的石普寺的观音殿。石普寺现存遗址及山门，观音殿仅存遗址可辨。村内不远处还有周渔璜故居，但仅存门楼一座，其他建筑早已不存。

桐埜书屋入口

桐埜书屋外观

桐埜书屋院落

周渔璜故居门楼

修文县

22 阳明洞

Wang Yangming's Cave

级　别	第六批全国重点文物保护单位
地　址	修文县龙场镇阳明村
年　代	明—清
看　点	石刻题记、人文历史

王守仁（1472—1528），字伯安，号阳明，谥文成，余姚（今浙江省余姚市）人，曾筑室故乡阳明洞中，世称“阳明先生”。明弘治十二年（1499 年）进士，任刑部、兵部主事，后谪为龙场（今修文）驿丞，尔后移居龙岗山。

龙岗山阳明洞曾是明代哲学家、教育家王阳明先生读书悟道和讲学之所。阳明洞洞内前后相通，洞内宽敞，可容数十人，四壁石乳凝结。因洞顶时有滴水湿潮，当地人在洞口右下方为之建屋，王守仁以“君子居之，何陋之有”，命名为“何陋轩”；又在洞口

王文成公祠阳明洞（祠的下方）

左上方修建亭，四周栽竹，王守仁以竹子具有“君子之德”，将亭命名为“君子亭”。在龙岗山顶，王阳明办龙冈书院讲学，明朝嘉靖年间在龙冈书院旧址上修建王阳明祠、清代乾隆年间改为王文成公祠。王守仁谪居龙场（今修文）三年，潜心“悟道”，成就了他著名的“心即理”和“知行合一”学说，并萌发“致良知”思想，为其后成为著名哲学家奠定了基础。

阳明洞建筑群是由所在山上的阳明洞、何陋轩、君子亭、王文成公祠等部分共同组成的一个整体。1938年冬至1941年夏，张学良将军曾被囚禁于阳明洞。1949年后阳明洞所有建筑、碑刻等被损毁，20世纪80年代后曾数次维修。

主洞口崖上有明代贵州宣慰使安国亨题刻的“阳明先生遗爱处”。洞中镌刻甚多，有明、清、民国各代仕官及名人瞻仰所书摩崖40多幅，洞口外的两棵参天古柏，相传为阳明先生亲手所植。

君子亭为重檐六角攒尖顶建筑，四周回廊设美人靠，相传为王阳明弦歌之处，现存建筑为清代光绪年间所建。当时亭的周围有很多竹子，王阳明先生因竹有君子的“德、操、时、容”四德，将此亭命名为“君子亭”。虽名为“亭”，但就其建筑形制而言，实为楼阁建筑。

在阳明洞的上方有王文成公祠，是一组四合院建筑，系阳明先生创办龙冈书院讲学的故址。据资料介绍，龙冈书院—江西濂溪书院—浙江稽山书院，构成了王阳明学说的大致传播路线。明朝嘉靖年间，在龙冈书院旧址上修建王阳明祠，清代乾隆年间改为王文成公祠。

王文成公祠是由正殿、两厢、元气亭组成的四合院落，祠门上嵌“三载栖迟，洞古山深含至乐；一宵觉悟，文经武纬是全才”等对联二副。祠内嵌有阳明先生《龙冈漫兴》等诗碑，正殿奉王阳明先生铜像。

阳明洞洞口外观（上为王文成公祠）

阳明洞题刻

阳明洞内景

王文成公祠入口

王文成公祠正殿

君子亭

王文成公祠正殿内景

王文成公祠元气亭

23 修文三潮水

Sanchaoshui Spring

级　别	第二批省级文物保护单位
地　址	修文县龙场镇
年　代	明—清
看　点	人文和自然景观结合

修文三潮水包括三潮水泉和知非寺、潇洒亭等相关建筑物，在明代即作为著名的古迹载入方志。潮水是出自山麓岩洞内的一股清泉，从石隙中流出，经龙嘴石雕注入至石隙前一扇形水池中，随季节间歇性涨落，或涓涓细流，或喷涌而出。旧时龙嘴被毁，现龙嘴为近年修复。石雕龙头上原立有一座四柱三门的石牌坊，明间嵌刻清光绪年间修文知县咏三潮水诗，原牌坊及碑已毁。

民间称一般情况下，一天潮水分早中晚三次，因此称为“三潮水”，古时人们将来潮为好的征兆而烧香磕头。其实发水季节一天不只来潮三次；枯水季节，通常少潮或无潮，可见“三”并不是具体次数，而是对其间歇性的意象描述。

池后平台上建亭，单檐四角攒尖顶，三面设吴王靠，供游人休息观潮。池东侧有一凉厅，为悬山顶穿斗式木结构建筑，面阔三间，明间门上悬有“心包太虚”四字横匾。

池西侧台地上的寺院原名潮水寺，明末后改名知非庵，取“知今是而昨非”之意。寺院清代曾重建，现建筑为1995年重新修建，修建了大雄宝殿、山门、观音殿、财神殿、观音塔。形成了由三大殿、四厢房、两山门主要建筑及亭、厅等附属建筑组成的较大规模寺庙。但寺院因自然人文景观而负盛名，建筑修缮一新且营建较为粗糙，已古意不存。

知非庵山门现状

三潮水龙池和池亭

开阳县

24 马头寨古建筑群

Ancient architecture complex in Matouzhai Village

级　别	第六批全国重点文物保护单位
地　址	开阳县禾丰布依族苗族乡马头寨
年　代	元—清
看　点	村寨历史和民居建筑

马头寨依山傍水，是一个汉族和布依族杂居的村寨。元明时期形成了以布依族为主体的各族杂居区，元至元二十年（1281年）于杨黄寨（今马头寨）设总管府；明代水东宋氏为底窝马头（为明代水东十二马头之一、古代布依族聚居区行政管理单位）头目世袭，土司府设在此，杨黄寨更名为马头寨并沿用至今。

马头寨现存土司后裔宋荣昌宅、宋耀玲宅和宋荣宗宅等90多栋明清时期古建筑、清代朝阳寺和兴隆寺两座寺庙，寨中还保留部分古道、古桥、古井、古树等历史内容，寨内村民还保存有明清地契、木雕、神龛等文物。其中代表水东宋氏土司文化的元代底窝紫江总管府和明代底窝马头遗址，也是马头寨700多年历史的重要物证。

马头寨民居多为干栏式合院建筑，一正两厢的三合院、一正两厢加对厅或照壁的四合院，正房大门外加建腰门，左厢前部多建有朝门。民居一般为穿斗与抬梁混合结构，正房面阔三间、五间、七间不等，堂屋带吞口，门窗均饰木雕，建筑装饰以龙凤、卐字格等吉祥图案较多。

马头寨的布依族村民还保留着丰富的民俗文化，不仅包含有水东土司文化历史，也是布依文化和汉文化融合的结果。但近年村寨内一些新建楼房，对整体村貌影响较大，不少传统民居亟待修缮。

开阳马头寨全景

马头寨朝阳寺

马头寨宋氏土司总管府遗址

马头寨宋荣宗宅

马头寨宋荣宗宅大门

25 宝王庙

Baowang Temple

级　别	第四批省级文物保护单位
地　址	开阳县双流镇白马村犀牛洞
年　代	清
看　点	地方神和佛教结合、石雕和木雕等装饰

宝王庙是目前国内发现的唯一的朱砂神庙建筑，是黔中地区千余年朱砂开采史的见证。开阳县西部、南部一带自古就是仡佬族聚居地区，相传早在商周时期，仡佬族的祖先因献朱砂给周王而被封为宝王，且朱砂开采和贸易带动了仡佬族地区的经济，因而产生了仡佬族最早的政治领袖和精神领袖——主管朱砂等宝物之神“宝王”。宝王的传说在贵州开阳、务川等地及湖南湘西等盛产朱砂的地方流传，但除了开阳白马宝王庙外，其余地区的宝王庙早已毁。

开阳县双流、金中一带朱砂开采始于唐代，到明末清初达到鼎盛，现存宝王庙即始建于明末清初朱砂开采鼎盛之时。贵阳地区在明代之前佛教并不发达，

宝王庙鸟瞰

明末前宝王信仰仍然在当地占主导地位，随着汉人和苗族、布依族等人口迁入，佛教逐渐传入，至清初宝王信仰逐步被佛教等神灵所取代。清代道光、咸丰时期重建宝王庙时，就在正殿之后增建了观音殿，成为地方神灵和佛教结合的寺院。

历经了清代几次重建，咸丰四年（1854年）由当地朱砂矿主建成的宝王庙，部分毁于战火，现仅存戏楼、观音殿、正殿、尼姑殿等建筑。宝王庙木雕、石雕、堆塑技艺精湛，牌楼门楣、戏楼及正殿横梁、石柱础等构件，均堪称本地区古建筑艺术中的精品。

牌坊式山门与戏楼合二为一，穿斗式木结构，歇山青瓦顶，东西两面封空斗砖墙。正面为四柱三楼牌坊式大门，明间石库门门楣有整块的“二龙戏珠”石浮雕，门两边石柱楷书阴刻对联“七珍呈异彩山辉穷利济荷神庥；一指秉精忠义立赫声灵垂祀典”，两次间门楣塑“象犁田”浮雕。大门内面为戏台，上下额枋分别镂空雕“二龙抢宝”和历史人物故事木雕，撑拱和柱础等处分别雕麒、狮、大象等。房顶正脊和飞檐上堆塑玉兔、飞龙、神象等吉祥动物。

正殿面阔三间，穿斗和抬柱混合式结构，硬山青瓦顶、两侧空斗山墙围护。正殿明间中心顶饰木雕盘龙藻井，柱础为精致的石狮和石象等，但已残缺不全。

宝王庙正殿

宝王庙戏楼

宝王庙山门

宝王庙山门“二龙戏珠”石浮雕

宝王庙戏楼雕刻

宝王庙正殿藻井

26 开阳长庆寺

Changqing Temple

级　别	第五批省级文物保护单位
地　址	开阳县南龙乡南龙乡翁朵村
年　代	清
看　点	寺院格局、木雕和石雕艺术

开阳长庆寺始建于明崇祯三年（1630年），后经南明开州（今开阳县）知州周师皋扩建。庙宇大多毁于清咸丰、同治战火。战乱后寺僧先后主持重建，现存建筑为清光绪二十九年（1903年）所重建，为开阳县最大禅寺之一。寺庙周围古树参天、风景甚佳，寺内木雕和石雕工艺丰富。

主体为门楼、下殿、正殿及两厢组成的封闭四合院。门楼和厢房、正殿走廊相连，形成了走马转阁楼的格局。主要建筑为穿斗结合抬梁式结构，悬山青瓦顶。大门和下殿连在一起，下殿面阔七间，左稍间一楼为进寺大门，下殿和侧面两厢二层内廊相连。栏杆和窗格配回纹格及花卉等一些木雕图案，小巧而精致。

长庆寺正殿面阔七间，通面阔30多米，进深四间，通进深约12米。檐柱与廊柱间横梁驼峰有精致的历史人物故事木雕和花草木雕，柱础为精致石雕狮、象及人物花草，撑拱为精雕细琢的下山狮、麒麟、龙等活灵活现的动物造型。正殿檐下每根挑梁前端垂柱柱头的木雕装饰，有宫灯、宝莲灯、瓜灯等不同形式。

整体而言，开阳长庆寺是贵阳市现存木雕最精致的古建筑之一，其雕刻构图严谨、雕工精细，且题材丰富、技法多样，对研究贵阳佛教史、地方建筑史有重要参考价值。

长庆寺鸟瞰

长庆寺山门

长庆寺正殿

长庆寺院落

长庆寺下殿

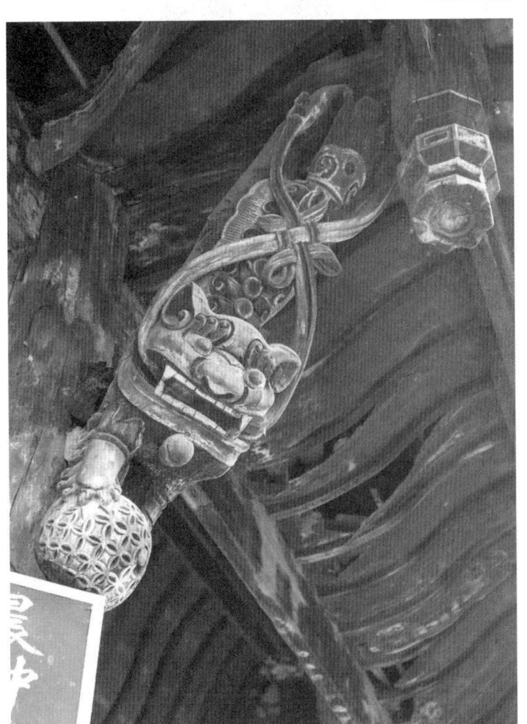

长庆寺木雕一

长庆寺木雕二

长庆寺木雕三

长庆寺木雕四

长庆寺石雕一

长庆寺石雕二

贵阳市其他文物保护单位列表

名 称	级 别	地 址	年 代	备 注
王伯群旧居	省级	南明区	民国	修建于民国六年（1917 年），砖木结构的法式风格建筑。该建筑在装饰上将西方建筑和中国传统影响结合
君子亭	省级	云岩区	明	始建于明嘉靖年间（1522—1566 年），清嘉庆十九年（1814 年）修复，当时亭前有莲塘数亩。现君子亭被作为住房使用，四翘角被截，结构尚好
贵阳虎峰别墅	省级	云岩区	民国	为民国时期贵州省主席王家烈所建，主要建筑为三层砖木结构的中西混合式楼房，中西合璧式建筑特征
周渔璜墓	省级	花溪区	清	青条石围砌、高约 2 米，墓碑上刻篆体“佑启后人”、碑身楷书阴刻“皇清诰授通仪大夫，日讲起居注官、詹事府詹事兼翰林院侍读学士加一级周公起渭之墓”
是春谷摩崖	省级	花溪区	清	又称写字岩，建于清乾隆年间，为清代贵阳人谢庭薰致仕归里而建。摩崖长 20 米、工整秀丽的楷书约 2 万余字。首刻《洗心泉集叙》，后是集句诗，从历史中的经史集成诗章共 46 首，670 余行
花溪西社	省级	花溪区	民国	花溪西社由东向西有三幢建筑，依次称东舍、西舍、厨房，为中西合璧式建筑风格，花溪西舍建成后曾接待过周恩来、朱德、陈毅等
燕楼金山洞摩崖石刻	省级	花溪区	元—清	位于燕楼乡金山洞岩壁上，摩崖主要讲述至元年间对燕楼一带的拓边、招降等历史活动，对研究元初贵阳金竹府开拓燕楼提供了重要依据
画马崖岩画	省级	开阳县	秦—汉	岩画以赭红色颜料绘制于悬崖薄层岩面上，内容可辨别有人物、动物、自然物以及抽象的符号等，由于类似马的图案较多，当地人称“画马崖”
三人坟	省级	修文县	明—清	三人同埋但三个坟头共一个坟尾，为王阳明所造。明正德年间王阳明为客死他乡的一吏一子一仆而建，并作《瘗旅文》祭奠
修文索桥	省级	修文县	清	桥横跨修文、清镇两县交界处的猫跳河，长约 28 米，桥身用绵竹绳系于两岸石鼻上，渡河人可借助工具双手拉绳渡河
修文蜈蚣桥	省级	修文县	明	为三孔石拱桥，长 48 米，始建于明洪武年间，为是当时龙场九驿中最重要的通道之一，现桥身基本完好，桥栏已毁

務本堂

2
遵义市
ZUNYI

遵义市古建筑分布图

Historical Architectural Map of Zunyi

1 海龙囤
2 桃溪寺
3 湘山寺
4 杨粲墓
5 遵义龙坑场牌坊
6 遵义宝峰山砖塔
7 尚稽陈玉壂祠
8 遵义瓦厂寺
9 遵义虾子胡氏民宅
10 遵义黎庶昌故居
11 绥阳张喜山祠
12 绥阳卧龙山寺
13 绥阳洋川杜家堰坎宅院
14 湄潭浙江大学旧址
15 玛瑙山营盘遗址
16 桐梓周西成祠
17 正安尹道真务本堂
18 正安宝兴隆盐号和客栈
19 正安祝家坪古建筑群
20 正安公馆桥
21 务川申祐祠
22 龙潭村古建筑群
23 罗峰书院
24 务川池水申氏民宅
25 三岔河摩崖
26 习水程寨袁氏宗祠
27 土城古镇民居群
28 复兴江西会馆
29 赤水天恩桥
30 两会水石窟寺
31 丙安村古建筑群
32 赤水万寿宫
33 赤水古城垣
34 怀仁鹿鸣塔
35 茅台酒酿酒工业遗产群

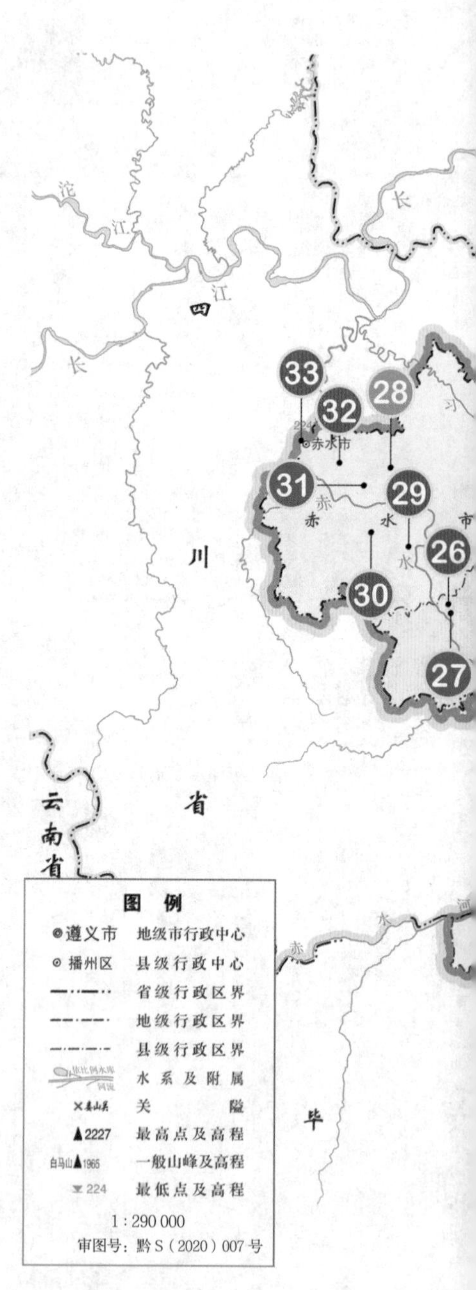

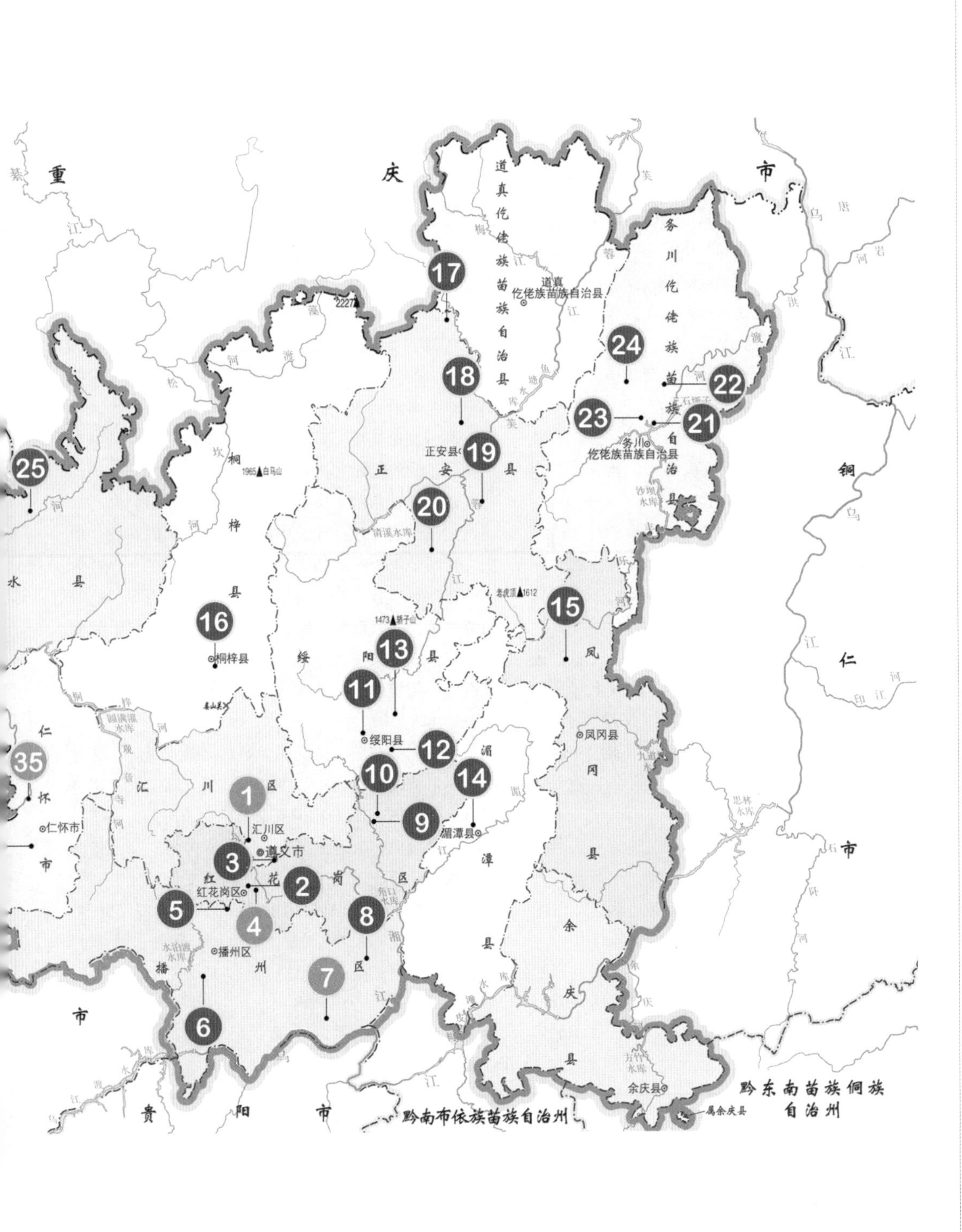
重
庆
市
道真仡佬族苗族自治县
务川仡佬族苗族自治县
正安县
正安县
桐梓县
桐梓县
绥阳县
绥阳县
汇川区
汇川区
遵义市
红花岗区
红花岗区
播州区
播州区
湄潭县
湄潭县
凤冈县
凤冈县
余庆县
余庆县
仁怀市
铜仁市
贵阳市
黔南布依族苗族自治州
黔东南苗族侗族自治州
属余庆县
1965▲白马山
1473▲狮子山
老虎顶▲1612
2227
1
2
3
4
5
6
7
8
9
10
11
12
13
14
15
16
17
18
19
20
21
22
23
24
25
35

概 述

遵义位于贵州省北部，素有“黔北粮仓”之称。遵义古称“播州”，“遵义”这一称号始于唐贞观十六年（642 年），取义《尚书》：“无偏无陂，遵王之义”，“遵义”之名沿用至今已有 1300 多年。

春秋时期，现遵义市所辖地域，先后或分别属于牂牁、巴、蜀、鳖、鳛等邦国。战国时期，今遵义一带属于“大夜郎国”的范围。秦始皇统一中国后，推行郡县制。今遵义市一带分别属于巴郡西南部和蜀郡东南部。西汉元光五年（公元前 130 年），置犍为郡，郡治鳖县，即在今遵义市中心城区附近。元鼎六年（公元前 111 年），于夜郎地置牂牁郡，作为邦国存在了 250 多年的“夜郎国”之名从此消失。与今遵义有关的，一是唐贞观十六年（642 年）所置的夜郎县，在今桐梓县境，为珍州的治所。二是唐天宝元年（742 年）改珍州置的夜郎郡，治所即在这个夜郎县。至德二载（757 年），诗人李白被“长流夜郎”，地点就是今遵义市桐梓县的夜郎坝。夜郎县之名到五代时期废除，北宋时期复置，宣和二年（1120 年）又废，计先后存废达 480 年。此后中国历史上再没有出现“夜郎”郡县之名。唐宋时的播州，朝廷无力直接统治，称为“羁縻州”。

明初设置播州茶仓，茶、马经济发展。明万历二十八年（1600 年）“平播之役”后，实行“改土归流”，结束了土司统治，于次年分播州为遵义、平越两个“军民府”，分别隶属于四川、贵州两省。清康熙年间取消“军民”二字。至清雍正五年（1727 年），遵义府划归贵州。

辛亥革命后，撤销“府”的建置。遵义府之名存在了 310 年。1949 年 11 月，遵义解放，“第五行政督察区”改为遵义专区，后称遵义地区，为省政府派出机构，并以原遵义县城区为基础新建遵义市。

遵义市处于由黔入川的咽喉地带，在云贵高原的东北部，地形起伏大，地貌类型复杂。遵义居住着很多少数民族，其中仡佬族、苗族、土家、布依族都是人口较多的常住少数民族。不同民族的聚居以及多变的地形地貌给遵义市带来了丰富的民俗文化和宝贵的自然资源。

遵义市地处西南出海要道，是黔北政治、经济、文化中心，是中国历史文化名城，也是中国革命老区。是“酒文化”“长征文化”“民族文化”“茶文化”等多种文化的集成地。遵义市的建筑也体现出这些文化、历史变迁在此地留下的痕迹。

遵义地区古建筑，曾有汉至唐代的州、县城廓和庙宇寺观；也有宋代的行学、琳宫、梵刹、桥道等，可惜今已不存。但是，宋代及以前的古墓葬、摩崖石刻及古器物等留存的数量相对可观。例如，从杨粲墓内壁龛上的仿木构建筑雕刻上，不仅能够窥见古代播州建筑艺术的特色，而且表明当时贵州与川南地区直接存在着文化交流。事实上，遵义市在历史上所属四川辖区，受到巴蜀文化的影响比较明显。

清代的建筑物集中反映出遵义地区先祖们高超的建筑艺术造诣。现存建筑中的木构和石砌的牌坊、祠宇、楼阁式塔等纪念建筑物，不仅数量众多，而且建筑结构独特、技艺精巧。作为西南地区宋明军事城堡的海龙囤，其营建充分结合了当地的地形地势。其他建筑在营造法式和艺术风格上，也将鲜明的地方、民族特色与传统建筑技艺融合，为我们留下了珍贵的历史、文化瑰宝。

该地区分布较广的民居为黔北穿斗式民居，这是由于明末清初大量四川居民进入贵州北部定居，这类“川化”建筑中的代表以遵义县黎庶昌故居最为典型。作为一种历史悠久的中国古代建筑木构架，穿斗式构架在贵州建筑中的运用给此地的建筑文化发展带来了更多的可能性。遵义辖区内也保留着许多近现代史迹，遵义会议会址、四渡赤水战役旧址、湄潭浙江大学旧址被列入全国重点文物保护单位，是研究中国近代史的重要资料。

汇川区

1 海龙囤

Hailongtun Fortress

级　别	第五批全国重点文物保护单位
地　址	汇川区高坪镇玉龙村
年　代	宋—明
看　点	保存完整的明代土司城遗址

海龙囤遗址位于遵义老城北约15公里的龙岩山，始建于南宋宝祐五年（1257年），由南宋朝廷与播州的土司杨氏共同营建，后来毁于明万历二十八年（1600年）的战争。如今尚存周长约6公里的环囤城墙、关隘、房屋台基、部分石刻、“老王宫”和“新王宫”建筑群遗址，是集军事屯堡、衙署与“行宫”为一体的土司制度完整遗存。

唐朝时以今遵义为中心的“播州”地区被“南诏国”彝人占领，公元876年，朝廷派杨端平乱后，杨端“世袭”播州，建立了持续700余年、共29代的杨氏土司政权。政权初建时于州治西北“龙岩山”建“龙岩囤”，平时练兵，战时为行政、军事中心。南宋末年，为防元兵而扩建加固，与附近的“娄山关、鼎山城”形成纵深防御系统。

明末时杨氏第二十九代土司、骠骑将军、播州宣慰使杨应龙叛乱反明，大集役夫复建和重修龙岩囤，于万历二十四年（1596年）竣工，杨应龙亲自为各关题写门额，并书刻《骠骑将军示谕龙岩囤严禁碑》。1600年明朝廷发动“平播之役”，播州各地关隘相继失守，最终官军攻占了这座军事要塞，“龙岩囤”被焚毁。同年播州实行“改土归流”，分为两府，“一曰平越府，划与新建的贵州省；一曰遵义府，隶属四川省”。从此结束了杨氏家族自唐末以来700余年的世袭统治。

海龙囤（又名龙岩囤）居群山之巅，四面凌绝，仅可从山后陡峭一线小路攀上。明代播州土司利用地形，在峰顶上筑城，共设九关：囤东侧山下设三关，铁柱关、铜柱关、飞虎关，及“天梯”形成前沿防御体系；囤上再设三关，即飞龙关、朝天关、飞凤关；囤后又设三关，为万安关、西关、后关。九关依山而建，

海龙囤地形（东侧）

朝天关

天梯和飞虎关

部分城券洞门上部尚留有部分城楼柱础，各关之间有石砌城墙相连，随山势绵延。城墙周长约 6 公里，高 3 米至 10 米、厚 2 米至 6 米，用加工平整的青石垒砌、灰浆黏合。

“飞龙关”和“朝天关”的门额清晰可见，“万安关”仅存“安关”二字。门额的上款为“唐太师守播州三十代孙钦赐飞龙鱼眼妆封骠骑将军杨应龙书”。飞凤关内立有《骠骑将军示谕龙岩囤严禁碑》一通，阴刻楷书，共 25 行、计 378 字，是研究播州土司关屯设施和管理制度的重要实物资料。

“老王宫”和“新王宫”是囤内的两组核心建筑群。“新王宫”位于山梁上，占地面积 1 万多平方米，现存主体建筑的台基，均坐南朝北。布局上以正厅为中心，前后的房屋均对称排列，当年的房基、台阶及柱础石尚存。距正厅不远，有海潮寺，今存屋基和清乾隆石碑。地面采集的文物有瓦当、滴水、方砖等建筑构件，碗盘、盒壶等日用品，以及铁刀、铁弹丸、箭镞等兵器遗物。根据采集的青花瓷片等有“大明宣德、大明万历年制”等款式字样，推测该处建筑群应为明代所建。

“老王宫”在囤顶另一道山梁上，占地面积约 2 万平方米，现存房基坐北朝南，沿中轴线依山形逐级建造，中轴线两侧尚存部分房屋基石和柱础。靠近城墙处，沿一小山梁到万安关后部，有面积约 7 万平方米的兵营、居住区及练兵场遗址；此外尚发现有一处采石场、一处窑址。结合《杨文神道碑》的记载及残存城墙、门道和出土遗物，初步推断“老王官”可能建于南宋末年。

海龙囤周边还有养马城、养鸡池、养鹅池三座城池，当为海龙囤前沿地带的配套军事设施。其中，海龙屯东南约 6 公里处的养马城现存城墙周长约 6 公里，城周设门六道，原门额现已不存。现有三道门保存较为完整，专家从城墙、城门的砌筑方法及其修建风格、风化程度看，推断养马城应始建于唐末。养鸡池和养鹅池均有部分青石城墙和券门遗迹保留，可推断其原初样貌。

海龙囤遗址对于研究中世纪的军事和政治、技术、工艺等方面具有重要价值，尤其是《骠骑将军示谕龙岩囤严禁碑》，可以看作是一部反映当时军事要塞管理制度的重要档案。2015 年 7 月 4 日，在德国波恩召开的联合国教科文组织第 39 届世界遗产委员会会议上，由湖南永顺老司城遗址、湖北唐崖土司城遗址和贵州海龙囤遗址联合申报的“土司遗址”，被成功列入《世界遗产名录》。

飞龙关

万安关

新王宫遗址

红花岗区

2 桃溪寺

Taoxi Temple

级别	第一批省级重点文物保护单位
地址	红花岗区忠庄镇幸福村
年代	明
看点	建筑格局和杨氏土司历史遗存

桃溪寺始建于明隆庆至万历年间，原为土司杨氏桃溪庄内的家庙，称延禧寺。明万历二十八年（1600年）“平播之役”中焚毁，后“改土归流”，于万历二十九年（1601年）在杨氏家庙延禧寺的原址上重建庙宇，因地处桃溪而命名“桃溪寺”，规模如前。寺院曾损毁较多，20世纪桃溪寺重新修建了山门，在荷花池上修建了碑亭。

该寺坐东向西，现由山门、前殿、两厢、正殿组成。桃溪寺前建有荷花池，过桥亭的山门两侧为八字砖墙，前殿为抬梁与穿斗混合结构，通面阔近30米，通进深10米。两厢为穿斗式木结构，大殿通面阔30米、通进深13米、通高9米，为歇山顶梁与穿斗混合结构。

在桃溪寺的侧后有杨氏土司家族墓地，有宋代播州两位土司及元代播州第十七代土司杨汉英的墓葬。三处墓葬的结构大体相同，为长方形石砌墓室。

桃溪寺鸟瞰

桃溪寺大殿与院落

3 湘山寺

Xiangshan Temple

级　别	第二批省级文物保护单位
地　址	红花岗区中山路街道湘山路
年　代	元
看　点	建筑格局和环境

湘山寺据称该寺建于唐代宗大历年间（766—779年），始名万佛寺，后数易其名，元初称护国寺、明末称湘山寺、清和民国曾称双泉禅寺和万寿禅院。因寺位于湘山之巅，又湘水环绕，故湘山寺之名沿用至今。在明末“平播之役”中寺庙被毁，清朝又重建、扩修而形成规模，清末至民国时期湘山寺渐趋衰微。

自20世纪50年代末，开始逐渐修复湘山寺，新塑佛像、新建望江楼、观音殿等建筑；经20世纪末陆续改建和扩建，将天王殿前的悬崖峭壁整体加固成堡坎、整体重建天王殿，调整了原山门位置，新建大山门，逐渐形成了以大山门、天王殿、大雄宝殿、观音阁、韦驮殿、塔院、普照楼、客堂、法堂和藏经楼等建筑为主体，以塔园、放生池、滴水观音像、凉亭等为辅助建筑的建筑群。经寺院不断修缮，湘山寺除老山门、高僧墓塔等为古寺院遗存，大多为重建和扩建。

寺院建筑各殿两厢配以庑廊，形成院落，各院之间均有园门相通、石廊相连。寺的主体建筑在湘山之巅，核心建筑是大雄宝殿，后为圆通宝殿供千手观音像，圆通宝殿与两边的厢房组成天井院落，观音殿下层是坐向相反的卧佛殿。

在大雄宝殿的一侧还保留着寺院的老山门，旁为塔园，安葬着湘山寺历代方丈，共有六座。塔园旁有

湘山寺鸟瞰

湘山寺大殿和老山门（左）

湘山寺老山门

碑亭，内供依唐代画家吴道子手迹所刻绘的观音像碑。原碑位于四川阆中，本碑为清光绪年间根据原碑拓片所刻，是寺院的重要文物。观音像赤足立于云端，五官传神、端庄优美，有盛唐绮罗人物造像的特点。

湘山寺塔园

湘山寺观音像碑

4 杨粲墓

Yang Can's tomb

级　别	第二批全国重点文物保护单位
地　址	红花岗区深溪镇坪桥村皇坟嘴
年　代	宋
看　点	石雕艺术、杨氏土司历史

据考证，杨粲是宋代名将杨业的后代，于宋宁宗嘉泰初年（1201—1204 年）任播州安抚使，当政 40 余年，是当时黔北地区的最高统治者。据《遵义府志》记载杨粲“性豪放、安俭素，治政宽简、民便之急”。

杨粲墓是南宋时期播州安抚使杨粲夫妇的合葬大型石墓，修建于宋理宗淳祐年间（1241—1252 年），其石雕艺术极其丰富，被称为“西南古代雕刻艺术宝库”。现以杨粲墓为中心建有杨粲墓博物馆，主要展示了杨粲生平与大量墓内出土的文物，馆内还藏有贵州省级文物保护单位“板桥中寺”的精美雕刻。

杨粲墓为夫妇合葬墓，平面布局为南北两室并列，两个墓室结构大致相同，结构为平顶双室，室内面积约 50 平方米。均用白砂岩条石砌筑，以子母扣层层套合固定。据工作人员介绍，墓室共由 496 块白沙岩组成。两个墓室均包括墓门、前室和后室三个部分，并于后室设有石门过道。棺床置于后室中部，四角垫有圆雕龙头，棺床下两侧雕交股龙四条，但发现时，棺已经不存。两墓室后室墓顶各有一长方形藻井，其中杨粲墓室镌双钩“庆栋”、夫人墓室镌双钩“德宇”字样。两室墓门的高度、位置、装饰基本相同，仿木构的两扇石门扉，可以开合。

该墓最具特色的是在墓内外分布着内容丰富、技艺精湛的石刻装饰，墓室内南北壁和后室后壁的石刻装饰相互对称，大致可分为人物、动物、花草、器物五类。在墓室内的 28 尊人物造像中，因地位不同，穿戴、神情各异。中心墓主正面端坐，身着官服，文官、女官均为立像。武士威仪、负重力士两眼圆睁，童子天真生动。室内等级森严、肃穆，再现了“阴间”的阶级关系。墓壁的花草动物装饰雕镂精致，其中有“狮子戏球、凤穿葡萄、野鹿衔芝、侍女启门”等题材，是极具宋代艺术特点的杰作。两室六座壁龛，悉仿木构建筑。其仿木构的门窗壁板、梁柱斗拱等石雕形象，保存了丰富的古建实物信息，对宋代建筑研究也具有很高价值。

杨粲墓室外观

杨粲墓室内景

由于该墓早年曾被打开过，幸存的随葬品不多，但也出土了一些文物，如陶瓶、青瓷碗、带柄铜镜、墓志铭及“元祐通宝”钱碎片、纹饰精美的铜鼓两具等。现杨粲夫人墓为复制品，真迹通过整体切割，现收藏在贵州博物馆，且夫人头像发掘时已被损遗失，残缺部分为后补。

杨粲墓室侧壁

杨粲墓正壁雕刻

杨粲墓室侧壁雕刻

杨粲墓室藻井

播州区

5 遵义龙坑场牌坊

Memorial archway at Longkengchang

级　别	第一批省级文物保护单位
地　址	播州区龙坑镇龙坑村
年　代	清
看　点	精美石雕艺术

遵义龙坑场牌坊建于清光绪二十一年（1895 年），建坊题记中记载，咸同年间遵义县三座书院毁于兵燹，总兵何行保“于城南购置书院一所，以复培英之额，并捐田业四份，契价银二千五百六十两”。据当时清政府规定，对地方公益事业“捐银至千两以上者”，可以“请旨建坊”，给予“乐善好施”字样褒奖，此坊是为表彰何行保捐资办学而建的功德坊。

牌坊为四柱三门五楼式，通面阔 7 米多、高约 14 米。四根方形立柱的柱座均由整块长条石铺垫而成。中柱及边柱前后均有纵向狮形抱鼓，两边柱外侧均有横向狮形抱鼓。明间额枋下有龙头雀替，两次间额枋下有镂空几何纹和蝙蝠纹骑马雀替。

遵义龙坑场牌坊

坊身一层在明间额坊上两中柱间嵌横匾，镌刻“乐善好施”。正楼顶层平板坊上置两石斗，上承庑殿顶，正脊顶部正中竖半椭圆形镂空龙纹雕饰，中为莲花托透雕“福”字。檐下正中嵌鎏金五龙牌圣旨透雕竖匾一方。

牌坊上面的石刻艺术非常精彩，采用了仿木构方式，牌坊中包括了木建筑的梁、枋、门、楼等构件，

遵义龙坑场牌坊细部一

遵义龙坑场牌坊细部二

且石雕采用了木雕上常用的镂空雕效果。从雕刻的工艺上看，其熟练地运用了高浮雕、镂空雕及透雕等各种技法；从雕刻的内容上看，牌坊雕刻包含了人物故事、动物花卉、几何图案、书法作品等近百幅，且各不相同。整体布局疏密有致，流畅生动，于雄伟中见精巧华丽，是省内艺术价值最高的石牌坊之一。

遵义龙坑场牌坊细部三

遵义龙坑场牌坊细部四

6 遵义宝峰山砖塔

Brick pagoda at Baofeng Hill

级　别	第五批省级文物保护单位
地　址	播州区芝麻镇宝峰山
年　代	清
看　点	形制和雕刻装饰

宝峰山由于其锥形山峰在平畴中拔地而起，酷似宝塔得名，宝峰山砖塔就建于山顶。此阁从清初至清末，屡毁屡建，现存的是同治二年（1863 年）后重建。

该塔立于溶洞正上方，为六角阁楼式空心砖塔，通高约 17 米，砖石木结构，外观为三层，内楼实为四层，较具特色。塔底层石券拱门两侧石柱刻有对联“冕旒瞻北极，阊阖启南天”；横额楷书“文昌教明”四字。二层和三层有“万世师表”和“魁星楼”楷书雕刻匾额。

塔以质朴生动的画像砖见长，虽砖雕大多残缺不完整，但可见其雕刻形态。塔底层券拱上方有砖雕“二龙戏珠”横额，匾两侧有各有一文官雕像。塔身南北券门及横额、东西两侧均有花砖镶拼的浮雕图案，内容为戏曲故事和神道生活。

宝峰山砖塔与宝峰山寺

宝峰山砖塔外观

宝峰山砖塔细部

宝峰山砖塔顶层结构

宝峰山砖塔底层内景

7 尚稽陈玉壂祠

Shrine to Chen Yudian at Shangji

级 别	第七批全国重点文物保护单位
地 址	播州区尚稽镇中街
年 代	清
看 点	格局和形制

尚稽陈玉壂祠，俗称陈公祠，始建于清道光二十九年（1849年），宣统年间和民国三十一年（1942年）曾修葺。该祠为纪念清乾隆年间（1736—1795年）遵义知府陈玉壂而建。陈玉壂为山东历城人，乾隆三年（1738年）任遵义知府，从外地引进蚕种，教民丝织之法，开贵州丝绸纺织业之先河，促进了当地农业、手工业和商业的发展。

祠的主体建筑由牌楼大门、风雨廊、阁楼、左右厢房等组成。大门为民国年间增修的四柱三门砖牌楼，门内风雨长廊直通阁楼底层过厅，廊左右为一楼一底的厢房，主阁楼和两侧的小阁楼在一栋五开间的厅堂之上，二楼以上分别建阁，在正立面上构成“山”字形，五开间厅堂与左右厢楼及风雨廊联为一体，在平面布局上形成倒“山”字形，布局巧妙。

主阁楼为四层四楼六角攒尖顶，高约30米。底层为长方形厅堂，二层以上分为三座阁楼，中间高，

尚稽陈玉壂祠鸟瞰

为三层六角攒尖阁楼，两边出单层的歇山顶阁楼，整体立面呈“山”字形。底层通面阔近 25 米，通进深 11 米多，主阁楼的 4 根金柱及厅堂的 2 根金柱直通三楼，成为二楼及三楼的檐柱，三楼的金柱立在二层顶部的抬梁上贯通到四楼，成为四楼的檐柱。四楼无金柱，在檐柱顶部，以檐柱为支点向内外挑出翼角。底层稍间的两根金柱和中柱直通二层，成为两侧阁楼的四根檐柱。阁楼整体上下贯通，内、外两环柱连接成为一个整体稳定的结构，阁内设有木梯自底层绕各层金柱盘旋至顶。主阁楼檐下装卷板，戗脊和翼角有花饰，下均悬铃，阁顶置五珠宝刹，刹座六面均塑龙头，龙口衔屋脊，延伸成流畅的脊檐。

陈玉壂祠风雨廊和前院

陈玉壂祠阁楼外观

尚稽陈玉壂祠外观

8 遵义瓦厂寺

Wachang Temple

级　别	第二批省级文物保护单位
地　址	播州区龙坪镇
年　代	明—清
看　点	建筑形制和装饰雕刻

瓦厂寺，又名复兴禅院、复兴寺。据寺藏民国八年（1919 年）的《重修复兴禅院史略纪念碑》记载，复兴寺始建于明正德年间（1502—1506 年），之后续有增修，清咸同年间被毁，后曾加修葺。民国七年（1918 年）寺僧重建时，上下两段格局、右两廊、钟楼鼓楼等布局与原寺已不同。

寺庙平面规整，依次为山门、前院、钟鼓楼（不存）、前殿、廊庑及中院、大雄宝殿、寺后山麓僧墓群等，中轴布局、左右对称，为播州区境内现存规模最大的庙宇。该寺保存有一批精美的建筑木雕和石刻艺术品，雕刻以佛像、花草鸟兽图案为主，也有仙山琼阁等图案。

山门前有八字石墙、门为悬山顶、穿斗式房架，两侧原有钟、鼓楼，现已不存。前殿建为二层单檐歇山顶，前后带廊，左右翼角角梁雕有龙头，梁上置木雕力士一尊。前后八根檐柱，均雕有人物，配以流云、花卉，并施彩绘。中院大青石板铺砌，前殿和两廊配殿、大雄宝殿等四座殿房绕院组成合院，楼上、下均有走马转角的回廊连通。

大雄宝殿为重檐歇山顶，大雄宝殿通面阔三间 20 米、进深两间约 12 米，明间为彻上露明造，明间四根柱础上有“仙鹤闹莲”“犀牛望月”“野鹿衔芝”等石雕。前檐装饰精美，檐下置卷板，额枋、挂落、撑拱等雕工细致。

寺中保存了大量的精美木雕、石雕作品，木雕分布于大雄宝殿、配殿的阑额、雀替、撑拱、檐垂、驼峰、门窗等部位。石刻主要见于几十只柱础上。既有佛教题材装饰“释迦说法、渔翁渡佛、金刚降魔、唐僧取经”等；也有道教题材和民间故事、戏剧故事《西厢记》《空城计》《刘海砍樵》等。这些木雕作品中描绘了楼台亭榭、宫观庙堂等建筑、灵兽和吉祥图案等，内容丰富，手法多样且大多数都保存完好，具有较高的历史和艺术价值。

遵义瓦厂寺鸟瞰

遵义瓦厂寺前殿

遵义瓦厂寺大雄宝殿

遵义瓦厂寺前殿结构细部

遵义瓦厂寺大雄宝殿细部一

遵义瓦厂寺大雄宝殿细部二

遵义瓦厂寺大雄宝殿内景

9 遵义虾子胡氏民宅

Family Hu's residence at Xiazi

级　别	第五批省级文物保护单位
地　址	播州区虾子镇乐安村
年　代	民国
看　点	中西结合的建筑风格、雕刻装饰

遵义虾子胡氏民宅又名“胡氏庄园”，庄园主人则自名为“怡庐”。始建于民国七年（1918 年），历时 10 年建成，为民国初年黔军第六步兵团团长胡忠相的庄园，是遵义市一座典型的带有西洋风格的传统民居建筑，保存较为完整。

建筑群主体是传统木结构的青瓦房，为一楼一底、合院组合平面布局，由入口院落、前院、正院、东西侧院组成，青砖砌墙环绕包围。主要建筑有正厅、左右厢房、前厅等，建筑整体建造考究，雕工精细，错落有致，人文气息浓厚。

大门为传统八字龙门，入大门则是一个小院落，右有小门与东侧后院连通，左侧则有一西洋风格的五开间砖坊，明间设门洞与前院相通，门洞上方有“怡庐”二字，背面是民国时期遵义沙滩文化传人赵恺题书“堂棣增荣”四字。坊上雕刻有“渔樵耕读”及山水、吉瑞动植物等传统图案。

前院主要建筑为前厅与读书楼。前厅面阔三间，穿斗与抬梁混合式小青瓦建筑，前檐出挑较大，外墙壁板上尚留有革命标语，枋额上有精致的雕刻。前厅后壁设大门、两旁开小门，与正院相通，是礼庆宴客之所。书楼为二层穿斗式木结构青瓦顶，楼上三面设环廊，门窗样式具有西洋风格。

正院由正厅与两厢围合四合院，正厅面阔五间，两厢各三间，皆为一楼一底，穿斗式木结构建筑，楼上楼下均装雕花格窗，方窗心装彩色玻璃。

院门外溪流绕园而过，风光优美，虽已过百年，但仍能感觉到当年主人“乐山乐水”的自足心态。院内尚存紫荆和玉兰古树，建筑木板壁上多处可见毛主席语录和学校教育的宣传标语等。

虾子胡氏民宅全景

虾子胡氏民宅大门

虾子胡氏民宅前院砖坊

虾子胡氏民宅内院

虾子胡氏民宅内院厢房装饰

虾子胡氏民宅前院

虾子胡氏民宅前院堂屋装饰

虾子胡氏民宅后院

虾子胡氏民宅家具陈设一

虾子胡氏民宅家具陈设二

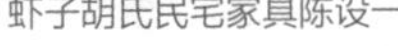

10 遵义黎庶昌故居

Former residence of Li Shuchang

级　别	第三批省级文物保护单位
地　址	播州区新舟镇沙滩村沙滩组
年　代	清
看　点	民居形制、名人历史

黎庶昌（1837—1898 年）是晚清著名外交家、学者，曾任驻英、法、德等国中国使馆参赞，两度出任日本钦差大臣。对各国的时政、外交、经济、军事及国际形势知之甚详，力主变法。黎氏成就主要在外交方面；其次在学术方面，著有《拙草园丛稿》《古逸丛书》等，被视为黔中学术代表之一。

黎庶昌故居又名“钦使第”，建于清光绪十年（1884 年），坐北向南，由门楼、过厅、中厅、正堂、厢房、书房等建筑组成三进院落的布局。

一进为过厅，二进中厅内有黎庶昌生平陈列展。右侧为书房，又名拙尊园，穿斗式悬山青瓦顶、一楼一底，左右有封火墙，是黎庶昌书房、寝室、藏书处。第三进正堂前天井系青石铺墁，院内左右各有石砌方形花台一座，分别有“渔樵耕读”“喜鹊闹梅”等图案石雕。

黎庶昌故居门楼

黎庶昌故居过厅

拙尊园

黎庶昌故居中厅与院落

黎庶昌故居正堂与院落

绥阳县

11 绥阳张喜山祠

Shrine to Zhang Xishan

级　别	第三批省级文物保护单位
地　址	绥阳县洋川镇温泉路
年　代	清
看　点	建筑结构与装饰

张喜山祠又名“张公祠”，始建于清道光二十五年（1845年），由张喜山捐资修建。该祠原位于绥阳县团山乡祠堂坡，1993年其建筑构架迁至绥阳县城易地保护。该祠结构独特、石刻精湛，是目前省内唯一如此规模的全石结构房屋。

祠为穿斗式石结构建筑，面阔五间，前带廊，明间面阔约4米、次间面阔约2米，稍间面阔大于次间，这与常规有所不同。

整座祠堂是以两次间为主要稳定骨干，明间和两侧次间各有一根石连系梁，次间和稍间采用木连系梁，组成整个构架。该祠右侧山面屋架已毁，左侧山面屋架仅存部分檐柱、金柱和上面的小过梁、挑檐枋。因两山损坏严重，这两品屋架的构造情况为根据结构所推测。

祠堂明间设石质神台一座，神台前壁嵌“双凤朝阳”浮雕图案。明、次间的廊柱、椽枋和月梁及主要柱础，均有浮雕花纹，镌刻“福禄寿喜”“松竹梅兰”“八仙”“鸟兽虫鱼”等40幅图案，图案造型精美，艺术品位高。明间和次间主要石柱上还阴刻有对联及买地、建祠、兴学等内容文字。

张喜山祠石构架

张喜山祠结构细部

张喜山祠月梁石雕一

张喜山祠月梁石雕二

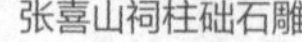

张喜山祠柱础石雕

张喜山祠神台石雕

12 绥阳卧龙山寺

Temple at Wolong Hill

级　别	第三批省级文物保护单位
地　址	绥阳县郑场镇万里村卧龙山
年　代	唐—清
看　点	建筑环境、雕刻装饰

绥阳县卧龙山形如卧龙，山上大小不一的石片状如鳞甲，有“远眺卧龙山，一条活龙卧高滩”的说法，寺因山而名。该寺始建于唐代永泰年间，宋明至今，几经修葺。山寺前后，林木苍翠，几百株古树名木中，有国家级珍稀树种红豆杉、楠木、香樟等，多数高达50米以上，全县近半数的古树名木集中在卧龙山寺周边。

该寺坐北向南，随山势逐级升起，沿中轴线布局戏楼、前殿、后殿，周围砖砌封火墙，围合成四合院落布局，正殿后面是花园、菜圃和僧房。主要建筑皆为砖木结构，硬山式屋顶，是绥阳县境内现存历史最悠久的寺庙建筑。

寺门顶墙上有高1米，宽0.6米的石刻匾额，颜体书刻“卧龙山”三字。山门后是戏楼，前殿、后殿内均塑有佛像，戏楼、前殿的阑额、撑拱、门窗等部位有龙、凤、狮、鹿、金鸡等木雕装饰遗存。左右山墙上有壁画和碑刻，碑刻中有乾隆二年（1737年）和十五年（1750年）两次建寺的记载。

绥阳卧龙山寺山门

绥阳卧龙山寺戏楼

绥阳卧龙山寺戏楼雕刻

绥阳卧龙山寺大殿

绥阳卧龙山寺大殿结构装饰

13 绥阳洋川杜家堰坎宅院

Residential courtyard at Dujiayankan, Yangchuan

级　别	第五批省级点文物保护单位
地　址	绥阳县洋川镇民兴村杜家堰坎
年　代	清

杜家堰坎宅院，始建于清朝咸丰年间。明朝万历年间，杜家从江西临江府移民至遵义府绥阳县，置地取名“杜家山”。据《绥阳县志》记载，明代杜氏第四代杜英才“曾任湖广副将，立有战功”，告老还乡后建造杜家院子，并立钟鼓楼，设堂办学。但当年建筑未有遗存，至清朝咸丰初年，清代举人杜灿芳的父亲杜修德建造此宅。

杜家堰坎宅院是绥阳现存规模较大、保存较好的古民居。曾因100多年无人大修而破败不堪，厢房等均毁。近年古宅按原貌修葺一新，修缮了主体建筑并修建了院内戏楼、花园、长廊和凉亭等。建筑为穿斗木结构，共有横排九间，两边还曾有厢房，根据宗法和等级观念，按尊卑长幼、主仆等分住在各屋。院内现存杜家练武时用的“石礅”，宅院正门上悬挂的“武魁”、堂屋内的“萱茂六朝”等牌匾，以及庭外杜氏几代武举所立的“石围柱”等，都是宅院为数不多的文物遗存。

杜家堰坎宅院大门

杜家堰坎宅院堂屋

杜家堰坎宅院戏台与书院

湄潭县

14 湄潭浙江大学旧址

Former site of Zhejiang University

级　别	第六批全国重点文物保护单位
地　址	湄潭县湄江镇和永兴镇
年　代	1940—1946 年
看　点	浙大西迁历史

1937 年秋，抗日战争全面爆发，浙江大学西迁，先后经浙江、江西、广西、贵州青岩等地辗转，于 1940 年抵达湄潭。现分布于湄潭不同地方的旧址主要有 9 处，包括湄潭办公室、图书室旧址（文庙），谈家桢等教授住处（天主堂）、研究生院旧址（义泉万寿宫）、湄江吟社旧址（西来庵）、理学院物理系旧址（双修寺）、永兴分校教授住处、农学院畜牧场实验楼旧址、文艺活动旧址（欧阳曙宅）、学生住处（李氏住宅）。

湄潭办公室、图书室旧址，即湄潭文庙，始建于明万历四十八年（1620 年），今文庙内为“浙江大学西迁历史陈列馆”。建筑整体上顺坡势次第升高，沿中轴线分布大成门、南北庑、钟鼓楼、大成殿、崇圣祠等。20 世纪 50 年代拆除了影壁、月池、状元桥、棂星门等，在现在的文庙前广场上，可以看到铺装标示出了原位置。1940 年浙大 700 多名师生，在校长竺可桢率领下，抵达黔北遵义、湄潭，在湄潭办学 7 年。分部办公室、图书馆和部分教室设于文庙内。

浙大研究生院旧址位于义泉万寿宫（江西会馆），

浙江大学旧址（文庙）鸟瞰

浙江大学旧址——万寿宫山门

是湄潭至今保留较好的清代古建筑之一，始建于清乾隆至嘉庆年间，光绪六年（1880 年）重建，为两进院落，包括门楼、戏楼、两厢和正殿等。1939 年为发展战时茶叶经济，国民政府经济部中央农业实验所在此建立中央实验茶场。1940 年浙大西迁，将研究生院设置于此，并作为教学实习基地，

文庙前广场一侧有湄潭天主堂，建于光绪末年，砖木结构、法式建筑。面阔约 12 米、进深约 26 米。经堂内壁上，写有许多红军标语。1935 年中央红军右路一军团和九军团进入湄潭县城，九军团指挥部驻天主堂，红军标语即是红九军团留下的遗迹。

浙江大学旧址——文庙大成殿

浙江大学旧址——文庙大成殿内景

浙江大学旧址——文庙大成殿石雕

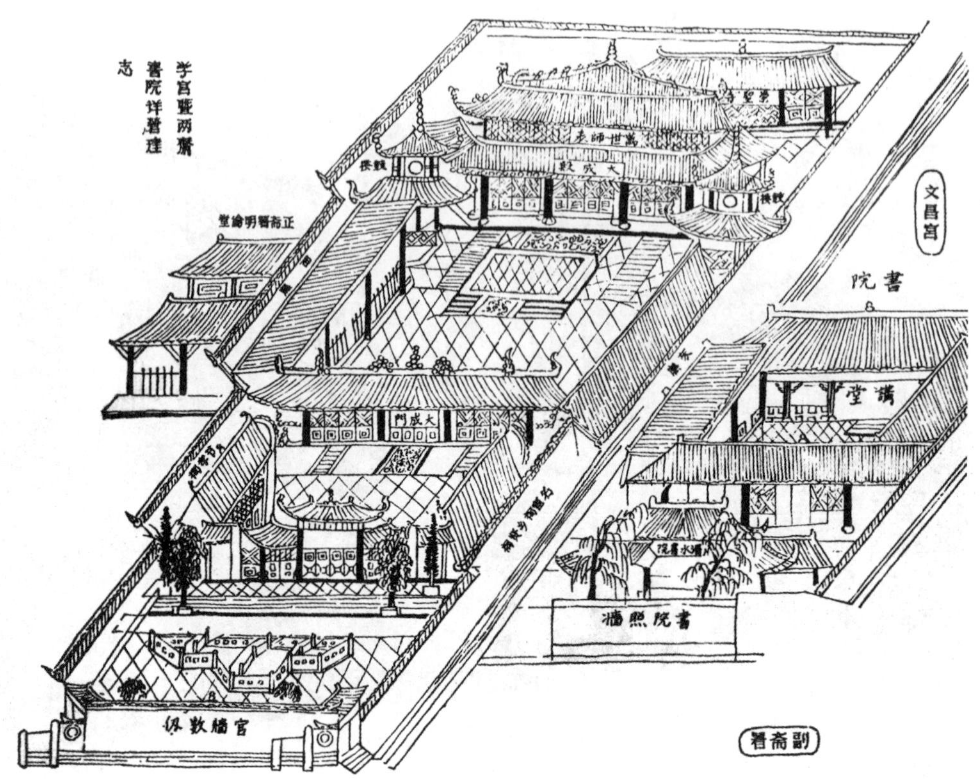

清光绪年间湄潭文庙学宫图

浙江大学旧址——万寿宫大殿

浙江大学旧址——万寿宫戏楼

凤冈县

15 玛瑙山营盘遗址

Site of military camp at Manao Hill

级　别	第三批省级文物保护单位
地　址	凤冈县绥阳镇安坝村
年　代	清
看　点	保存完整的古军事建筑

玛瑙山营盘，始建于南宋末年，清咸丰、同治年间，以当地望族钱青云为首，为抵御号军而将其扩建，是中国西南地区最完整的古军事建筑之一。玛瑙山营盘整体规模宏大，构筑坚固，保存亦较完整。

营盘利用山、岩、洞、水等自然条件，考虑了攻、防、退、守多种情况而建。现存营盘依山就势建垣，包绕 7 个山头，平面布局呈不规则多边形，现存内外两道围墙，料石砌筑，长 1 万米，高 4 米至 5 米多、宽约 1.5 米。营盘设营门 48 道、射击孔几百个、炮台数十座，墙垣外旗杆石及建营碑记尚存。

玛瑙山营盘遗址鸟瞰（部分）

营盘遗址分地面和地下两大部分：地面部分以金磐山中营为中心，四周有六个营盘遥相呼应。地下部分有金磐山洞和子营秘洞两个大溶洞，有几个个洞口与主营相通。洞内迂回曲折、纵横交错，有“厅”有“巷”，并有多处秘密出口，与营盘巧妙结合，攻守自如。

地上部分，整体呈不规则平面，万米石墙蜿蜒。以金磐山为主营，大小七座山头由城墙围合起来，既分隔又互通连成一片。分营及主营的石墙四角均筑有炮台，主营建有三层石碉楼。虽然七座山头独立成营，但各营与主营相通，数十道形状各异的城门四通八达，大小 500 个炮眼分布于各处石墙。营盘内至今还留存有石碓窝、石碾槽、拴马桩、旗杆座等。

玛瑙山营盘营墙一

玛瑙山营盘营墙二

玛瑙山营盘碉楼

玛瑙山营盘古墓葬

玛瑙山营盘碉楼内部

玛瑙山营盘古石碾槽

桐梓县

16 桐梓周西成祠

Shrine to Zhou Xicheng

级　别	第二批省级文物保护单位
地　址	桐梓县娄山关镇荣德山
年　代	民国
看　点	中西结合的建筑风格、名人历史

周西成生于清光绪十九年（1893 年），应征入伍后进贵州讲武堂，民国十五年（1926 年）任国民革命军二十五军军长，兼贵州省政府主席。1929 年战死于镇宁鸡公背，归葬桐梓后山坡，翌年，在桐梓县城西北隅古荣德山西南麓修建“周公专祠”。在贵州近现代史上，周西成是个重要的人物。因受到历史的局限，虽其生平有所争议，但其在任时“主黔政后，其善政不可殚述，应当予以肯定”。

周西成祠建于民国十九年（1930 年）。坐北朝南，依山修建，由享堂、祭厅、前厅及碑廊等组成，是 20 世纪 30 年代，黔北地区中西合璧手法建筑的典型代表。

前厅面阔五间，上下两层。围护墙以青砖垒砌，众窗棂仿西式作法，具有鲜明的时代特点。主体建筑享堂，仍采用穿斗式木结构建筑。其面阔五间，前檐带廊，硬山青瓦顶。建筑的驼峰、月梁、撑拱、垂柱、雀替、挂落、花牙子、鹤颈轩等大小木作，和月台上的栏板、望柱等石雕艺术，虽为近现代建筑，却是较为成功的仿古建筑。

院落中央椭圆形祭厅，其三角山花、券状门窗，则为典型的西方影响的建筑形式。碑廊与院墙合二为一，廊顶采用传统做法，廊柱则为西式风格，内墙上嵌碑 80 余通，镌刻真草隶篆各种溢美文字，可看作 20 世纪 30 年代贵州的书法艺术大观。

周西成祠全景

周西成祠门楼

正安县

17 正安尹道真务本堂

Yin Daozhen's Wuben Hall

级　别	第一批省级文物保护单位
地　址	正安县新州镇政府大院旁
年　代	清
看　点	名人历史、建筑形制

尹珍（79—166 年）字道真，东汉桓帝时期著名学者、文学家、教育家、书法家，被认为是贵州地区文化教育的奠基者之一。时至今日，尹珍教书为民的品质一直受到人们尊崇，有“北有孔子，南有尹珍”之称。千百年来，尹珍先贤礼乐教化影响至黔渝桂川等地，对西南地区文化教育影响甚为深远，“凡属牂牁旧县，无地不称先师”，贵州地区历代相继建孔庙，也多有建尹珍祠。

尹珍务本堂为尹珍讲学处及居家、墓葬之地，原为草堂三间，后于明万历四十年（1612 年）在尹珍讲学的草堂原址上重建，清康熙至光绪年间数次修葺。“务本堂”之名，源自孔子的“君子务本，本立而道生，孝悌也者，其为仁之本与”。

务本堂坐南向北，主体建筑为封闭式的合院，中轴对称、布局严谨，占地面积约850平方米，由门楼、门厅、两厢、天井、正堂等组成，四周以青砖砌筑维护墙体。过门楼的院落大门额竖排楷书“务本堂”三字，石门两侧的阴刻对联隐约可见“学者必由是，逝者如斯夫”。

务本堂的正堂高阔，面阔三间、通面阔10米，进深三间、通进深9.5米，穿斗式悬山青瓦顶，内有尹珍塑像，脊檩楷书的“光绪十二年”墨迹犹存。堂前为青石铺就的长方形小天井，两侧厢房为单坡顶，略低于正堂。

尹道真务本堂鸟瞰

尹道真务本堂门楼

尹道真务本堂院落大门

尹道真务本堂院落

尹道真务本堂正堂内景

18 正安宝兴隆盐号和客栈

Baoxinglong salt store and inn

级　别	第五批省级文物保护单位
地　址	正安县安场镇老街
年　代	清
看　点	地方盐运历史

宝兴隆盐号和客栈是川黔陆路盐运史的历史见证。康熙元年，清廷诏令食盐实行“划定边岸官运商销”政策，正安、务川、湄潭、凤岗以及思南等地购盐划定在綦岸。宝兴隆盐号为綦岸盐黔经正安州分运各地的第一处盐运中转站，盐从綦江石角镇起运，经梓桐入境达宝兴隆盐号。

宝兴隆盐号始建于清康熙初年（1662年），道光和光绪年间两次修复。该盐号原为二进四合院形制，全木架结构青瓦顶，有封火山墙。由前厅（店铺）、两天井、四厢、过厅、后厅（盐仓）等组成。现今盐号前厅店铺已毁并建现代砖木建筑，尚有居民居住；过厅及后厅等建筑破损严重，亟待修复，天井和室内杂物较多，但建筑整体梁架保存较为完整，且造型独特。建筑装饰大多损坏，但从其遗存看，可见其雕刻和彩绘装饰曾较为精美。

宝兴隆盐号鸟瞰

宝兴隆盐号前梁架结构

宝兴隆盐号损毁的结构装饰

宝兴隆盐号后厅梁架结构

19 正安祝家坪古建筑群

Ancient architectural complex at Zhujiaping

级　别	第五批省级文物保护单位
地　址	正安县俭坪乡合作村繁荣村民组
年　代	清
看　点	村落格局与历史、民居建筑形制

祝家坪的居住环境具有典型的山地村寨特点，民居布局沿台地等高线背山面水分布，建筑具有民族融合的许多特点。古建筑群由营堡寨民居、大堡合院式“印子屋”民居、三合院等典型民居建筑，以及字库塔、古盐道、古堰渠、古桥梁、古墓葬、古寺庙及炼硝遗址等历史遗存组成。

营堡寨民居：依山而建，沿自然山体砌筑高大坚固的寨墙。寨墙上设有炮台、垛口、瞭望口、碉楼等防御设施。寨内民居建筑分别有吊脚楼、走马转角楼等民居形制，均为穿斗式结构，三开间或五开间不等，堂屋设腰门。朝门利用寨墙设置，为拱券门或石库门。祝家坪营堡寨民居尚有鲁家崖与永清崖两处为代表，整体保存较好，但部分墙体上遭受损坏、碉楼被毁，寨内部分建筑被损毁或改建。

鲁家崖营堡寨外景

大堡“印子屋”民居：由正房、两厢、对厅和朝门组成的四合院，俗称“印子屋”。建筑为穿斗式木结构悬山青瓦顶，前带廊，天井青石铺墁。四周有砖石砌筑维护墙。对厅楼层与正房及两厢齐平或随地势高低变化，明间设为过道。

三合院民居：由正房、天井、两厢、朝门和院墙等组成，多为砖石木混合式小青瓦顶，其形制有转角吊脚楼、厢房吊脚楼等。正房为穿斗式木结构，前带廊，三开间或五开间不等，有镂空花窗，厢房多为吊脚楼，穿斗式悬山顶。三合院朝门有全木结构垂花门和石砌拱门两种形式。祝家坪共有三合院民居建筑 30 余栋，大部分主体建筑仍保存原状，部分围墙或朝门等部分改造或被损。

祝家坪古建筑群除民居建筑以外，还保留有大量附属古建筑。其中永清崖营堡寨侧的字库塔，为楼阁式三层砖塔；马溪河风雨桥，为单孔石拱桥，上建单开间木构架桥亭，桥头立青石建桥碑，上置碑帽，记建桥经过及事宜等；石刻墓群，为土封石围，前置四柱三间三楼牌楼式墓碑，雕刻精美。

营堡寨圆拱石大门寨墙

祝家坪村寨印子屋建筑

祝家坪村寨三合院建筑

祝家坪村寨三合院建筑花窗一

祝家坪村寨三合院建筑花窗二

祝家坪村寨浮雕石柱础

祝家坪村寨马溪沟风雨桥

祝家坪字库塔全景

20 正安公馆桥

Gongguan Bridge

级　别	第五批省级文物保护单位
地　址	正安县温泉镇公平村
年　代	清
看　点	桥梁形制和石雕

公馆桥位于绥阳、正安两县交界处的赤尾溪河上，建于道光绪三十二年（1906 年），为黔北地区现存最大的古石拱桥，被称为黔北第一古石桥，由于该桥是建在古代黔北至川南的古驿道上，这里有沿街客栈、饭庄等为过往的商旅提供食宿，还有“公馆”则专门接待来往的州、府官员食宿，当地称此桥为“公馆桥”。

公馆桥为单孔石拱桥，全部由巨石砌就。桥长达 70 米，跨径达 30 余米、宽约 9 米。整体造型如“虹过清流”，造型美观，是不可多得的古桥梁建筑艺术珍品。

南北面各有近 50 级的石梯，上石阶的桥面两端上有雕刻生动的雌雄石狮各一对，两边有厚石板护栏，左右护栏正中，各建有形状相同的桥楼板，中间嵌石碑。东面两块石碑分别刻倡建石桥和捐款人等，西面两块分别刻《修建正南第一桥序》和“竹不如松青且雅，兰虽是草秀而香”的对联及花卉、宝瓶等图案。两边护栏各有一副楹联，分别为“骑驴相国逸兴寻诗，司马才人豪情题柱”“石磴连云平雁齿，河梁堰月卧虹腰”。为了纪念公馆桥的落成，一侧桥头平台上立三块石碑，分别镌刻“痌瘝在抱”“咸歌利涉”“民不能忘”，反映了当时建桥为民的理念。

正安公馆桥

正安公馆桥全境

正安公馆桥石碑

正安公馆桥石雕

务川仡佬族苗族自治县

21 务川申祐祠

Shrine to Shen You

级 别	第二批省级文物保护单位
地 址	务川仡佬族苗族自治县都濡镇环城北路祠堂巷
年 代	清

申祐，仡佬族，务川县人，明正统年间北方瓦剌大军入侵，申祐随军出征，为救驾牺牲。清嘉庆十年（1805 年），特准建三重祠堂，并御书“忠孝名臣”匾额。

申祐祠名为“申忠节公祠”，坐北向南，始建于明嘉靖十年（1531 年），清康熙、道光年间相继修葺。原为三进的祠堂，现仅存牌楼、两厢、前殿组成的一进院落，且原祠堂的神像、匾额、木雕等，在建筑中都未见遗存。

现存牌楼砖石结构、四柱三门，上有明清两代砖刻匾文 5 幅，中为石刻楷书“大节光昭”，左右为砖刻楷书“千秋完节、流芳百世”。门柱刻有对联：“于殉难十七人中独缺其名，无得而称，是为至德；从请祠三百年后重修兹庙，奚斯所作，乃曰閟宫。”明间中柱阴刻楷书对联一副，正面两侧砖墙上各嵌石碑一通，一通为明天启壬戌年《咏申御史三烈事迹歌》碑；一通为建祠的七律诗和序文碑。该祠是对申祐“忠孝义”的褒扬，体现了中国传统文化的伦理道德和教育作用。

申祐祠鸟瞰

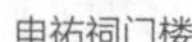

申祐祠门楼

申祐祠门楼细部

22 龙潭村古建筑群

Ancient architectural complex in Longtan Village

级 别	第四批省级文物保护单位
地 址	务川仡佬族苗族自治县大坪镇龙潭村
年 代	明—清
看 点	村落历史和仡佬族民居建筑

务川龙潭村系仡佬族聚居的村寨，村寨有一水塘，当地称为“龙潭”。这里是国家历史文化名村，仡佬族文化保存最好的一个民族村寨。据资料记载，龙潭村建寨已有700多年历史，这里古村寨的仡佬族先民，是最早攻取丹砂冶炼技术的民族，在其附近发现有汉唐开采朱砂遗址和大型的汉墓群遗址。

该村地处缓坡地带，三面环山，一面临潭，该村分前寨、中寨、后寨、茶地四个自然村寨。寨内石板铺路、石巷相连，建筑较有特色，还留存有部分清朝咸丰同治年间及民国时期的建筑。

村寨的典型民居坐向为南北向，民居有院落、置朝门，多为四合院、三合院形式，院墙为石块干砌，用石板铺成的小路连接各户。民居穿斗结构，面阔三间居多，小青瓦悬山顶，两厢为木结构吊脚小楼，一些大户在围墙的四角设有“烽火眼”用于防盗和抵御外侵。建筑门窗、吊脚柱头及护栏雕刻图案多以寓意五谷丰登的吉祥图案为主要题材。

龙潭村是黔北仡佬族文化保存较好的一个村寨，石板墙夹石板路，为该村的一大特色。目前保存和修复的主要代表建筑包括大朝门（遗址）、申祐祠、申祐故居、申小松院落、丹堡院落等。大朝门修建于明初，位于中寨、茶地、后寨的交会点，为村寨主要建筑之一，遗存有八字朝门院墙和朝门前的石阶，现大朝门为20世纪60年代焚毁后于近年复建。申小松院落由朝门、正房、厢房、碉楼等组成三进院落，现格局已不完整，碉楼仅存基址。正房面阔三间、进深四间，明间有吞口，房门装有镂空腰门，隔扇木雕精细。

大朝门遗址

龙潭村鸟瞰

申小松民居一

申小松民居二

申小松民居三

申祐故居

申祐祠堂

丹堡院落围墙和朝门

丹堡院落内景

丹堡院落堂屋装饰

23 罗峰书院

Luofeng Academy

级　别	第四批省级文物保护单位
地　址	务川仡佬族苗族自治县书院路
年　代	清

罗峰书院初名“敷文书院”，始建于清雍正十一年（1733 年），道光年间迁建于现址，光绪八年（1882 年）扩建时新建“奎文阁”，并更名为“罗峰书院”。书院中轴线上原有大门、两厢、奎文阁、东西书斋、正厅、长房、山长住房等建筑，四周砖石围墙围护，现仅存奎文阁和两厢、正厅（基址）。

奎文阁也为藏书楼，一层面阔五间，进深五间，穿斗式悬山青瓦顶；二层是穿斗式四角攒尖顶楼阁，两厢均为悬山顶建筑。民国以来，书院内曾为务川初级中学、务川实验学校。现罗峰书院为务川县中心幼儿园使用。

罗峰书院鸟瞰

罗峰书院奎文阁

罗峰书院院落

24 务川池水申氏民宅

Family Shen's residence at Chishui

级　别	第五批省级文物保护单位
地　址	务川仡佬族苗族自治县柏村镇通木村池水组
年　代	清
看　点	建筑结构和形制

池水申氏民宅，俗称“官厅”，是遵义市唯一保存完好的斗拱类木构民居建筑，由申秋芳修建于清康熙至雍正年间。

该宅坐北向南，抬梁和穿斗混合式悬山顶建筑，面阔五间，通面阔约 20 米、通进深约 8 米，建筑面积 200 多平方米。建筑的明间、次间落地柱为鼓形木柱础，柱础下复用八角形木櫍，内檐梁架上以斗拱作为支撑构件。该建筑用材硕大，大量应用斗拱，有补间铺作、梁上铺作，檩与随枋之间铺作万拱和斜拱，在正檩两侧附加花拱。这种在民居中较多的使用斗拱，省内少见。

池水申氏民宅

池水申氏民宅室内

池水申氏民宅结构细部一

池水申氏民宅结构细部二

习水县

25 三岔河摩崖

Cliff carvings at Sanchahe

级 别	第二批省级文物保护单位
地 址	习水县三岔河乡三岔河村望仙台
年 代	清
看 点	寺祠合一、神人共塑

三岔河摩崖，又称三岔河石窟寺，建造于清嘉庆年间，是清代贵州著名实业家、民族工业先驱袁锦道组织开凿。摩崖高居峭壁上，由石窟佛寺、袁锦道祠和禅房构成，均为穿斗式悬山青瓦顶木构建筑，连为一体，主要是为保护石窟造像而建。

石窟佛寺为穿斗式重檐悬山单坡青瓦顶，内有石刻佛像 3 尊，分别是阿弥陀佛、释迦牟尼和药师佛，均高约 2 米多，身着袈裟，结跏趺坐于莲花宝座上，后有背光浮雕。坐像下的八字形石砌神台上，奉 48 尊神像，佛教为主，也有道教、儒教神像，窟顶刻“真如密谛”。

袁锦道祠，面阔一间，穿斗式悬山青瓦顶，内凿有四柱三门石牌坊。牌坊门额题：“奉旨覃恩宠赐征仕郎题明建坊”。左右坊柱阴刻楹联两副。坊上还刻有“二龙戏宝”“八仙过海”及其他花鸟图案。牌坊下为石龛内凿刻袁氏及其一妻二妾圆雕石像，袁氏着官服正襟危坐。神台右后壁有摩崖“三官”，并刻有“祁三官佑百福；求神恩纳千祥”对联，横批为“天地水秀”。

该石窟另外还有48尊神像以及开凿石窟记事石碑2通、摩崖2方，详细记载石窟的开凿及管理等情况，该石窟寺体现了“寺祠合一，神人共塑”的特征。

石窟佛寺造像一

石窟佛寺造像二

三岔河摩崖外观

石窟佛寺造像三

袁锦道祠石刻牌坊

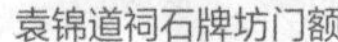
袁锦道祠石牌坊门额

袁锦道像

26 习水程寨袁氏宗祠

Family Yuan's Ancestral Temple in Chengzhai Village

级　别	第五批省级文物保护单位
地　址	习水县程寨乡罗汉寺村
年　代	清
看　点	宗祠和袁氏历史

南宋理宗端平二年（1235年），袁世盟（时“明”与“盟”通用，亦有史籍记为袁世明）奉旨率部入蜀平叛，当时叛乱区域为南平军（宋代行政区划），故称平南。战后留镇守土。因伤复发逝于武都城（今习水土城），葬罗汉寺，诏追封“平南王”，后其孙建祠。明洪武年间，其七代孙袁珍等率族人迁建至现址，其间屡毁屡兴。2008年主体建筑又毁，次年原址重建。

新祠建筑面积约800平方米，由前殿、两厢和正堂组成合院布局，主体建筑为抬梁结合穿斗式木结构，彩瓷平贴装饰屋脊。祠堂内院一侧仍留有公元652年的紫薇花树，被当地人称为“紫薇神树”，原另一侧为桂花，现已不存。前殿的宝顶很有特色，但属复建，宝顶的正中书“平南王”，两侧书“旺火蒸水震泽东西”“平南拱北安定天下”，背面为弥勒佛像。

祠堂内收集了部分原建筑和各地与袁家有关的雕刻石碑等文物遗存，其中包括已破碎的前殿屋脊宝顶原物、袁世盟神主牌、一世祖世明（盟）讳福袁君神位坐额匾、元代古狮雕刻、元代朝门柱墩、袁世盟十一代孙、十七代孙神位牌等。现前殿和厢房作为展厅，展陈有袁氏家族的历史源流和事迹等内容。

袁氏宗祠鸟瞰

袁氏宗祠外观

袁氏宗祠原建筑石雕构件一

袁氏宗祠院落

袁氏宗祠原建筑石雕构件二

27 土城古镇建筑群

Ancient architectural complex at Tucheng

级　别	第二批全国历史文化名镇
地　址	习水县土城镇土城古镇景区内
年　代	清—民国
看　点	古镇格局和盐道历史、民居建筑

土城古镇因航运而兴、因四渡赤水而名。古镇位于赤水河中游的东岸，是一个依山沿河而建的狭长小镇，赤水河航道直通长江中下游，自古即为水陆交通要津。其建制可上溯至汉代，明洪武十四年（1381 年）置上赤水里，平播后改名为土城，清代设土城里，隶仁怀直隶厅，属贵州省粮储道。系古时“川盐入黔”的古盐道重要码头和集散地，历史上曾四方商贾云集，形成了古镇浓郁的商埠文化底蕴。

这里曾一度建有九庙、五宫、四屯、两寺、养马司、播州茶仓，以及保存完好的盐号、船业工会等。商业发达、各行业云集此处贸易，形成“土城十八帮”，如布帮、盐帮、船帮、糖帮，等等。

土城古镇传统民居的建筑材料普遍采用竹、木、土、石等，房屋的勒脚、基础、堡坎利用条石、块石、片石砌筑，墙身采用“穿斗夹壁墙”，小青瓦屋顶。虽经历史变迁，多数古民居已更新或不存，但目前古镇仍保留了沿河商埠的前店后宅古街历史格局。现存古建筑只要集中在主街两侧，其中以清乾隆年间的河边号房（客栈）、清中晚期的张家大院、火神庙等为代表。

1935 年红军长征途中在此开始了四渡赤水的第一渡，在土城有许多红军留下的遗址、遗迹。如毛泽东、周恩来、朱德等在土城的住地、红军司令部旧址等，使古镇文化和红色文化有了很好的融合。

张家大院建于清代中晚期，是土城富商张世希所建，是青瓦悬山顶，出檐较长、穿斗白粉墙的合院建筑，具有典型的黔北民居风格。1935 年 1 月中国工农红军入驻土城时，该院落曾用作红军总供给部驻地。火神庙建于清代中期，为穿斗木结构、小青瓦屋面悬山顶，庙前临街有山门与通堂，围绕中间透光天井，檐下廊道连接正殿和左右厢房。1935 年 1 月中国工农红军入驻土城，该庙为红一军团司令部驻地。

土城古镇鸟瞰图

土城古镇火神庙院落

土城古镇古街巷一

土城古镇张家大院

土城古镇古街巷二

土城古镇古街巷三

赤水市

28 复兴江西会馆

Jiangxi Guild Hall at Fuxing

级　别	第七批全国重点文物保护单位
地　址	赤水市复兴镇复兴场老街
年　代	清
看　点	建筑形制、精美的装饰和雕刻

复兴古镇是赤水河水陆交通的要冲和经贸码头，历来为川盐入黔、滇黔货物进川的物资集散中转站。江西会馆又名万寿宫，由江西籍盐商建于清道光十二年（1832年），后毁于火灾，宣统二年（1910年）重修。会馆坐南朝北，平面整体布局呈长方形。由牌楼式山门、戏楼、两厢、杨泗殿、后殿（许真君祠）等组成。

大门为高大的砖石结构三门牌楼式，明间为内收八字石库门，上嵌竖匾，竖向阴刻“万寿宫”。门额正中有精致高浮雕许真君及八仙图，立柱阴刻“庙祀怀阳洪进恩波通赤水；神宗江右庐山灵气接黔峰”楹联，两侧八字墙施浮雕。两次间均开拱门，可惜门额上石刻被损毁。

大门底层为通道，二层为歇山顶戏楼，面阔三间。戏楼的撑拱、雀替、罩面枋等均有精美雕刻，其内容为历史故事与神话传说，两侧有“宛具悲欢离合，严然荣辱穷通”等对联。两厢为一楼一底，带前廊，连接大门和杨泗殿。

杨泗殿面阔五间、进深三间，抬梁穿斗混合式木结构，两山有封火墙。明间正面石狮两座，造型独特，其中一石狮两耳洞贯通，内部成喇叭形，能吹出高亢如“吼”的声音。室内柱子均为整块石料，柱高约12米、直径约0.6米，红砂石板铺地，明间檐柱上有石刻对联。该殿柱础、撑拱、雀替、挂落、驼峰等构件雕刻精湛，内容以人物故事与花鸟草虫为主。

后殿又名许真君祠，面阔五间、进深三间，抬梁穿斗混合式，两侧封火墙，其形制装饰与正殿相似，但体量稍小。殿前天井内有一古井，名为“许天师井”，此井常年不涸不溢，水位不变。

复兴江西会馆属贵州现存古建筑中的精品，其木

复兴江西会馆鸟瞰

雕、石刻等工艺技术十分考究，特别是整个会馆共有 24 根高大的六边形石柱，其他大柱为木柱，具有地域特点。据当地人讲，在几十年前，当地有几院会馆，在规模和建造精致程度方面，甚至比江西会馆更为精彩，可惜 20 世纪 60 年代都已经被毁。江西会馆建筑反映了清道光以来赤水市复兴镇的经济、文化状况，反映了当时川盐入黔时期的繁荣。江西会馆现为赤水丹霞石刻艺术博物馆，内展示有大量赤水地区遗存的精美石刻。

复兴江西会馆山门

复兴江西会馆戏楼与院落

复兴江西会馆戏楼雕刻

复兴江西会馆后殿与天井

复兴江西会馆石狮

复兴江西会馆撑拱木雕

复兴江西会馆杨泗殿

复兴江西会馆杨泗殿内景

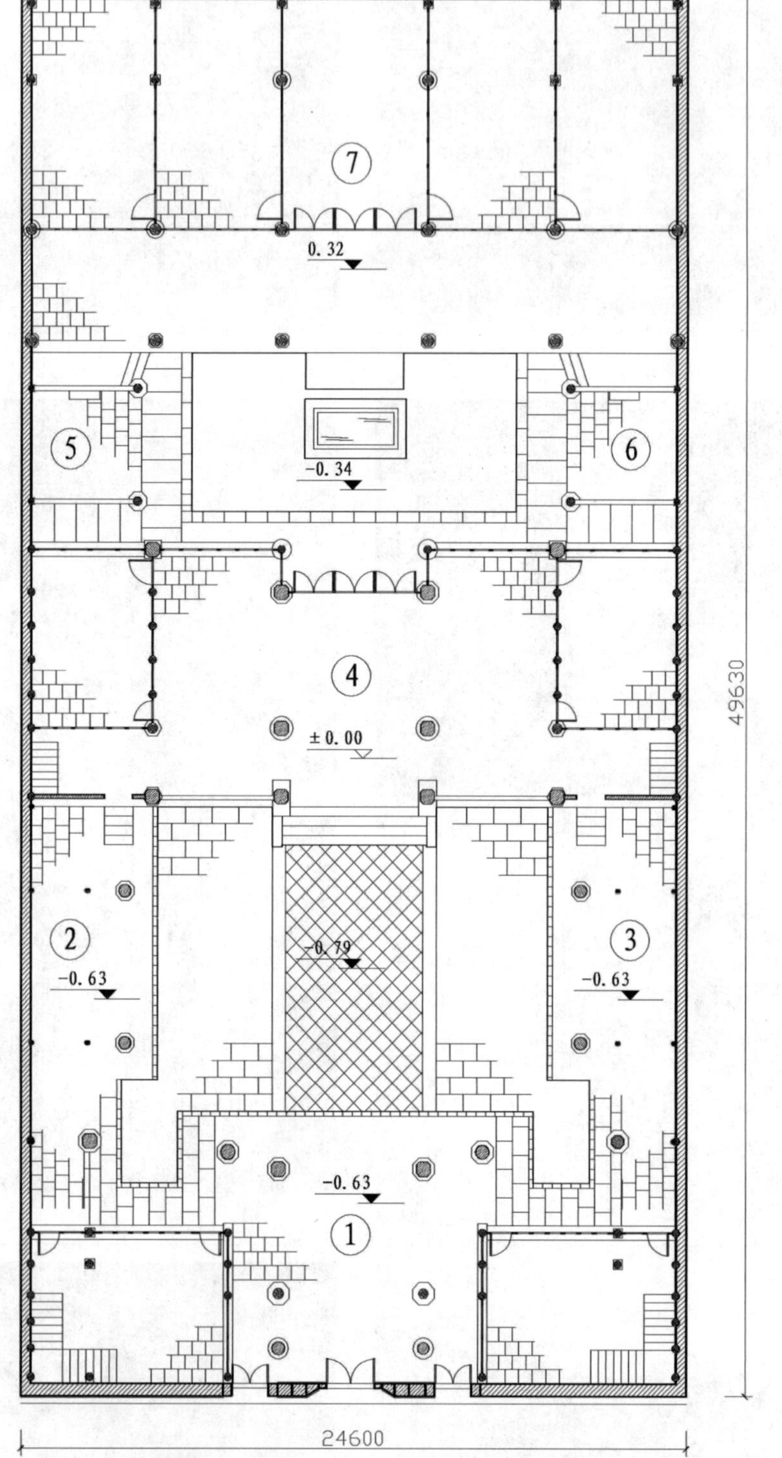

图 例
① 戏 楼
② 左厢房
③ 右厢房
④ 正 殿
⑤ 后左厢房
⑥ 后右厢房
⑦ 后 殿
0.32
-0.34
±0.00
-0.79
-0.63
-0.63
-0.63
49630
24600
总平面图 1:200 0 1 2 3m

复兴江西会馆总平面图

29 赤水天恩桥

Tian'en Bridge

级　别	第二批省级文物保护单位
地　址	赤水市元厚镇陛诏村
年　代	清
看　点	形制和雕刻

天恩桥建于清道光六年（1826 年），是为纪念和颂扬四川总督丁宝桢用三年时间疏浚赤水河、修整陆运道、促进地方经济的劳绩，由“黔蜀绅商士庶”建立，是川黔古道上重要的桥梁，代表着当时桥梁建筑的最高水平。

天恩桥横跨陛沼河，为三跨平板石桥，桥长 20 多米、宽约 2 米。平坦的巨石桥面，铺设于一组石刻巨龙背上，龙头朝向河流上游水源方向，扬头翘尾，宛若背负着跨水古桥。现仅存两座巨龙龙首与一座龙尾石刻。

桥南端石牌坊，立于清光绪六年（1880 年），上匾额题“天恩桥”，牌坊嵌三碑，正中题“与天地同流”，左题“君子人也”，右题“有君子之道四焉”；正中有对联“事关国计民生，一片公忠投帝听；功同山平水治，四方沾被颂神明”。外侧两柱刻序文，记有修整河道、修路、修桥之始末，对于研究黔地水运交通和地方经济发展史有重要价值。

天恩桥

天恩桥桥墩和石龙

天恩桥石牌坊

30 两会水石窟寺

Grotto Temple at Lianghuishui

级　别	第二批省级文物保护单位
地　址	赤水市两河口乡兴隆村
年　代	清
看　点	石刻造像

两会水石窟寺，是依岩凿龛的半月形红色砂岩石窟，内有造像。石窟造像年代不详，窟内现存碑记一通，是有关清咸丰年间为佛像装彩、同治十年（1871 年）间依窟建殿的内容记载。今原建筑已毁，石窟原貌和造像保存较好。

石窟通宽 6 米多、进深约 4 米。石窟内现有摩崖佛教人物造像 3 组共 8 尊。主体造像并排四龛，每龛内雕趺坐造像一尊。中心一组的中右为双手叠掌的释迦牟尼佛像，龛座饰浅浮雕祥云；右为普贤菩萨像，手托经卷，头戴透雕僧帽；左为文殊、观音菩萨像。这组造像下侧龛内并排镌刻目连、达摩坐像各一尊；在释迦牟尼佛像正上方有两小圆龛内是祥云护托的护法僧。

现石窟前建筑为近年所修建，也已残破。窟内现存的 8 尊造像，除观音、文殊二尊为后人修补，技艺显得粗糙外，其余均基本保持完好。

两会水石窟寺远观

两会水石窟寺造像

31 丙安村古建筑群

Ancient architectural complex in Bing'an Village

级　别	第四批全国历史文化名村
地　址	赤水市丙安乡丙安村
年　代	明—清
看　点	古道文化、村落格局和民居建筑

丙安古镇位于赤水河畔陡峭巨大的岩石上，背倚高山、三面环水，自古为川黔贵驿道和川盐入黔水陆盐道上的盐埠商市和军事关隘，守陆路驿道、扼赤水河航道，地理位置十分重要。自清乾隆年间赤水河进行大规模治理后，丙安成为来往盐船、商船停泊过夜之地，集市繁荣。古有“客心摇曳青灯里，一夜滩声撼小楼”诗句。

丙安古建筑群是格局较为完整的商业古镇，现存主要历史遗迹包括渡口码头、古桥、古道、城墙、城门以及典型民居建筑和街巷系统等。该古镇也是红军“四渡赤水旧址”之一，古镇内尚有红一军团指挥部旧址。

城墙及城门：丙安古建筑群东、西、南、北四个方位依次砌石为墙、垒石为门，建有东华门、太平门、奠安门、平治门四道寨门，主要用作军事防御，现保存完好有东华门和太平门，其余两座均毁。

丙安古建筑群鸟瞰

丙滩桥：位于东华门外，桥面由 9 组 18 块长条石架建，每块条石重约 3 吨，桥中五座桥墩置放昂首石龙，现今石龙仅存两条，另三条已毁。今存石龙一雄一雌，通体雕刻龙鳞和云花。雄龙两耳中空，对右耳小孔吹气，会发出声响。

民居建筑：典型的黔北川南民居风格，大多为穿斗式木结构建筑，悬山顶，堂屋一般为三间，中间堂屋内供香火牌位，部分民居借山势，依岩立柱，形成岩壁边上悬空的吊脚楼。较有特色的是部分沿古街背河的民居，纵向布局，采用临街前店后坊式，后面临水面利用吊脚楼拓展空间。

丙安古建筑群临江面远观

丙安古镇太平门

丙安古镇东华门

丙安古镇街巷一

丙安古镇街巷二

丙滩桥与东华门

丙安古道摩崖

32 赤水万寿宫

Wanshou Palace

级　别	第三批省级文物保护单位
地　址	赤水市中南正街
年　代	清
看　点	结构和装饰

赤水市万寿宫又名江西会馆，始建于清乾隆四十年（1775 年），目前为赤水市博物馆所在地，博物馆内陈设有“长河遗珍”“红色记忆”等主题展区，陈列赤水市的一些重要文物和革命历史内容，是赤水市内唯一遗存的古建筑。

万寿宫为整体石柱结构建筑，坐南向北，中轴对称。原有山门、戏楼、前殿、后殿、厢房等建筑，但仅现存正殿，其他为博物馆展厅展示需要而改建。正殿面阔五间、通面阔 30 多米，进深三间、进深约 8 米多，抬梁穿斗混合式结构、硬山封火山墙青瓦顶，前后檐柱、廊柱等用直径超 0.5 米、高约 11 米的整石柱 24 根。

赤水万寿宫鸟瞰

赤水万寿宫外观

赤水万寿宫内景现状

33 赤水古城垣

Ancient city wall of Chishui

级　别	第三批省级文物保护单位
地　址	赤水市河滨中路
年　代	明
看　点	古城历史和格局

赤水自古就是黔北川南重要古城，是重要物资集散地与川盐入黔四大口岸之一。古城垣是古仁怀建置及赤水设城筑堡的实物资料，对研究古代城池建设及赤水市历史有重要价值。

古城垣修建于明万历二十九年（1601 年），当时古城“周围四百七十五丈，计五里三分，高一丈四尺，垛口一千一百三十三处，水洞三处，炮台四座，城门四，城楼四”，其四道城门按东、南、西、北分别命名为“青阳门”“南薰门”“聚金门”“天泽门”。

由于古城垣东、西、北三面环水，沿河设东门、西门、北门三个码头，河对岸为四川省合江县地。

赤水古城垣现状鸟瞰

城垣南面环山，依地势砌，城墙高 5 至 10 米、宽 3 至 5 米不等。城墙用青石、红石等石条砌成，石灰勾缝，中间用黄土、石砾等夯实，城墙下隔一定距离有马道通往城墙顶，其上可步行甚至骑马。现城垣东门至南门段被毁，尚存西、北段 800 米，尚存聚金门（西门）、天泽门（北门）城门两座，城门为券拱门，内侧两边有踏道上下城楼，城楼为砖木结构、歇山顶，现存西门城楼为近年重建。

赤水古城垣（聚金门外）

赤水古城垣（聚金门内）

仁怀市

34 仁怀鹿鸣塔

Wild Deer Pagoda

级　别	第一批省级文物保护单位
地　址	仁怀市老人民医院内
年　代	清
看　点	形制和装饰

清雍正十三年（1735 年）仁怀县令倡建文塔，位于怀仁东门小山上，光绪五年（1879 年）迁至今址，取“鹿鸣兆瑞”之意为名。该塔为六角七级楼阁式石塔，为古仁怀城八景之一。

塔底为石砌方形基台，塔的六边形基座边长约 3.5 米、高 0.4 米。塔身为六棱锥体，第一层和第二层高近 4 米，以上逐层高度递减 0.4 米，塔刹基座为覆斗形，塔刹已毁。各层均挑出塔檐、檐角有龙吻翼角。

塔的底层正面门额阴刻行书“天路联升”，石门框上刻行书对联“秀出重霄，叠水仁山增气象；功成一旦，状元宰相早安排”，上款为“光绪五年己卯孟秋”。底层的其他五面各嵌石碑一块，分别为《鹿鸣塔序》

仁怀鹿鸣塔

《鹿鸣塔跋》《监修鹿鸣塔记略》等。

第二层的正背两面，各有阴刻直行楷书“鹿鸣塔”三字。从第二层至第七层共开有券洞形小窗，以上各层依次缩小。第五层正面为长方形门洞，宽 0.8 米、高 1.8 米，门额刻“宿冠西垣”，两侧对联为“文光长射斗，多士快题名”，背面有鱼跃龙门浮雕。第六层南壁有“魁星点斗”浮雕，背面无窗。塔内设木楼五层，一、二层砌盘旋石梯，以上则为木梯，直通塔顶。

怀仁鹿鸣塔细部

35 茅台酒酿酒工业遗产群

Industrial heritage complex of Maotai Distillery

级　别	第七批全国重点文物保护单位
地　址	仁怀市茅台古镇景区内
年　代	清—民国
看　点	茅台酒文化与近代酿酒工业建筑

茅台酒酿酒工业遗产群始建于清同治元年（1862 年），由清代到 20 世纪 50 年代各个时期建成的“成义”烧房旧址、“荣和”烧房旧址、“恒兴”烧房旧址，以及各类代表性酿酒厂房 10 处工业建筑及附属物构成。其中包含烧酒房、踩曲房、粮仓、石磨坊、酒库、窖池、古井等一套完备的酿酒工业体系，

“成义”烧房旧址，建于清同治元年（1862 年），初名“成裕”烧房，1877 年改名“成义”烧房。现存建筑为 1985 年在原址上改建的制酒生产房，坐西朝东，封火山墙重檐小青瓦顶桁架砖木结构，门上刻有“茅酒之源”四字，内存窖池为“成义”烧房古窖池改建，是茅台现存最早的制酒厂房之一，所产酒质为茅台之最。旧址后保留有“成义”烧房酿酒取水的“杨柳湾”古井，井水清澈甘美，含丰富的矿物质和微量元素，早期茅台酒就用此水酿成。

“荣和”烧房旧址，建于 1879 年，原名“荣太和”烧房，1915 年改名“荣和”烧房，1952 年收归国有，组建国营茅台酒厂，是茅台现存最早的曲仓。现存建

茅台酒酿酒工业遗产群鸟瞰

“成义”烧房烤酒房旧址

“成义”烧房烤酒房旧址大门

筑为 1954 年改建，坐北朝南，分为前仓和后仓。前仓为木结构小青瓦顶式，后仓为砖木结构硬山顶。

“恒兴”烧房旧址，建于 1929 年，1953 年收归国有，组建国营茅台酒厂。现存建筑为 1985 年在原址改建的制酒生产房，坐东向西，封火山墙重檐小青瓦顶桁架砖木结构，门上刻有“茅酒古窖”四字。

茅台酒酿酒工业遗产群，具有极高的历史文化和传统酿造工艺价值。除以上主要建筑以外，还有古酿酒烧房遗址被发现，并进行了遗址保护。茅台酒酿酒工业遗产群见证了茅台酒由手工作坊向工业化、由民营向国营的转变历程。它既是茅台酒及其文化的实物载体，也是我国民族工业自清代以来时代变迁的缩影。

“恒兴”烧房烤酒房旧址侧面

“恒兴”烧房烤酒房旧址屋架

“荣和”烧房干曲仓旧址

茅台酒酿酒工业遗产群街巷一

茅台酒酿酒工业遗产群街巷二

遵义市其他文物保护单位列表

名称	级别	地址	年代	备注
务川大坪墓群	国家级	务川县	汉	年代从西汉早期一直延续至东汉晚期，持续近四百年，墓葬形制多样，出土器物具有秦、巴、蜀等多元文化特点
赵家坝明墓	省级	红花岗区	明	也称“官坟”，有杨忠彦墓、杨元鼎墓和疑似土司夫人墓三座墓室，各墓结构基本相同
桃溪古墓群	省级	红花岗区	元、明	播州土司杨氏墓葬群，位于古代杨氏的“庄田”中，墓地一侧为桃溪寺
新卜杨烈墓	省级	红花岗区	明	为双石室并列的明代播州宣慰使杨丽烈夫妇合葬墓
高坪古墓群	省级	播州区	南宋—明	为1972年发掘的杨氏合葬墓，金封土均已开垦成耕地由于早年盗掘。只出土少量陶俑、碑志等
理智村宋墓	省级	播州区	南宋	为南宋田通庵夫妇的合葬墓，系双室石室墓，男女两室结构相同，墓室有藻井，雕刻包括墓主像，武士等人物、花卉鸟兽及诗句等
流水堰杨辉墓	省级	播州区	宋	播州杨氏第25任土司杨辉及其二夫人的三室石室合葬墓。墓碑前50米处有两根巨型石柱，现存一根，上镌刻云龙飞凤纹。墓室四壁均雕刻有精美的花卉图案，墓室内遗物丰富
子午山郑珍墓	省级	播州区	明	郑珍是清末贵州著名学者、诗人，墓为长方形土坑墓
青田山莫友芝墓	省级	播州区	清	莫友芝是清末贵州著名学者、诗人、书法家，此墓为长方形土坑夫妻合葬墓
鱼塘黎庶昌墓	省级	播州区	清	为晚清著名的外交家、学者黎庶昌的长方形土坑墓，现封土保存完好
禹门山摩崖	省级	播州区	清	为贵州文化名人莫有芝、郑珍、黎庶昌的篆、隶、真三体题词摩崖
遵义鹤鸣洞摩崖	省级	播州区	清	清代“播雅天池”(今共青湖)东岸小山的溶洞，洞口刻“鹤鸣风景”，洞内有两壁有摩崖诗刻。现存乾隆《万世永赖碑》等
板桥中寺	省级	汇川区	明	建于明万历年间，主要建筑和木雕基本已毁，仅存遗址。石雕艺术丰富、堪称精品，多为明代，石雕已于1982年迁至杨粲墓文管所
普济桥	省级	汇川区	宋	遵义最古老石桥，南宋播州安抚使杨粲所建，至明清数次毁坏重修。为单孔石拱桥，桥身完整现仍使用，因桥面升高加宽，外观原貌不见
遵义养马城遗址	省级	汇川区	唐、宋、明	是土司杨氏重要军事设施，城墙周长约6公里，隔河与海龙囤相望，城设门六道，但形制与海龙囤不同，专家认为可能早于海龙囤修建
岩灰洞遗址	省级	桐梓县	旧石器时代	洞内7层堆积物中的第3～4层内含化石和石器，出土7枚人牙化石，命名为“桐梓人”，发现了华南地区古人类最早的用火痕迹
夜郎坝宋墓	省级	桐梓县	旧石器时代	该宋墓群出土有各类精美石刻、瓷器、铜镜、钱币等，石刻涉及人物、瑞兽、花草、仿木构建广泛内容，“应与夜郎县的设置有密切联系”
周市石棺墓	省级	桐梓县	宋—明	石室墓葬，坐西朝东，残存圆形封土堆，墓底置6个黄砂石雕成的石棺，以槽榫扣合，前挡板上有柳叶组成古钱纹和蔓草纹等图案
马鞍山遗址	省级	桐梓县	旧石器时代	出土文化遗物的丰富，对研究旧石器时期结构和文化圈具有重要意义，反映了马鞍山晚期智人以狩猎为主的生活

续表

名 称	级 别	地 址	年 代	备 注
金银洞宋墓	省级	务川县	宋	为石砌单室墓，墓表石围封土，榫接青条石砌成长方形墓室，墓顶八角形藻井，四壁雕刻人物、花卉、瑞兽等，工艺精湛
务川瓮溪桥	省级	务川县	明	单拱石桥，宽约 2 米、长约 15 米，跨于两山崖壁间，该桥为当时为丹砂古道交通要冲
务川大坪朱砂采冶遗址	省级	务川县	明	遗址和分布周边的重要文物遗迹包括大坪汉墓群、瓮溪桥、板场水银场税课局遗址、朱砂水银采冶遗址、务川国营汞矿现代工业遗址等
凤冈“夜郎古甸”摩崖	省级	凤冈县	明	刻于明万历十五年，迄今为止贵州境内发现的唯一一处以“夜郎”冠名的摩崖石刻
金桥宋墓	省级	湄潭县	宋	当地人称“孟获坟”，分男女双室，相距 2 米且形制相同。男室刻文官武士、墓主浮雕坐像。墓室内有金鹿、朱雀、花草、龙虎等浮雕
“他山”摩崖	省级	余庆县	明	明代四川巡抚钱邦芑于清顺治七年（1650 年）隐居蒲村，命名柳湖旁之山为“他山”，并刻正楷直书字于巍峭石壁上
官渡宋墓群	省级	赤水市	南宋	位于官渡镇和平村道场上，共 4 座，其中三座早年被挖掘，均为相似的双室石墓，顶部置藻井，内壁的石刻图案不同，皆雕工精细
官渡崖刻	省级	赤水市	待考	刻于习水河岸石壁上的多组不规则抽象形态符号，有横卧人形、房屋、田地、耕具、战车和弓箭，以及鸟兽等，一旁还有两个古崖墓洞穴
葫市摩崖造像	省级	赤水市	清	在赤水河葫市滩石壁上有摩崖造像数处，多以佛、菩萨、大士为题材，河岸石壁一处，分上下两龛，共 15 尊。在艺术处理上受巴蜀文化影响
石鹅咀摩崖造像	省级	赤水市	清	因造像处的崖壁如天鹅昂首，故称石鹅。摩崖造型为石龛内的高浮雕男立像，赤足立于龙头上
马鞍山岩墓群	省级	赤水市	东汉、魏晋	岩墓共 21 座，结构多样、造型特殊，铲形墓穴内置石棺。墓室内出土有人俑、陶器，壶、碗等青瓷器和一些铁骑铁器
两岔河宋墓	省级	仁怀市	南宋	墓为坐南向北，两室并列，墓室除图案内容不同而外，其余布局结构相同，墓内石刻南宋“绍定三年”
仁怀怀阳洞摩崖石刻	省级	仁怀市	清	因该洞在仁山之南，故名怀阳洞。洞壁摩崖石刻年代自清乾隆至民国，集 100 多年地方书法家手迹
袁锦道墓	省级	习水县	清	袁锦道是黔北清早期实业家，墓建于清嘉庆二十五年（1820 年），前立石牌楼、立有带帽四棱方碑两通
复兴崖墓	省级	道真县	清	墓葬分两处，每处存有棺木一具，形制相似、尺寸略不同，棺两端以石块支垫，置于岩壁间
明真安州城垣	省级	道真县	明	建于明朝，城垣周长两千多米，城有四门，东西门毁、南北二门存。城内发现明清碑刻十余通，有一定的史料价值
万天宫	省级	道真县	清	建于清道光十年（1830 年），平面中轴布局，现存下殿基址、上殿、两厢

3
铜仁市
TONGREN

铜仁市古建筑分布图

Historical Architectural Map of Tongren

1. 东山古建筑群
2. 铜仁川主宫
3. 新营垴屯墙和复兴桥
4. 客兰寨古建筑群
5. 高楼坪刘氏宗祠
6. 印山书院
7. 江口梵净山金顶古庙
8. 江口云舍村古建筑群
9. 石阡万寿宫
10. 石阡府文庙
11. 楼上村古建筑群
12. 成氏家族墓
13. 府文庙
14. 万寿宫
15. 周和顺盐号
16. 印江文昌阁
17. 印江严氏宗祠
18. 印江建厂田氏宗祠
19. 新业文昌阁
20. 德江扶阳寨
21. 大路风雨桥
22. 寨英村古建筑群

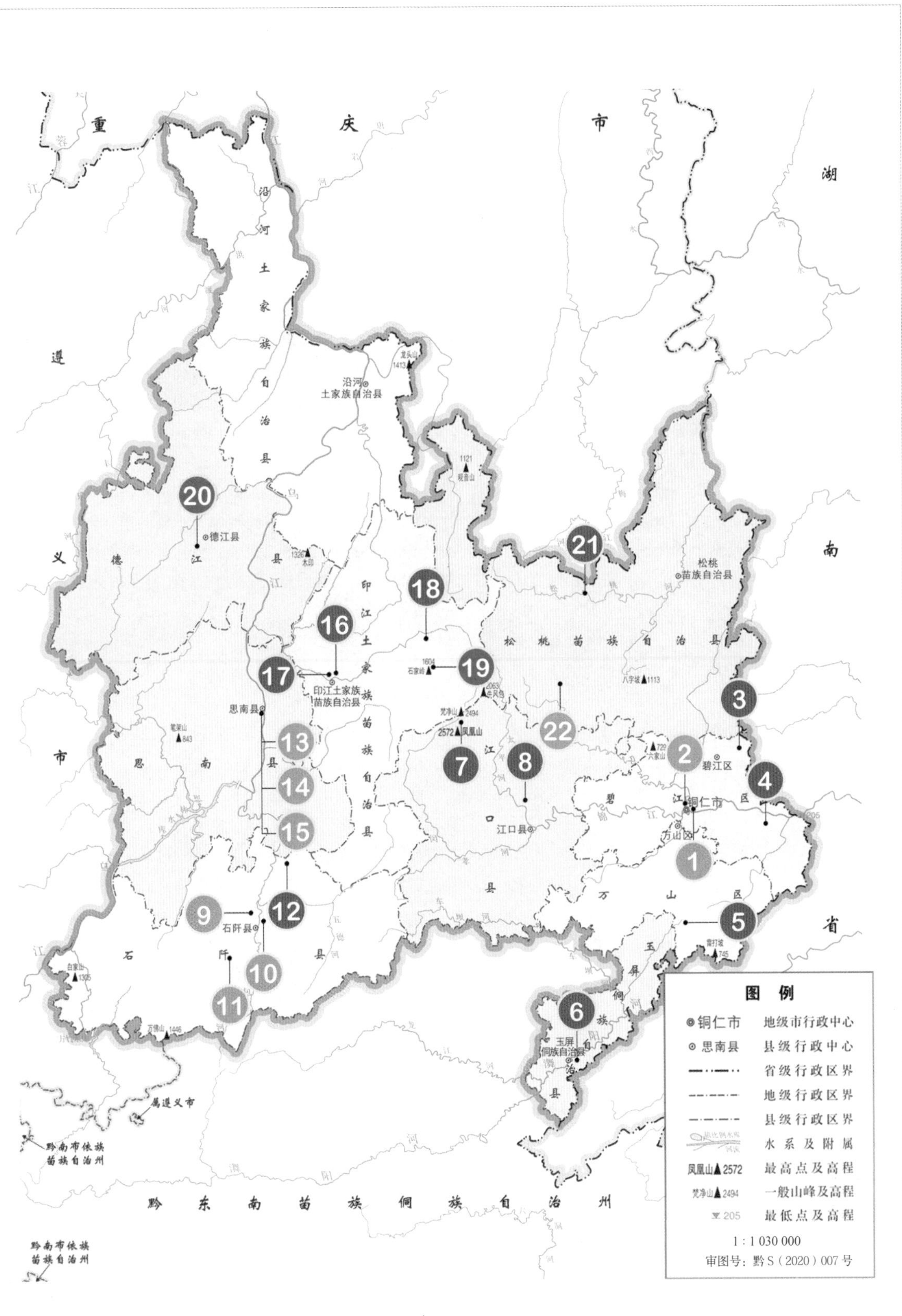
重庆市
湖南省
遵义市
黔东南苗族侗族自治州
黔南布依族苗族自治州
属遵义市
沿河土家族自治县
德江县
印江土家族苗族自治县
思南县
石阡县
江口县
松桃苗族自治县
碧江区
铜仁市
万山区
玉屏侗族自治县
图 例
铜仁市 地级市行政中心
思南县 县级行政中心
省级行政区界
地级行政区界
县级行政区界
水系及附属
凤凰山▲2572 最高点及高程
梵净山▲2494 一般山峰及高程
205 最低点及高程
1∶1 030 000
审图号：黔S（2020）007号

概 述

铜仁市位于贵州省东北部，地处黔、湘、渝三省市接合部、武陵山区腹地，是连接西南地区的中部和东部，“扼其险而守其隘，史称辰沅要隘、思石门户”。铜仁风景优美，自然资源丰富，既有国家级自然保护区，也有国家级风景名胜区等多个著名风景胜地。

铜仁历史上是“黔中蛮”“五溪蛮”“武陵蛮”等的繁衍生息之地，自古以来居住着土家族、苗族、侗族、仡佬族等各民族的先民，长期以来形成了大杂居、小聚居的居住格局。

铜仁秦代为黔中郡腹部地区；汉时改隶武陵郡，蜀汉时始有县治；唐代分属思州、锦州、黔州；宋末元初设思州、思南两宣慰司；元代设置“铜人大小江蛮夷军民长官司”。明永乐十一年（1413 年）撤思州、思南宣慰司，于今境设铜仁、思南、石阡、乌罗四府，并划归新建的贵州省管辖。清代铜仁建置基本沿用明制。民国建立后，曾经过七次变化，直到民国三十二年（1943 年），全省改设六个行政督察区，其中第六督察专员公署驻铜仁，辖铜仁、江口、玉屏等九县。1950 年铜仁地区全境解放，当年设铜仁专区，专员公署驻铜仁县，辖九县。

铜仁市东邻湖南省怀化市，北部与重庆市接壤，是长江文明进入贵州的前沿，是荆楚文化西进以及巴蜀文化南下贵州中部地区的过渡地带，湘楚文化、巴蜀文化在这里相互融合。历史上是百濮、苗瑶和百越三大族系聚居地，反映在建筑文化上为民族、南方建筑文化交相辉映。特别是明朝永乐十一年（1413 年），设立铜仁府，形成了具有区域特色的古城建筑和街区。在漫长的历史长河中，在铜仁地区聚集的人们创造了灿烂多彩的历史与文化，留下了众多具有地区特色的文物古迹。

铜仁现存的古建筑群中，体现在文化交融方面，典型的有铜仁市碧江区东山古建筑群和思南县思塘古建筑群。区域建筑显示出其多样性，既有各类文教、会馆建筑，又有带有明显地域文化交流的民居建筑。铜仁川主宫、石阡万寿宫、思塘万寿宫等为代表的众多会馆古建筑遗存，反映了明清时期的移民政策，以及贵州与外省贸易往来的兴盛。其中，始建于明代的石阡万寿宫，以三条轴线展开的建筑布局严谨，装饰精美，是贵州会馆建筑的代表作。

反映明清两代对边地少数民族政治经济和文化统治方面，也在铜仁市的古建筑中有重要的遗存内容。修筑于明嘉靖年间的苗疆边墙，也称为中国的南方长城，东起今铜仁市碧江区滑石营，向西过湖南凤凰县，至湘西古丈喜鹊营。今在滑石营、新营坳等仍有部分碉楼、古巷、屯墙、古道尚存。而寨英村明清古建筑群，则是曾经“苗疆边墙”外围的“生苗”地区，由军事屯堡转为商贸重镇的代表性遗存，融居住、商业、防御为一体。至今古寨格局完整，现存古民居建筑、会馆类建筑、城墙和城门、码头等古建筑。

铜仁市和贵州大部分区域一样，坐落在喀斯特地貌之上，“地无三尺平”的自然地理使得铜仁先民们的建筑依地势布局、就地取材，传统村寨和民居建筑风格多样，其中的代表如江口县土家族的云舍古建筑群、石阡县楼上村古建筑群等。

碧江区

1 东山古建筑群

Ancient architectural complex at the Eastern Hill

级 别	第六批全国重点文物保护单位
地 址	碧江区老城内
年 代	明—清
看 点	古城建筑格局与民居建筑

铜仁古城三面临水、一面依山，早在明景泰二年（1451 年）知府朱铿以河为依托始建土城，后经明清不断增建，形成古城完善的街巷格局。明清以来，锦江水运发达，舟楫往返、外省客商涌入，逐渐建有寺庙宫观、地方会馆和商住合一的民居建筑群，黔东文化、中原文化、徽商文化在这里交汇融合，

20 世纪 50 年代后，随着城市的发展，城墙逐步拆除，现仅江宗门至中南门一带城墙、江宗门的城门洞尚存。中南门古城成为铜仁市仅存的反映古城风貌的历史街区，包括山顶的东山寺、山腰的飞山宫、山下的中南门古民居群，以及川主宫、城墙码头等组成的古建筑群。

东山寺古建筑始于明初，明正德十一年（1516 年），在山上建“川上亭”，其后依山错落建有大观楼、奎星阁、崇真观、观音阁等多处建筑组群，20 世纪 50 年代以后，原东山上的寺庙殿宇大部分毁坏。现东山寺包括雷神殿、真武殿、大雄宝殿及东西配殿等，为清代遗存。雷神殿面阔三间，硬山顶封火山墙，檐下饰卷板；其后的真武殿，面阔五间，穿斗抬梁结合式结构，硬山顶，两侧封火山墙，檐下装卷板。真武殿的脊檩题记尚存，该殿和雷神殿皆建于清嘉庆二十一年（1816 年）。真武殿和大雄宝殿、左右配殿组成合院，

东山寺及古民居群鸟瞰

大雄宝殿面阔五间，穿斗抬梁混合式硬山顶，前带廊，檐下装卷板，两侧封火山墙。川上亭建于东山寺前临江处，为两重檐六角攒尖顶，近年重修。

飞山宫位于东山山麓，建于清康熙年间，为三进院落，狭长平面，依山就势梯级上升，由山门戏楼、两厢、正殿、后殿等建筑组成。其中戏楼规模较大，前有宽敞的观戏场院，为湘黔交界地区的古戏楼典型风格。近年全面修复，仍会在当地生活中发挥作用。

中南门民居建筑群的形成，源于明清以来的锦江水运日趋发达，逐渐形成街巷和商住结合的中南门民居建筑群，民居多为多进院落的前店后宅或前店后坊形式，林街店铺多为两层，院落四周高墙围护，平面上形成小面阔、大进深的平面格局，中轴对称，多为四合院，亦有三合院。

铜仁现存两座城门、4 处码头、约 1800 余米城墙，现存城墙以料石砌筑，多临水而建。凭借从梵净山流下的锦江，成为武陵山区的最大商埠。码头有不同的分工，中南门码头现仍在使用中。

东山寺雷神殿

东山寺大雄宝殿与院落

飞山宫（右前）和民居建筑群

飞山宫牌楼式大门

飞山宫正殿

飞山宫正殿内景

飞山宫后殿

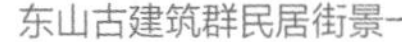

东山古建筑群民居街景一

东山古建筑群民居街景二

2 铜仁川主宫

Sichuan palace

级　别	第六批全国重点文物保护单位
地　址	铜仁市江宗门外
年　代	明—清
看　点	建筑格局和环境

川主宫也称川主庙、川主祠，位于江宗门外，临江而建，是东山古建筑群的组成部分。古城历史上曾先后建有川主宫、万寿宫、禹王宫、天后宫等地的会馆建筑，现仅存川主宫，是巴蜀客商集会的会馆建筑。

川主宫始建于明洪武八年（1375 年），后历代均有修葺。川主宫占地约 5000 平方米，平面呈“凸”字形，坐西朝东、中轴对称，为高封火墙围护的二进院落建筑，依次有门前平台踏步、牌楼大门、戏楼、两厢、正殿等建筑，是黔东会馆建筑的典型代表。大门呈“八”字形，为四柱三间三层两檐的砖石牌楼，遍施灰塑和彩绘，门上部竖向阴刻楷书“川主宫”，门两侧高墙各有一个吊脚短檐挑窗。大门后的戏楼为穿斗式歇山青瓦顶，面阔三间。正殿面阔五间，通面阔约 21 米、进深三间近 9 米，前出抱厦。

川主宫曾经遍布精美的木雕、石刻、彩绘装饰，戏楼及大殿的木雕在 20 世纪 60 年代中大部分被毁坏；2007 年又毁于火灾，建筑仅有部分砖石山墙

川主宫外观

川主宫牌楼大门

与牌楼幸存，门额嵌刻的“川主宫”和山门两侧嵌刻的对联等保存尚好，现建筑为2011年原址复建。

川主宫大门外与东山遥相对应、在大小两江汇流处有一座耸立于江心的岩石，明正德年间在岩上建跨鳌亭，期盼铜仁生员科举考试能独占鳌头。康熙四十九年（1710年）知府苏稷增建为大小两亭，在岩壁上题“中流砥柱”，形成“双亭荡云海，一柱砥风涛”的人文景观。现跨鳌亭为20世纪90年代重修。

川主宫鸟瞰

3 新营垴屯墙和复兴桥

Outer wall of Xinyingnaotun Village and Fuxing Bridge

级　别	第四批省级文物保护单位
地　址	碧江区滑石乡杨柳坪村
年　代	明—清
看　点	屯堡历史和格局

碧江区滑石乡与湖南凤凰仅一溪之隔，境内现存有滑石营、新营垴屯（清乾隆年间修建）、谷坳屯、打石场屯、豹子营，以及古道和古桥等，构成了滑石境内的“南方长城”，有文物专家认为，“南方长城”的起点或在滑石乡。南方长城又称苗疆边墙，修筑于明嘉靖二十三年（1554年），东起碧江区滑石营与凤凰交界的亭子关，向西过湖南凤凰县，直抵湘西古丈喜鹊营，被称为“中国南方长城”，是反映明清两代对边地少数民族政治经济和文化统治的重要实物遗存。

滑石营于明永乐时开始设营驻军，今部分碉楼、古巷、城墙仍存；谷坳屯中现存有高7米的石碉楼；打石场屯仅存遗址，新营垴屯尚存古巷和部分古民居、屯墙、屯门等，滑石复兴桥现存完好，另外铜仁与湖南凤凰之间，还有长约3.5公里、宽1米余的片石铺就的古道尚存。

新营垴屯西门

新营垴南门内景

新营垴屯墙建于岩壁上，东与湖南境内的亭子关仅有一溪之隔，是一处有着200多年历史的军事屯堡。该屯墙始建于清乾隆年间，咸同年间补修。平面呈椭圆形，屯墙由块石和卵石垒砌，周长约一千余米，高2米至4米，底宽约2米、顶宽约0.8至1.8米。屯设有四门，其上的门楼早已不存。屯墙上还设有炮台、枪眼和堞垛。屯内民居建筑始建于明末，多为石木结构悬山顶，为典型的屯军建筑，现存部分民居建筑为清代所建。

在距离新营垴不远处，有一座复兴桥，为一座三孔石拱桥，横跨于滑石河上，连接贵州和湖南两省。最初这里曾建有木桥，倒塌后，此地就被称之为“断桥”。据资料称，清同治十二年（1873年），复兴桥由贵州湖南两地乡绅出资共建，铜仁修建两孔、凤凰修建一孔，各自施工，最后合拢，连接处有一条伸缩缝，百姓俗称“生死缝”。有趣的是，两省的建桥桥孔造型略微不同，贵州一侧两个桥孔为桃尖形，而湖南一侧的桥孔为接近半圆形。桥总长约 47 米、宽约 5 米，两侧有石拦杆，在桥的东侧立有修桥记事的“万善同缘”“永垂不朽”“流芳百世”三块石碑至今尚存。

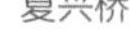

复兴桥

新营坳北门与屯内民居

4 客兰寨古建筑群

Ancient architectural complex in Kelanzhai Village

级 别	第五批省级文物保护单位
地 址	碧江区瓦屋乡客兰寨村
年 代	明—清
看 点	村落格局和民居建筑

客兰寨古建筑群地处铜仁锦江支流瓦屋河上游六龙山山麓，前临瓦屋河，背靠六龙山，坐西向东。该村寨始于明洪武五年（1372 年）刘贵奉诏由江西吉水来黔参加平定夜郎、水西之乱，立功授职思州宣尉司同知，次年刘贵之子刘道忠任地方长官司长官，后其家族世袭 27 任 24 世直至民国初年，刘氏在此繁衍生息了 600 余年，寨内均为刘姓。

村寨的建筑格局分布与山水林田有机结合，形成宜人、质朴的人居环境，利用地形将每户与小路、石巷相互连通，建筑布局紧凑。村寨居建筑是黔东地区文化与汉族民居建筑融合的结果，至今仍较好地保存三合院、四合院建筑 12 座、宗祠 3 座，其中以刘元晃宅最具代表性。除此之外还有作坊、庙宇、营盘、保寨楼以及古巷道等建筑遗存。

刘元晃宅始建于清道光年间（1782—1850 年），是客兰寨古建筑群中体量最大的建筑院落。宅院坐西

客兰寨古建筑群鸟瞰

刘元晃宅远观

向东，由过厅、南北厢房、正屋组成四合院落，现今过厅已不存，其余建筑保存较好。正屋面阔三间、进深四间，穿斗式悬山顶。院落的四周有封火山墙围砌，在东、南侧各开有一个八字门，八字门为双坡顶穿斗式木结构，外墙为青砖砌筑，饰以白石灰粉刷。

客兰寨除民居建筑保留较好之外，其宗族观念、宗教信仰、伦理制度和习俗等也至今仍保留和传承着，专家认为，这里的民居建筑中将木雕、砖雕和石雕结合且题材丰富，装饰中体现书法、绘画和诗文结合，是武陵山区民居建筑的代表，也是明代军屯与社会变迁、中原文化与当地文化交融的实物体现。

刘元晃宅庭院

客兰寨古巷道一

客兰寨古巷道二

万山区

5 高楼坪刘氏宗祠

Family Liu's Ancestral Temple at Gaolouping

级　别	第四批省级文物保护单位
地　址	万山区高楼坪侗族乡高楼坪村
年　代	清
看　点	建筑形制和装饰

高楼坪刘氏发祥于江西吉安，其后代移居至高楼坪。高楼坪刘氏宗祠始建于明，清同治、光绪年间大修。宗祠为二进院落，中轴对称，坐东朝西，总平面呈“亞”字形，四周高封火墙围护。由牌楼大门、戏楼、前院东西厢房、过厅、后院东西两厢、享堂、后花园组成。

牌楼式大门为砖石结构，大门上方有“德懋西东”四字，明间上额还竖题有“刘氏祠”，坊柱间有精致的雕塑与绘画，其内容多为人物、神话故事、花鸟瑞兽等。大门后为戏楼，楼上为戏台，楼下为通道。过厅面阔三间，木结构穿斗与抬梁混合式小青砖瓦顶，封火山墙。享堂面阔三间，进深四间，木结构穿斗与抬梁混合式小青砖瓦顶，前带廊，檐下为木饰卷棚。20世纪60年代，祠内神龛、楹联、匾额和部分壁画被毁坏，仅存有部分雕刻、壁画等，2009年起逐步对宗祠进行了修复。

刘氏宗祠鸟瞰

刘氏宗祠牌楼大门

刘氏宗祠牌楼大门细部

刘氏宗祠戏楼

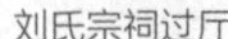

刘氏宗祠过厅

刘氏宗祠享堂与院落

玉屏侗族自治县

6 印山书院

Yinshan Academy

级　别	第四批省级文物保护单位
地　址	玉屏县平溪镇中华路印山民族小学内
年　代	清
看　点	格局和形制

印山书院初名玉屏书院，始建于道光七年（1827年），同治年间毁于兵燹后修复，光绪二十一年（1895年）贵州省学政严修到玉屏视学时重修，并易名为印山书院，亲题“印山书院”匾额，后多有修葺，是玉屏县近代初等教育和师范教育之始。

书院整体坐南向北，占地面积约1600平方米，由东、西两个四合院组成，两院格局类似，均由前厅、东西两厢、正厅组成，是贵州省内至今保存完好的古书院之一。

东院落的前厅面阔三间，穿斗式木结构硬山顶小

印山书院鸟瞰

青瓦屋面。正面明间为书院八字形大门，门檐上有“印山书院”四个大字匾额，门左右白墙上绘有“麒麟送书”“鹿捧宝书”图案。

正厅面阔五间，穿斗式木结构硬山顶小青瓦屋面，两侧高封火墙围护，前檐带廊。正殿现被用作印山民族小学校史陈列室。东西厢房各面阔三间，前檐带廊，硬山顶。

西院落与东院落月亮拱门互通。前厅面阔三间，穿斗式木结构硬山顶，明间装隔扇门，两次间为槛窗。正厅面阔四间，穿斗式木结构硬山顶，高封火墙围护，前檐带廊，中间两间装隔扇门，两次间装槛窗。西厢房面阔四间，穿斗式木结构，悬山顶，北端与前厅相交，前檐带廊，南次间檐柱间装隔扇门，其余各间装槛窗。

书院历来为县属生员“敬德修业，以应科举”之所，东西两院内有散植几株古柏和花卉，恬静雅致，现书院一部分作为玉屏箫笛博物馆使用，陈设有不少精致箫笛。

印山书院外观

印山书院大门

印山书院东院落

印山书院西院落

江口县

7 江口梵净山金顶古庙

Ancient temple on the top of Fanjing Mountain

级　别	第一批省级文物保护单位
地　址	江口县梵净山
年　代	清
看　点	佛教名山、人文和自然景观

梵净山在明清时期就是闻名于世的佛教名山，梵净山金顶是其最高峰，因其晨间常见红云瑞气环绕，故得其名，称红云金顶。金顶地势险绝，攀登其上需沿绝壁上凿出的陡峭狭窄石阶，手脚并用才能攀援而上。在新金顶和老金顶及附近，遗留有许多古寺庙、洞穴、碑石摩崖等文物古迹。

金顶古庙和遗址主要有：金顶上的释迦殿和弥勒殿、金顶半山处的观音殿，以及承恩寺（俗称上茶殿）、镇国寺（俗称下茶殿）、老金顶脚下的通明殿；古碑主要有“敕赐重建梵净山金顶序碑”“茶殿碑”“禁砍山林碑”等，以及十几处摩崖题刻。此外还有观音洞、九皇洞等结合天然石洞砌筑的寺观。

金顶附近历代所修寺庙甚多，这些庙宇，因受条件限制，全系块石砌墙，板石盖顶，经多年风雨侵蚀，

红云金顶全貌

有的已倾塌。恢复佛教朝圣后，逐步得到修缮。

梵净山金顶古庙：释迦殿和弥勒殿在金顶上，临千米深谷，登临远眺，百里风光可尽收眼底。建筑始于明朝，左为释迦殿、右为弥勒殿，两殿建筑形制基本相似，中有金刀峡，凌空而架的天桥横跨峡上连接两殿。庙后各有一巨石名为晒经台、说法台。据“茶殿碑”碑文记载，佛殿屋面因“风峭，不可瓦，冶以铁”，屋顶曾数次坍塌，屋面铁瓦已无存，石砌殿墙除释迦殿拱门尚存外，四周仅有 2 米左右不等高的残垣，20 世纪 90 年代全部恢复原貌。

承恩寺在金顶左侧，正殿三间，通面宽 13 米多、进深 9 米，山门完好，门额阴刻“敕赐承恩寺”，两侧配殿仅存部分残墙。镇国寺在承恩寺下方，始建于明，仅存遗址，遗址中的正殿、偏殿、僧寮依稀可辨，四周残墙仅存。

金顶半山处的观音殿建于清雍正六年（1728 年），老金顶脚的通明殿建于明代，明万历年间的“敕赐重建梵净山金顶序碑”即在此处，二寺现都仅存遗址，其他还有一些金顶古庙多处遗址，但现存文字资料较少。

红云金顶仰视

红云金顶释迦殿和弥勒殿

梵净山金顶古碑和摩崖："敕赐重建梵净山金顶序碑"，位于老金顶脚，建于明万历四十六年（1618年），碑为古牌楼式，碑帽已脱落，而镶碑石坊及鼓形护脚、敦厚的台基仍旧完好。碑左右腾龙拱护，上罩云朵，碑文四周缀以卷叶花边。碑文楷书，1349字，碑文对梵净山地形地貌、名胜风光、历史沿革等都有记述，称其名"天下众名岳之宗"，是目前梵净山时代最早、内容最完整的文物。

"茶殿碑"发现于金顶左侧茶殿遗址内，碑文1400余字，为清拔贡张鸿撰书，清同治光绪年间梵净山隆参和尚的记功碑，对山水风光、名胜物产、寺庙兴废和红号军等起义均有记述。

《禁砍山林碑》共两块，分别刻记清道光十二年（1832年）的通告，皆为禁砍山林掘窑烧炭而立。

金顶摩崖共13则，除金刀峡和观音洞各1则外，其余均镌刻在金顶中部的大石壁上，刊刻时间上由清康熙五十八年（1720年）至民国九年（1920年），包括对联和诗文等，大部分为记事、功德、游记题诗，书法工拙不一，反映了对梵净山金项古建筑的演变和朝山盛况。

老金顶和古寺残墙

老金顶圣旨承恩寺残墙

8 江口云舍村古建筑群

Ancient architectural complex in Yunshe Village

级　别	第五批省级文物保护单位
地　址	江口县太平乡云舍村
年　代	清
看　点	村落格局和民居建筑

云舍村位于梵净山脚下，依山傍水，村中有神龙潭、村外有太平河，景色优美，是知名的土家族村寨。据资料称，村寨历史始于明宣德八年（1433年），杨胜奎袭任土司官职，其同胞兄弟移居今云舍一带，逐渐发展形成今天的村寨，现村民大多也为杨姓，村寨整体风貌保存完好。

云舍村内的神龙潭是云舍村土家人生活饮用和农田灌溉的水源，潭边的古法造纸坊，沿用几百年，曾

云舍村鸟瞰

经是村民们主要经济收入之一，但目前已废弃，仅作为旅游展示项目。村内保留着不少的清代和民国木结构干栏式建筑、古巷道、古法造纸坊以及丰富的土家文化，民居形式以桶子屋、三合院、四合院为主。

桶子屋目前在村内尚存12处，其建筑布局和规模都堪称古民居建筑的代表，是云舍最具特色的土家族民居建筑。桶子屋建筑整体平面呈正方形，北高南低，由正屋、偏屋、木楼和朝门组成，四面封火墙，也称封火筒子。上方为正屋，分中堂和左右厢房，下方为楼子。桶子屋多为砖木结构，院子和阶檐用青石板铺就，四周的砖砌高墙青石为脚。一般阶檐和石礅有浮雕，楼栏窗棂多有镂空木雕，其内容多为山川花木、虫鱼鸟兽以及有方圆结合的卐字格、福寿图等几何纹样。

云舍村桶子屋外观二

云舍村桶子屋外观一

云舍村桶子屋外观三

云舍村桶子屋院落

云舍村桶子屋装饰

石阡县

9 石阡万寿宫

Wanshou Palace

级　别	第五批全国重点文物保护单位
地　址	石阡县汤山镇城北路
年　代	明
看　点	建筑格局与雕刻装饰

明代设石阡府，为贵州布政使司下属的十三府之一，江西客商溯江南下至贵州寻求发展，江西客商在石阡与日俱增。石阡万寿宫（江西会馆），始建于明万历十六年（1588 年），初名水府阁，后历经扩建改建。清康熙五十八年（1719 年）更名为万寿宫，乾隆三十二年（1767 年），由来石阡定居的南昌、抚州、临江、瑞川、吉安五府客商捐资改建，格局改为了坐东向西，占地面积扩大到了今天的规模。

万寿宫坐北朝南，由东、西两个部门组成，西部为大门、倒座、戏楼及长廊；东部分三路建筑，与戏

石阡万寿宫与禹王宫鸟瞰

楼正对的是中路的过厅、正殿，南院为圣帝宫、北院为紫云宫。总体形成了大院落中套小院落的独特的平面布局。

万寿宫山门开于东侧封火墙上，四柱五楼砖牌楼式，中有石券洞门，各楼均挑出瓦檐和翼角，下饰砖雕如意斗拱，正楼竖刻“万寿宫”。门楼额枋遍嵌砖雕人物、瑞兽和吉祥花卉图案。原山门两侧有石俑，今已不存。大门内门房为一楼一底，歇山屋顶。

戏楼在进门院落左侧，位于东西轴线正中，二层穿斗抬梁结合式，歇山顶，脊饰瓦砖叠砌图案和塑有龙凤狮兽，葫芦宝顶两侧塑凤鸟卷草纹。戏楼三面台枋雕刻戏文人物故事，檐下密布装饰如意斗拱，阑额雕双龙戏珠，戏台内顶部设正方形藻井，正中为“丹凤朝阳”木雕。

戏楼正对建筑群东西向中路的过厅与正殿。过厅面阔三间，穿斗与抬梁混合式结构，为会馆接待议事之处。正殿面阔三间、进深三间，穿斗抬柱混合式结构，带廊檐下为卷棚顶，殿内奉万寿真君许逊，院落有石门洞与南北两院建筑互通。

南院和北院规模和建筑形制相似。南院建筑为圣帝宫，由牌楼大门、钟鼓楼、过厅、正殿等组成。牌楼大门为四柱三间三楼砖石仿木结构，石拱券门上横向阳刻楷书“圣帝宫”，有砖雕“双凤朝阳”、神话故事等，牌楼后小天井两侧为钟鼓楼。过厅面阔三间、进深二间，穿斗式木结构硬山顶，正殿面阔三间、进深三间，穿斗与抬梁混合式结构，殿内供奉关帝像。北院建筑为紫云宫，由牌楼大门、钟鼓楼、过厅、正殿等组成，形制均与圣帝宫基本相同。

万寿宫是由三条轴线组成的院落式建筑群，类似格局在省内贵州并不多见。在其周边尚有其他一些保存较好的街巷、古民居和寺庙宫观，其中禹王宫紧邻万寿宫西侧，始建于明万历十六年（1588 年），主要建筑有牌楼式山门、戏楼、过殿、正殿等，近年完成修缮。

石阡万寿宫戏楼

石阡万寿宫牌楼大门

石阡万寿宫牌楼大门细部

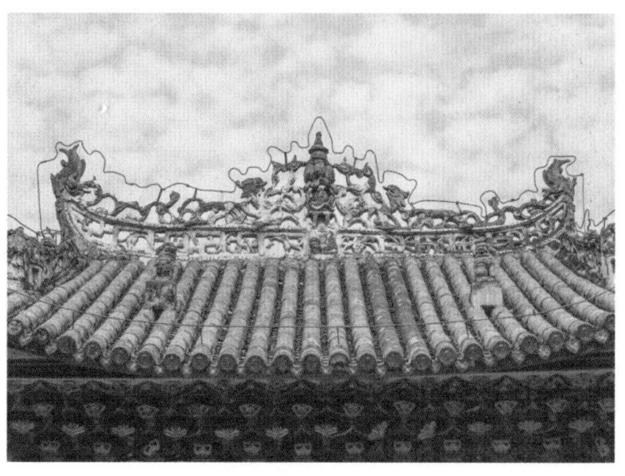

石阡万寿宫戏楼脊饰

石阡万寿宫中路过厅

石阡万寿宫戏楼藻井

石阡万寿宫中路正殿

石阡万寿宫正殿室内

紫云宫牌楼大门

圣帝宫牌楼大门

禹王宫外观

禹王宫门楼细部

10 石阡府文庙

Temple of Confucius of Shiqian Prefecture

级　别	第七批全国重点文物保护单位
地　址	石阡县越城路
年　代	明—清
看　点	建筑格局和装饰

明永乐十一年（1413年）置石阡府，改土归流，同年由时任知府李鉴始建石阡府文庙，使汉文化儒家思想在石阡少数民族地区传播，因在石阡设府同年修建，故称“府文庙”，后历经多次重修。至清乾隆五十一年（1786年）知府董醇重修后，庙制稳定，形成现在规模。

文庙坐西向东，中轴线与五老屏山的中峰、石阡文笔塔为同一轴线，三进院落院基渐次升高，四周红

石阡府文庙鸟瞰

墙围护。20世纪50年代以后，崇圣祠、考棚、礼门义路、泮池、棂星门及大部分庙墙被拆毁，但多数主体建筑曾得以保存。2003年起按原建筑风貌恢复了部分被毁的建筑，现建筑有大成殿、两庑、大成门、乡贤祠、名宦祠、状元桥、泮池、礼门、义路等。

重修的状元桥和半圆形泮池，位于文庙大成门院落前，泮池周围望柱嵌16块栏板，雕有“暗八仙”图案。大成门坐东向西，面阔五间，进深二间，抬梁穿斗混合结构硬山顶。大成门外尚有月台，前有桂花古树二株，八月花开时一黄一白。大成门院落前端，原为竖立石坊棂星门，现仅存柱基遗址。

大成殿为单檐歇山顶，坐东向西，大成殿面阔五间，通面阔22米，进深四间，通进深14米，前带廊，抬梁穿斗混合式结构。殿前天子台，有“双龙抢宝”和“鲤鱼跳龙门”丹墀石，保存完好。大殿屋脊上塑有双龙戏珠脊刹，隔扇门上刻花卉、云龙等浅浮雕图案，花窗有精美的“松竹梅兰”“鲤鱼跃龙门”等透雕，廊柱有云龙浮雕柱础。大成殿左右乡贤祠与名宦祠，均面阔三间，进深二间，穿斗式木结构硬山顶。

文庙是石阡县古城保存最为较好、历史最为悠久的古建筑之一，也是石阡仡佬族地区教育文化、儒学传播的历史标志。

石阡府文庙大成门

石阡府文庙大成殿与院落

大成殿前丹陛石

大成殿柱础

石阡府文庙大成殿结构

11 楼上村古建筑群

Ancient architectural complex in Loushang Village

级　别	第七批全国重点文物保护单位
地　址	石阡县国荣乡楼上村
年　代	明—民国
看　点	村落环境、格局和民居建筑

楼上村古称“寨纪”，村中大都姓周，是以家族血缘关系为纽带的寨子。据《周氏家谱》记载，古寨始建于明。明弘治六年(1494年)，周氏始祖贸易入黔，行至寨纪，安家乐业，发展至今，形成现有村落规模。

村寨古建筑群包括梓潼宫建筑群、周氏宗祠、古民居、古石桥、天福古井、墓葬群、屯堡遗址等。古寨依山傍水，民居建筑随山势地形自然分布，前有耕地和丧葬用地、上有祭祀等区域。

梓潼宫建筑群位于楼上村头龟山的顶部，由现存戏楼、正殿、两厢、后殿、戏楼等组成。正殿面阔五间，悬山顶，前檐带廊，处在建筑群中最高处，明间梁架为抬梁式，明间柱间装隔扇门，两次间老檐柱间为对开板门，两侧为槛窗，两稍间后檐有石梯下至后殿。梓潼宫后殿，面阔三间，悬山顶明间起四角攒尖顶，明间为两层建筑，大梁题记为“皇清光绪八年正月初七汝南族等共修”。梓潼宫戏楼，为歇山、硬山混合顶建筑，左右厢楼带廊，居中戏台面阔三间，大梁有“民国五年”题记。

村寨中的民居保存了明清风貌，全村200余栋民居中，现有明代建筑5栋，清代建筑50多栋，民国时期建筑30余栋。民居多为四合院、三合院，正房多为三间，两侧有干栏式厢房，八字形龙门，不正对堂屋，民居花窗镶嵌精雕细刻的人物、鸟兽虫鱼、花卉等图案。

民居建筑中以周正齐住宅最具特点，始建于明代中期，是以马桑木修建的三合院，称“马桑古宅”。与寨内其他民居不同，周宅的正房五开间，出檐低矮、用材宽厚，两稍间与厢房相连，八字龙门六柱落地。

除梓潼宫和民居建筑外，村内尚有周氏墓葬和古桥、古井等历史遗迹。位于村寨中心的古树群上栖息着大量白鹤，体现了当地村民与自然环境的和谐相处。此外，楼上村的非物质文化遗产十分丰富，古建筑群和民居生活，与自然山水构成含蓄、平实的人文空间。

楼上村鸟瞰

梓潼宫正殿外观

梓潼宫正殿与院落

楼上村民居雕窗

楼上村民居马㮾古宅

楼上村民居典型院落一

楼上村民居典型院落二

楼上村巷道

12 成氏家族墓

Family Cheng's tombs

级 别	第四批省级文物保护单位
地 址	石阡县大沙坝仡佬族侗族乡
年 代	清
看 点	形制和精美石雕装饰

成氏墓群是清代江宁布政使司、护理两江总督成世瑄及其家人墓葬的合称，包括风洞坡、牌头、烟岗岭、塘基4个墓葬点，共11座墓。该墓群碑文多系当年翰林学士所书，牌坊和墓碑图案和碑文刻工精细、书法精湛，所用石料全由外地经水路运来。墓群反映了当时成氏家族的显赫地位，也是石阡文人辈出的历史见证。

风洞坡是一座平缓的山头，仅有成世瑄一座墓葬。该墓坐西向东，用弧形石条围砌，四柱三门牌楼式墓门，四个立柱上为雕刻精细的云龙纹，墓前置石兽一对，但毁坏严重。墓前约30米处，还有一座四柱三门石牌坊，枋额书有“成方伯坊”四字，牌坊通高约6米，宽约4米，大额刻“圣旨”二字，小额刻成世瑄生平简介，该牌坊石刻精湛，内容多为人物、花鸟等。

牌头墓葬是成世瑄的父、母、弟、兄墓葬地，共四座墓。墓葬四周以石墩镶砌高约2米高的围墙，牌楼式墓门，碑文雕刻精细，内容有龙凤、人物等。该墓区尤以四柱三门的牌坊高大雄伟，通高近5米，双面对称雕刻着八仙人物、龙凤、花卉等图案。

烟岗岭墓葬与成世瑄墓遥遥相对，是成世瑄妻妾墓地，共有六座墓葬，分三台修建。一台墓院，二台墓群，三台为成世瑄正配二品诰命夫人墓，碑文雕刻精细，每台均以细条石铺垫，附设拜台，以石墩垒砌围墙。墓前有镶插在两座石雕方墩上高约12米的大雕花华表两根，其上雕刻有精美的龙凤图案。

塘基墓葬一座，坐东向西，为清乾隆进士、成世瑄曾祖父墓地。建于清乾隆十七年（1752年），牌坊式五镶墓碑，是成氏墓群中年代最早的一座。

成世瑄墓

牌头墓葬石牌坊

牌头墓葬

牌头墓葬石牌坊细部一

牌头墓葬石牌坊细部二

思南县

思唐古建筑群

思唐即今思南县城，明洪武二十三年（1390 年），思南宣慰司迁思塘（今思南县城）；永乐十一年（1413 年），废思南宣慰司，设思南府，是贵州建省时的八府之一。思唐古城是当时乌江下游的重要码头川盐入黔孔道，商贾云集，多殷实之家，文化兴起较早，百姓“多读书、乐仕途”。府城迄今遗存下来众多文物古迹，包括文庙、会馆、寺院、码头、衙署遗址、民居和商号，等等。

2006 年思唐古建筑群被列为全国重点文物保护单位，古建筑群主要集中在有 400 多年历史的安化街附近，由府文庙、万寿宫、永祥寺、川主宫、王爷庙、周和顺盐号，以及古民居、古街道组成，较为完整地反映了思南作为古商贸中心的历史格局和风貌。其中的单体建筑，尤以思南府文庙、思南万寿宫、思南周和顺盐号为代表，规模较大，至今保留较完整，可以看作思南古城重要的历史文化标志。

13 府文庙

Temple of Confucius of Sinan Prefecture

级　别	第六批全国重点文物保护单位
地　址	思南县思唐镇文化街 354 号
年　代	明—清
看　点	格局和装饰

府文庙始建于元代，原为思南宣慰使田氏住宅。明成化二十二年（1486 年）思南知府王南在田氏旧宅基础上重建府文庙，后经历代维修、扩建。现存建筑为嘉庆十二年（1807 年）知府项应莲重修，由礼门、义路、泮池、棂星门、大成门、大成殿、两庑、崇圣祠、追封殿等建筑组成。

文庙坐西向东，中轴线对称排列。照壁左右辟“礼门”“义路”，门外各立下马碑。照壁后泮池上建石拱桥三座，池右侧有一井名为“育贤”。泮池后棂星门为近年修复，其后为大成门，面阔五间，穿斗式悬山顶。大成门正中三间吞口。

过大成门的院落宽敞，大成殿为歇山顶，面阔和进深均为五间，穿斗抬梁混合式结构，前带廊，廊间装卷棚顶，廊柱间装挂落，檐下有狮子倒立木雕撑拱。屋脊为卷草镂空图案，狮子垂兽。正脊中置葫芦宝顶，歇山翘角有龙鱼吻饰。大成殿前天子台四周设石雕栏杆，台前御道有石雕蟠龙。

文庙内至今存有数块御书匾额和数十块保存完好的明清碑刻，如明代“思南府学碑记”“生修文庙碑记”、清代“永禁私派陋弊碑”等，对研究乌江文化有重要价值。

府文庙鸟瞰

府文庙大成门

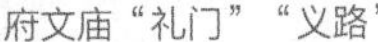
府文庙“礼门”“义路”

府文庙大成门背面

府文庙大成殿

14 万寿宫

Wanshou Palace at Sinan Town

级　别	第六批全国重点文物保护单位
地　址	思南县思唐镇中山街安化社区
年　代	明—清
看　点	建筑形制和雕刻装饰

万寿宫，始建于明初，原为建在乌江边的“水府祠”，明正德五年（1510 年）被洪水淹没，嘉靖十三年（1534 年）迁移至现址重修，后经历代修缮增建，嘉庆六年（1801）由江西商民集资改建为万寿宫，成为江西会馆。

万寿宫原为三进院落，由临街山门、牌坊、门楼、戏楼、拜厅、正殿、厢楼、观音堂、关圣殿、紫云宫、梓潼宫等建筑组成，整个建筑四周均以砖砌高墙围护。现仅存牌坊、门楼、戏楼、左厢房、正厅等建筑。

临街山门已不存，步阶而上的牌坊为四柱三间式，明间开石库门，门额上有“豫章家会”四字，两次间遍绘山水花草图。牌楼两侧还连接有砖砌高墙，各开一拱形门洞，门额刻有“紫府”“仙都”。

过牌坊拾级而上为万寿宫的四柱三间式牌楼式门楼，明间开石库门，门额竖刻“万寿宫”，上方和两侧装饰有云龙泥塑，次间与明间均雕刻有精致的山水、八仙人物、松鹤等图案。石库门两侧石柱上刻有对联“惟公德明显于西土，使君寿考式是南邦”。门楼后面便是戏楼，一层为通道、二层为戏台，其戏楼斗拱较为独特，由数个密密匝匝堆叠的装饰斗拱支撑巨大层顶，结构独特，装饰性强。阑额有精致的云龙、狮子、麒麟雕刻，柱间挂落雕有“龙凤朝阳”等图案。

戏楼正对着拜厅（正厅），面阔三间，穿斗抬梁混合式小青瓦建筑，阑额雕刻有龙凤、卷草图案。拜厅的后檐与正殿前檐有卷棚连接，正殿面阔三间，穿斗抬梁混合式建筑，带前廊，门窗枋额均有精致雕刻。

万寿宫鸟瞰

万寿宫山门

万寿宫牌坊

万寿宫戏楼与厢房

万寿宫戏楼装饰

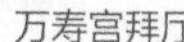

万寿宫拜厅

万寿宫正殿

15 周和顺盐号

Zhouheshun salt store at Sinan Town

级　别	第六批全国重点文物保护单位
地　址	思南县思唐镇安化古街上
年　代	清
看　点	民居建筑形制和装饰

周和顺盐号建于清道光年间，是融居住和盐号经商为一体的宅院。宅院正门位于乌江之畔的思南县城卢家码头，而临街铺面则在安化古街上，因其民居是典型的“桶子屋”形式，当地人称“周家桶子”。桶子屋是贵州部分地区对有高封火墙的四合院的形象称呼，此类民居建筑当地较为普遍，但作为著名商号、文化历史代表、保存较完好者，当属周家盐号。现存宅院由石库门、对厅、两厢、正房、厨房、盐仓、花园、

周和顺盐号与永祥寺（左）

天井等构成，建筑均为穿斗式木结构。

盐号大门位于乌江边，为拱形石库门，入门小院内的石水缸正面有楷书对联，将“安化”二字嵌在对联之中“异草培安宅；池鱼泄化机”。位于院落正面的对厅，面阔五间，明间与次间正面有吞口和廊道。经对厅进入天井院落，正房面阔五间，明间有吞口，门额上悬匾额“爱莲堂”。两侧厢房均为面阔三间，一楼一底，与对厅和正房有回廊相连。正房后又小窄院种植花木。

在天井一侧有甬道、盐仓与厨房和仓储等空间。甬道作为串联交通，前连接盐仓和厨房、后接至临街铺面，各天井与甬道均有门洞可连接，居住区与经商区清晰地分隔开来。

该院落各门窗、枋额均有精致的雕刻，其内容多为“福禄寿喜”“渔樵耕读”“二龙抢宝”“龙凤呈祥”“吉花瑞兽”“岁寒三友”等吉祥图案，丰富的题材和精致的做工，无不流露出宅院的人文气息。

在周和顺盐号的一侧，紧邻思南永祥寺，该寺始建于明弘历年间，现存建筑为明万历二十二年（1594年）遗存，由山门、龙亭、正殿等组成。

周和顺盐号大门

周和顺盐号正房

周和顺盐号对厅

周和顺盐号厢房

周和顺盐号室内陈设一

周和顺盐号对厅入口

周和顺盐号室内陈设二

印江土家族苗族自治县

16 印江文昌阁

Wenchang Tower

级　别	第二批省级文物保护单位
地　址	印江土家族苗族自治县印江民族中学内
年　代	明—清
看　点	阁楼形制与结构

印江阁始建于明嘉靖十年（1531 年），初名“澄清楼”，不久废。明崇祯二年（1629 年）重建时更名“文昌阁”，后经历代多次重建与修葺。现今文昌阁为道光十七年（1837 年）重建，为七层七檐八角攒尖顶楼阁式砖塔，通高约 41 米。

阁基为正八边形，由方整青石垒砌，砖砌八角形阁壁，内有木结构，各层有木梯连通，可攀至塔顶。二层以上，砖壁逐层减薄，阁身有收分。整座阁楼，除二、三层高度一致外，其余各层向上逐渐减低，各层均挑出木披檐及翼角，阁楼整体稳重不失秀丽。

底层正面有石拱券洞门，门额石匾“江城砥柱”。第二层正面也有券洞门、悬挑出平座回廊。第三层至第七层正面设券洞窗、题楹联，其余各面交错设券洞窗或圆窗，顶层其余七面增设圆窗或长方形砖砌花窗，各层均为飞檐翘角。第三层正面书阁名“文昌阁”三字，其他各层券洞门或窗题额有“仰之弥高”“云蒸费霞”“斯文在兹”“腾蛟”“文光”“曙霞”等。

阁内八个内角各设立柱一根，柱间以穿枋连接，立柱承托各层楼面并直通阁顶，阁每层均由 8 根木柱连结阁外翘角，顶层雷公柱与阁的宝顶相连，主梁饰太极八卦图案及道光十七年（1837 年）的建筑年代题记。

文昌阁的每层都有的书法和撰联均出自当时印江的文化名人之手，书联俱佳，多有励志正身之意。如阁一层对联“鸿路高搴从此升云齐拾级，龙门峻极须知平地有层梯”；二层对联“曳踵还宜端寸步，举头真欲到三宵”。

文昌阁一侧有依仁书院，该书院始建于清乾隆七年（1742 年），原名“龙津书院”，后经历代修葺，由正厅、东、西厢房，天井、围墙等建筑，正厅为抬梁穿斗式硬山小青瓦顶，是保存较完整的古书院，现为印江民族中学校史陈列室。

印江文昌阁正面外观

印江文昌阁内景一

印江文昌阁内景二

印江文昌阁顶层结构

依仁书院外观

依仁书院院落

17 印江严氏宗祠

Family Yan's Ancestral Temple

级　别	第三批省级文物保护单位
地　址	印江土家族苗族自治县峨岭镇先锋村严家寨
年　代	清
看　点	建筑形制与石雕装饰

严姓为印江大族，最著名的当属民间相传北京“颐和园”匾实际为严寅亮题写，族人以为荣。严氏宗祠始建于清嘉庆二十一年（1816 年），坐南向北，中轴对称，总平面呈长方形。该祠分前后两院，四周有空斗砖墙围护。宗祠原有门楼、建亭阁等，现已不完整，仅存正殿、后殿、前院和后院两厢。

正堂面阔五间约 21 米、通进深约 10 米。明间梁架为抬梁穿斗结构，次、稍间为穿斗结构，硬山顶，前带廊，鼓形雕花石础。正堂前设台，石台及正堂檐柱前为雕刻有“二十四孝”故事图案的石栏板围护。堂前左右厢房均面阔三间，穿斗式的小青瓦硬山顶。厢房正面设有石栏板，其上雕刻有精致的人物花草图案，正厅和左右厢相接处，均有石砌圆洞门。

严氏宗祠鸟瞰

后堂面阔五间，穿斗抬梁混合式结构，硬山顶，前带廊。明间梁架上装形状各异的角背、雀替。后堂两侧厢房均面阔一间，穿斗式硬山顶，与后堂稍间相交。

严氏宗祠正堂与院落

严氏宗祠厢房结构装饰

严氏宗祠正堂近景

严氏宗祠后堂

严氏宗祠后堂室内结构

18 印江建厂田氏宗祠

Family Tian's Ancestral Temple at Jianchang

级　别	第五批省级重点文物保护单位
地　址	印江土家族苗族自治县木黄镇燕子岩村
年　代	清
看　点	建筑形制与装饰

建厂田氏宗祠，号称“黔南第一世家”。据《田氏族谱》对燕子岩宗祠的记载，宗祠始建于清光绪二十三年（1896年），民国二十一年（1932年）重修。宗祠坐西南向东北，砖木结构，高封火墙围护，围绕着前、中、后三个院落及右花园，由照壁、牌楼式大门、戏楼、厢房、正殿、燕翼亭等建筑组成。

前院砖墙照壁两侧各建有拱门作通道，中部及两侧券洞门的上部分为“弓”形造型，墙面小青瓦覆顶。牌楼式牌楼式大门为三重檐六柱三层砖石结构，中间设方形石库门，第一层门额书 “黔南第一世家”，第三层书“田氏宗祠”，顶层墙为“弓”形造型小青瓦顶。祠门有“鱼泉环绕少师祠、燕岭蜿蜒敦武庙”等楹联三副，由当时的印江县县长潘永衡书丹。

门内由戏楼、正殿和两厢组成合院。戏楼为抬梁式歇山小青瓦顶，两侧耳房为穿斗式硬山小青瓦顶。戏楼石砌台基，鼓形石柱础，雕有花草人物图案。檐下装如意斗拱，檐柱间装挂落，台口照面枋上有“岳母刺字”“流沙河救主”“空城计”等戏文浮雕5幅，

正殿建于高台基之上，面阔五间，明间为抬梁结构、两次间与稍间采用穿斗结构，硬山顶脊饰为“米”字状造型连接两端封火墙，中饰葫芦宝顶，大梁题记为清光绪二十三年（1896年）及八卦太极图案。正殿两侧厢房均面阔三间，饰回字格雕花窗及走马板，二层回廊与耳房及戏楼相通。

正殿与后殿有小厢房连结构成合院，右侧曲尺形花园内有边长6米的四角攒尖顶凉亭“燕翼亭”，两层砖木结构，二层建有木结构回廊，上下两层四边皆开门窗并书门联，鼓形柱础和窗扇上雕刻精细。

田氏宗祠外观

田氏宗祠大门

田氏宗祠熙楼和厢房

田氏宗祠正厅

田氏宗祠后院

田氏宗祠燕翼亭

19 新业文昌阁

Wenchang Tower at Xinye Township

级　别	县级文物保护单位
地　址	印江土家族苗族自治县新业乡文昌村
年　代	清
看　点	形制和结构

新业文昌阁始建于清光绪二十九年（1903年），坐北向南，八角七级攒尖顶砖塔，内为木构架楼层。阁基呈正八边形，正面上五级石阶为青石拱券门。

塔体有飞檐翘角，檐口彩绘蝴蝶及卷枝叶纹、波涛纹，两侧阳刻石联“文萃玉真仁芳万世，阁凌霄汉德耀九天”，门额塑“文昌阁”三字。二层正面联曰

文昌阁远观

“七曲文昌照日月，两江流水滴波澜”，门额竖书“中流砥柱”四字。其他各层门窗也均有对联、题咏。

阁东侧有民国二十年（1931 年）《剿匪盗碑记》石碑一通；阁东侧的配房，为乡民集会和民俗活动所用，也作为香客和游客北上梵净山的休憩之处，据资料介绍，新业文昌阁是参考印江县城文昌阁的形制修建，当地人称“母子阁”，但历史背景、建筑方位、建筑结构等均有不同。

文昌阁大门

文昌阁门墩石刻

文昌阁翘角装饰

德江县

20 德江扶阳寨

Fuyang Village

级　别	县级文物保护单位
地　址	德江县合兴土家族乡扶阳村
年　代	明—清
看　点	古寨格局和历史

据记载，德江扶阳寨始于隋仁寿四年（604 年）之扶阳县治所，隋初属庸州，后属黔州、思州，唐宋属费州，废于北宋大观元年（1107 年），元明清皆在此设驿。当地居民多为朱姓，据家谱记载，为南明朝弘光帝朱由崧之后裔。

扶阳古寨城墙一角

扶阳寨的明清治所，仅存遗址，现有民居建于遗址之上，为清代咸丰年间之后的建筑。该遗址规模较大，原有四周土墙、青石墙围护，以衙署和客馆（驿站）为核心，有兵营哨亭、练兵场、集市、监狱刑场等内容，外围有寺庙、佛塔、古桥、古墓葬群等遗址遗迹。

整体设施完备、布局合理，体现了很强的防御功能。德江扶阳寨的变迁，是反映该地区的经制制度、羁縻制度、土司制度等历史变迁的重要实物资料。

古寨城墙尚能清晰反映其格局，城墙四周设四门卡子，南北各设护城池，城墙石料加工方正。遗址内到处可见石围墙、石甬道、石官路、石龙门、石阶檐、石地基等，不少石料长4米、宽1米多、厚20厘米以上，尺度较大、工艺精良。从遗址总体布局来看，以衙署和客馆为核心，顺缓面坡地而建。衙署横向排列5道院落、纵向延伸3至5院；客馆为三进中轴线对称建筑群，四周高封火石墙围护。

衙署建筑毁于清咸丰年间农民起义，遗址上现存建筑均为清咸丰年间以后修建的村民宅院，宅院有石墙围护，形成巷道，于宅院间设石库龙门。单体建筑大多面阔三间，带吞口，穿斗式木结构，悬山顶。

客馆遗址，是沿着中轴线对称、高石墙围护的三进院落，前邻集市和护城河。各院落设照壁，左右设石门。遗址前中轴线上原大门前共九级石踏步，分两组。第一组为五级，第二组为四级。

朝阳寺位于朝阳山山腰，据碑文记载“始建于

朝阳寺后殿

扶阳古寨墓葬

扶阳古寨院墙

扶阳古寨院墙石雕

扶阳古寨民居花窗

唐懿宗年间（975 年），重修于明万历年间，清雍正十二年（1734 年）重修厅堂僧寮”。该寺主体建筑为中轴布局的三进布局，山门、僧房等已毁，仅存遗址，现寺内还存有明清时期的功德碑、修缮碑。寺庙后尚存 3 座佛塔，寺外朝阳山脚还有单孔古石桥，名为朝阳寺桥。

扶阳古寨朱昭强宅

扶阳古寨惜字塔——文峰塔

松桃苗族自治县

21 大路风雨桥

Covered bridge at Dalu Township

级　别	第四批省级文物保护单位
地　址	松桃苗族自治县大路乡大路村
年　代	清

大路风雨桥横跨于大路河上，始建于清道光四年（1824 年），由当地群众集资并献工献料兴建，民国三十五年（1946 年），又在桥北街口处增建桥廊数间。该桥曾是连接贵州大路乡与重庆市秀山一带的交通要道。

该桥为双重檐木结构廊桥，整体建在七座由青石砌成的桥墩上，桥长约 68 米、宽约 3 米，桥面铺板，两旁设置护栏、长凳。桥身南北两端为歇山顶龙门，桥身中部也建有桥楼。该桥外形质朴，是贵州境内较长的古廊桥。

大路风雨桥远观

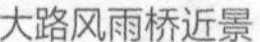
大路风雨桥近景

大路风雨桥内景

22 寨英村古建筑群

Ancient architecture complex in Zhaiying Village

级　别	第六批全国重点文物保护单位
地　址	松桃苗族自治县寨英村
年　代	明—清
看　点	古城格局和民居建筑

寨英村明清古建筑群曾经是古代南方长城“苗疆边墙”外围、“生苗”地区的经济中心，是西南地区由军事屯堡转为商贸重镇的代表性遗存，保存完整。现存的古民居、会馆、商铺、手工作坊、城墙、码头、街巷等，融居住、商业、防御为一体。其中古镇现存四合院、三合院、苗族吊脚楼等古民居建筑 80 余栋，会馆类建筑 2 处，城墙 600 多米，4 个城门、码头 4 处。

寨英古镇始建于明初，明洪武十四年（1381 年）朝廷派军入黔，加强对西南少数民族地区政治统治，至寨英平定苗民起义、实行军屯。由于寨英地处两条河汇合处，水运方便，官军以此作为军需物资转运站，开始筑城墙、建民舍、开商埠，驻军家属随营而至，湖广客商也纷至沓来。明万历年间以后，寨英由军屯转为梵净山麓重要的商埠，商业日趋兴旺；到清乾隆期间，商埠贸易达到鼎盛期，寨英河上舟楫往来，成为川盐湘货的重要转运地。

寨英有石砌城墙环护，连接 4 座城门、2 座水门，在河水缓处建 4 座码头。现城墙东北段、东南段、西南段保存完好，城墙的西南段兼有防洪堤作用。

城内有 6 条主要街道，街道两侧店铺林立。产生了以“八大商号”为代表的一些著名的商号。此外，还有专卖川盐的冉家盐号、专营棉布的黄家布屋和售卖茶食的松江楼。从这些在当时偏于西南一隅的苗地商号，可见当时的商贸繁荣程度。商号多为前铺后宅的四合院，内有隔墙、暗道、射击孔等设施，兼有住、商、防等功能。八大商号中的富华商号、吴祥泰商号、协裕详商号、曹易合商号、何和顺商号，以及冉家盐号等，至今仍存。始建于清代中期万寿宫（江西会馆）、福寿宫（湖广会馆），至今亦有保留。

寨英村寨门之一

寨英村巷道一

寨英村巷道二

除了邻街民居铺面的商住合一建筑，其他民居多为合院形式，砖石结合木穿斗结构，外墙空斗砖墙，青石或卵石垒砌墙裙，木作多木雕和石雕装饰，为山水花卉、鸟兽虫鱼等题材。客居寨英的外地商人和移民，也会采用牛角、鱼等当地苗文化中的代表符号来装饰。寨英古村至今保留了舞狮、龙灯等一些重要的民俗活动，手工艺也种类繁多，如浆染布料、挑花刺绣、造纸酿酒等等，不少作坊迄今犹存。

寨英村巷道三

民居石雕细部一

民居石雕细部二

寨英村城墙一

寨英村城墙二

铜仁市其他文物保护单位列表

名 称	级 别	地 址	年 代	备 注
万山汞矿遗址	国家级	万山区	唐一清	遗址以仙人洞、黑硐子、云南梯洞子三个部分为主，一直沿用到20世纪60年代，是国内现存开采历史最长、规模最大的汞矿重要遗址
碗架岩摩崖石刻	国家级	石阡县	元一清	高崖上有岩壁长廊约2公里，古时作为躲避兵灾匪患的临时栖居，岩壁上发现元至清代书刻40余处
云落屯悬棺葬	国家级	松桃县	晋	在高石壁上分布着数十个长方形置棺木壁龛和百余个托棺木支架的小方孔遗迹，反映了松桃苗族古老的丧葬方式
观音山莲花寺	省级	碧江区	清	依峭壁岩石而建，后檐以石壁为墙，现存的两座神台于岩檐下，房基内的石柱础、台阶及部分碑记、阁前石拱桥尚存
梵净山禁砍山林碑	省级	江口县	清	共两块，分别刻有清道光十二年（1832年）的通告，碑文均关于严禁砍伐梵净山山林、掘窑烧炭
太虚洞摩崖	省级	石阡县	明一民国	被称为“太虚仙洞”，洞内景观奇特，有自明代起历代名人墨客石刻摩崖20余方
煎茶溪古墓群	省级	德江县	宋一元	俗称“草寇坟”或“苗王坟”，已发现石室墓六座，墓室形状基本相同，均为石方结构单室墓。
黔中砥柱石刻	省级	德江县	明	刻于乌江边古栈道旁的巨石上，横向楷书阴刻，每字高约半米多，是贵州明代教育先行田秋的唯一手迹。 2013年因电站库区蓄水被淹
德江安化文庙	省级	德江县	清	建于清光绪年间，占地面积两千多平方米，20世纪90年代后逐步修复大成殿、金桂台、配殿、两廊等
乌江洪峰标记石刻	省级	沿河土家族自治县	清	大部分石刻文字已模糊不清，其中有“宣统元年岁次，大水至此”等字样，为乌江流域历史水文提供了实物资料
虎渡口遗址	省级	松桃苗族自治县	新石器时代	分布于松桃河与龙塘河交汇处台地上，面积约三千平方米，出土有磨制石斧、绳纹及方格纹夹砂陶片等
新寨古建筑群	省级	松桃苗族自治县	明一清	当地称“苗王城”，经几代苗王长期经营，是具有军事防御功能的古苗寨。巷道和院墙多石砌，民居以苗族吊脚楼为主，民风民俗保存较好，近年经旅游开发建设，复建了城墙城门等

4

黔东南苗族侗族自治州

SOUTHEAST GUIZHOU MIAO AND DONG AUTONOMOUS PREFECTURE

黔东南苗族侗族自治州古建筑分布图

Historical Architectural Map of Southeast Guizhou Miao and Dong Autonomous Prefecture

1 凯里万寿宫
2 郎德上寨古建筑群
3 丹寨万寿宫
4 麻江夏同龢状元第
5 重安江水碾群
6 黄平重安江铁索桥
7 旧州古建筑群
8 飞云崖古建筑群
9 岩门长官司城
10 云台山古建筑群
11 台江文昌宫和莲花书院
12 施洞苏元春公馆
13 施洞两湖会馆
14 镇远城墙
15 镇远四官殿
16 青龙洞建筑群
17 镇远天后宫
18 谭氏民宅（谭公馆）
19 邹泗钟祠
20 岑巩禹王宫
21 三穗八弓文笔塔和武笔塔
22 三门塘古建筑群
23 天柱抱塘村古建筑群
24 锦屏飞山庙
25 隆里古建筑群
26 黎平会议会址（胡荣顺店铺）
27 黎平两湖会馆
28 黎平南泉山
29 地坪风雨桥
30 述洞独柱鼓楼
31 纪堂鼓楼
32 登岑粮仓群
33 高进戏楼
34 秦溪凌云塔
35 肇兴鼓楼风雨桥
36 黎平流芳村古建筑群
37 黎平潭溪石氏宗祠
38 黎平六甲萨岁堂
39 高阡鼓楼
40 增冲鼓楼
41 宰俄鼓楼
42 金勾风雨桥
43 从江信地鼓楼
44 流架风雨桥
45 从江则里鼓楼
46 从江增盈鼓楼和风雨桥
47 榕江大利村古建筑群

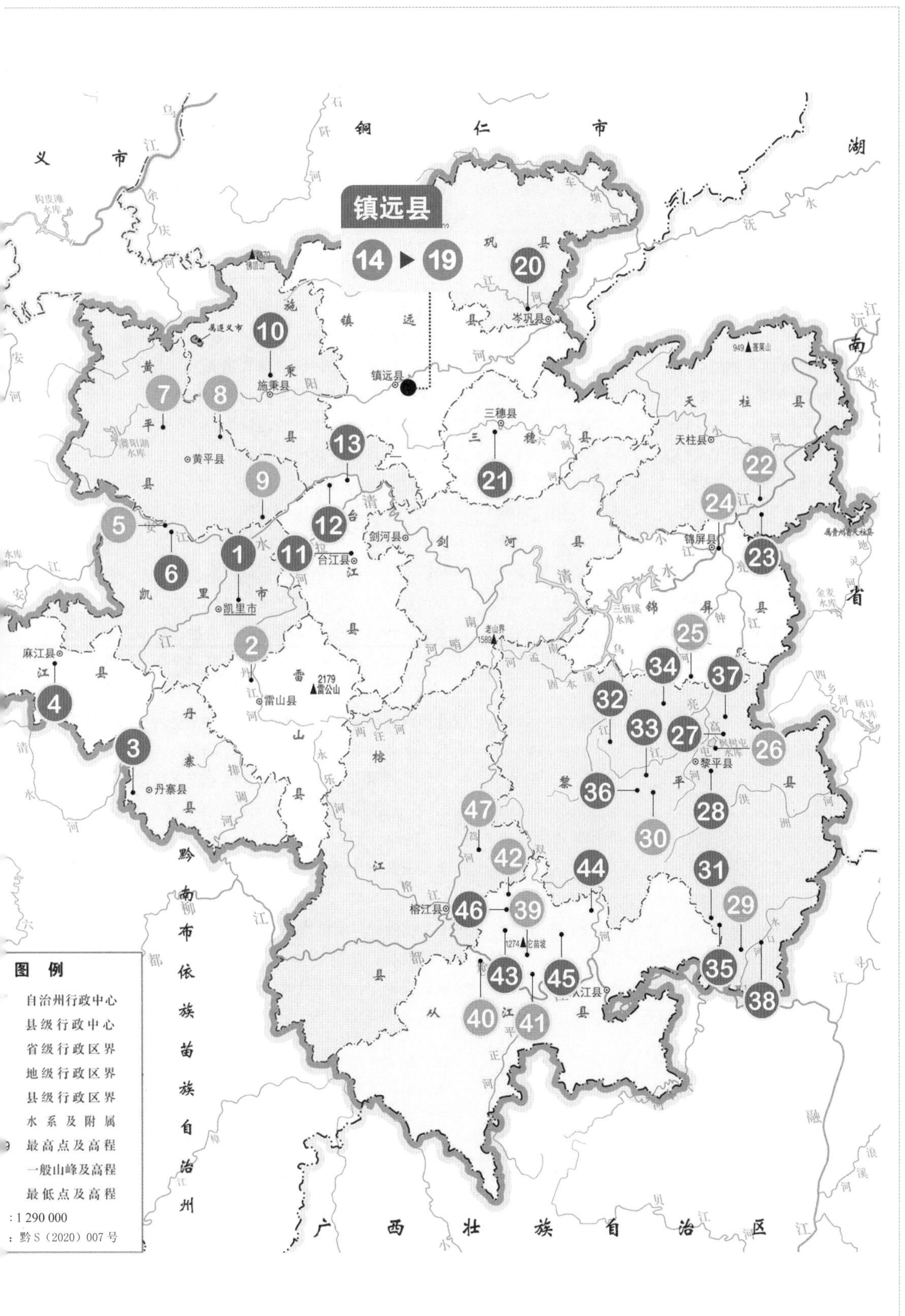

镇远县
14 ▶ 19
铜仁市
义市
湖
南
省
岑巩县
施秉县
镇远县
黄平县
三穗县
天柱县
锦屏县
剑河县
台江县
凯里市
麻江县
雷山县
丹寨县
黎平县
榕江县
从江县
2179 雷公山
老山界 1580
949 蓬莱山
1274 佗苗坡
黔南布依族苗族自治州
广西壮族自治区
图例
自治州行政中心
县级行政中心
省级行政区界
地级行政区界
县级行政区界
水系及附属
最高点及高程
一般山峰及高程
最低点及高程
:1 290 000
：黔S（2020）007号

概 述

黔东南苗族侗族自治州位于贵州省东南部，东与湖南省怀化地区毗邻，南和广西壮族自治区柳州、河池地区接壤，西连黔南布依族苗族自治州，北抵遵义、铜仁两市。自治州境内山地纵横，峰峦遍布，地形地貌复杂。全州地势西高东低，属亚热带润湿季风气候，冬无严寒，夏无酷暑，四季分明，雨水充沛。

黔东南州是苗族、侗族聚居较集中的民族自治地区。据统计，苗族人口占 40% 多，侗族人口约占 30% 多，除此还有布依族、水族、瑶族、壮族、土家族等，涵盖我国民族总数的大半，因此，黔东南也有“百节之乡”的别称，一年中有节日集会 200 多个。

在春秋以前，黔东南被称为“南蛮”或“荆蛮”之地，属牂牁国和楚国的黔中地，后分属夜郎国。秦时置黔中郡，汉时改秦黔中郡为武陵郡。在隋代属牂牁郡、沅陵郡和始安郡，唐代改郡为“道”后，属黔中道。元代在民族地区推行土司制度，分属四川播州宣慰司、湖广思州宣慰司和新添葛蛮安抚司。明代“改土归流”“开辟苗疆”，遂废思州宣慰司，分置镇远府、黎平府和新化府等，隶属贵州布政司，黔东南也进入一个重要的发展时期；清代区划基本袭明代。

民国初改府、厅、州为县，今黔东南辖地分属黔东道和黔中道，黔东道驻镇远，领 26 个县。1949 年设镇远督察区专员公署，辖镇远、炉山、黄平、施秉、余庆、三穗、岑巩、天柱、台江、剑河、锦屏和雷山等 12 个县。1956 年废镇远督察区专员公署建黔东南苗族侗族自治州，全州共辖 16 个县（市），州府驻地凯里。截至 2016 年，全州辖凯里市和麻江、丹寨、黄平、施秉、镇远、岑巩、三穗、天柱、锦屏、黎平、从江、榕江、雷山、台江、剑河 15 个县。

黔东南有国家级历史文化名城镇远和国家级历史文化名镇旧州镇、西江镇。镇远作为历史上贵州东路通道上的重要口岸，元末明初至清代外来人口的迁入和商业的繁荣，使得其建筑格局由苗乡政治和军事功能向商业集市为主的功能转变。镇远现存有镇远城墙、青龙洞、镇远四官殿、镇远天后宫、谭式民宅、邹泗钟祠等明清遗留下来的古建筑。此外，国家级历史文化名镇黄平县旧州镇和省级名镇锦屏隆里的古建筑群，无论是在古建筑的数量还是单体建筑方面，都较为集中且保存较好。

黔东南地区的传统村落数量庞大，占贵州省全省的一半以上，特别是苗族和侗族传统村寨，以穿斗结构的干栏式和吊脚式民居建筑为主，民族文物建筑十分丰富，呈现着黔东南自治州深厚的文化历史和古建筑的独特个性。

雷山是苗族主要聚居地之一，是苗族传统村寨最为集中的区域。雷山县大小苗寨百个，有中国最大的苗寨西江“千户苗寨”，有以“水上粮仓”为特点的新桥苗寨、有“芦笙舞之乡”之称的南猛苗寨和“银饰之乡”控拜苗寨，等等，各具特色，形成独特的苗疆风景。其中的郎德上寨古建筑群为全国重点文保单位，村寨的选址格局和民居、寨门、铜鼓坪等建筑内容，以及节庆礼俗、民族风情等非物质文化内容，均体现出黔东南苗族聚居地的典型文化特征。

黎平县和从江县是州内侗族建筑遗存最集中的分布区域。村寨大小不等，成带连片分布，它们中的肇兴、纪堂、增冲、增盈、则里、高阡、信地等村寨原始古朴。丰富的侗族非物质文化遗产，与侗族村寨的格局、民居、鼓楼、戏楼、风雨桥，构成了完整的侗族文化体。其中，鼓楼和风雨桥作为侗族的标志性建筑最具特色，如高阡鼓楼、增冲鼓楼、宰俄鼓楼、金勾风雨桥等全国重点文保单位尤为代表。

凯里市

1 凯里万寿宫

Wanshou Palace

级　别	第四批省级文物保护单位
地　址	凯里市大阁巷大阁公园旁
年　代	清

凯里万寿宫，又名江西会馆，始建于明万历年间，由门楼、前殿、中殿、后殿以及厢房组成两进院落，穿斗木结构，现仅存中殿和两厢，后殿被改建，前殿已毁。

中殿为民国十年（1921 年）修缮，与厢房均为面阔三间，一楼一底。中殿前后有廊，和厢房组成“凹”字形平面，中殿正面以各层走廊平接厢房山墙。1937 年中共凯里地下党在此成立“抗日救国后援会”，1951 年后曾为凯里苗族自治区政府所在地，目前是凯里市城区内唯一留存的价值较高的古建筑。

凯里万寿宫鸟瞰

凯里万寿宫门楼

凯里万寿宫中殿

凯里万寿宫中殿背面与院落

雷山县

2 郎德上寨古建筑群

Ancient architecture complex in Upper Langde Village

级　别	第五批全国重点文物保护单位
地　址	雷山县郎德镇郎德上寨
年　代	明—清
看　点	苗寨格局、民居和礼俗文化

雷山郎德上寨坐落在山湾里，靠山傍水，环境宜人，是苗族聚居的自然村寨，也是清咸同年间苗族起义军领袖杨大六的故乡，至今在寨东山岗上当年义军修筑的碉堡、壕沟等，还有遗迹尚存。该寨形成于元末明初，经历数百年发展，至今仍保留着古朴的村寨风貌。

郎德上寨分别在寨东、西、北三面建有寨门，寨内有几条石板路可通往各户。平面布局依山势渐升，形成高低错落的村落巷道空间。民居为二层穿斗式木结构吊脚楼，面阔三间，部分有两山带披厦。一层多用于储物和饲养牲畜；二楼为生活用房，多有座椅前廊，明间为宽敞堂屋。

现寨前的风雨桥，始建于清代，重檐歇山顶，通常长 40 米、宽约 10 米，据称苗族领袖杨大六曾于此抗清作战，故也称“御清桥”“杨大六桥”。

村寨中心的铜鼓坪为 20 世纪 80 年代修缮，是迎送宾客的重要活动场所。坪坝为铜鼓形，用卵石模仿铜鼓太阳纹铺设，中间竖有牛角形铜鼓柱，用以悬挂铜鼓；铜鼓坪中心为圆石凿洞，用作插铜鼓柱。苗族视铜鼓为神器，祭祀祖先和神灵时有敲击铜鼓作舞的传统，不同时代和地区的铜鼓虽形制和纹样不同，但在鼓面中心都必不可少地刻有“太阳纹”图案。随着时间的推移，朗德上寨的铜鼓坪除了仪式性作用，还因参观者的增多，增加了娱乐性舞蹈，而成为表演场地，参观者在此欣赏到敬酒歌、芦笙舞、铜鼓舞、板凳舞等丰富的苗族民间歌舞。

村寨的选址格局和民居、寨门、铜鼓坪等建筑内容，以及节庆礼俗、民族风情等非物质文化内容，均体现出黔东南苗族的典型文化特征。

郎德上寨与周边环境鸟瞰

郎德上寨远景

郎德上寨民居一

郎德上寨寨门

朗德上寨民居二

郎德上寨铜鼓坪

丹寨县

3 丹寨万寿宫

Wanshou Palace

级　别	第三批省级文物保护单位
地　址	丹寨县龙泉镇双槐路南街
年　代	清

丹寨万寿宫是丹寨县现存为数不多的古建筑之一，又称江西会馆，始建于清光绪三年（1877年），其整体平面呈正方形，坐东向西。该会馆为石墙围护的四合院式木结构建筑群，由大门和围绕天井的正殿、南北两厢、戏楼等组成。

大门为四柱三间牌楼式，明间门额上竖书“万寿宫”。大门内的戏楼为歇山顶，面阔五间、明间二层设戏台。戏台两稍间与两厢楼前廊相连。戏楼有两副楹联：“白面书生腹内空空如矣，红颜女子足下悠悠大哉”；“看文戏看武戏，看文看武戏做戏，观今人观古人，观今观古人看人”。

正殿内正中设神龛，原正中供有许真君像，左右分别供肖公及晏公像。大殿面阔五间，进深三间，建于五级踏跺的台基上，前后带廊，穿斗抬梁混合式单檐歇山顶，明间二品为抬梁构架。殿前檐廊柱下饰鼓形和八棱形组合石柱础，饰卷草和动物纹。廊柱隔扇门上饰花卉、卷草等纹饰。

民国三十三年（1944 年），日军侵入时，会馆损坏大半，后戏楼和两厢被改造利用，但原构架基本完整，是丹寨县始建年代较早、且保存较为完整的古建筑群之一。

万寿宫全景

万寿宫戏楼

万寿宫正殿

万寿宫北厢房

万寿宫厢房挂落

麻江县

4 麻江夏同龢状元第

Mansion of Xia Tonghe the Number One Scholar

级　别	第三批省级文物保护单位
地　址	麻江县贤昌乡高枧村
年　代	清
看　点	名人生平和建筑形制

夏同龢（1868—1925 年），麻哈州人（今麻江县）。光绪二十四年（1898 年），光绪帝“亲笔御点”夏同龢戊戌科一甲一名进士（状元），授翰林院修撰职。光绪三十二年（1906 年），清政府派夏同龢东渡日本学习和考察工业和经济建设；辛亥革命后 1920 年至 1923 年，夏同龢曾出任江西省实业厅厅长，1925 年卒于北京。

夏同龢状元第建于清光绪年间，坐北朝南，占地面积约 1200 平方米，为典型的高封火墙式围护四合院建筑。现存建筑由过厅、天井、两厢、正堂等构成四合院。过厅门额上悬蓝底金字“状元第”匾，过厅与正堂均面阔三间，通面阔约 17 米，进深两间，穿斗式硬山顶，隔扇门窗。现过厅、左厢、正堂保护基本完好。

状元第的一旁有姜氏宗祠，由当地富商姜世侯建于清乾隆四十八年（1783 年），咸丰年间毁于兵乱，现存建筑为姜正邦重修于民国二十年（1931 年）。该祠坐北向南、中轴对称，由过厅、两厢、正殿组成，中有天井，四周封火墙。正殿毁于 20 世纪 60 年代，遗址面阔三间，通深两间。现存过厅及两厢、正殿基石。门楼两层，红砖砌筑，为典型的民国时期中西合璧式建筑风格。

夏同龢状元第与姜氏宗祠鸟瞰

夏同龢状元第与姜氏宗祠外观

黄平县

5 重安江水碾群

Water-powered rollers in the Chong'an River

级　别	第七批全国重点文物保护单位
地　址	黄平县重安镇重安江江心沙洲
年　代	明

重安江水碾群始于明代军屯时期。重安于永乐四年（1406 年）设长官司，弘治元年（1488 年）设重安守御千户所，并屯兵于重安江堡上，屯军带来了中原的生产方式，利用隆起的沙洲建造水碾，取代原居民用石碓舂米的方式。重安江水碾群是研究古代重安的社会和经济史等方面内容的重要实物遗存。

据资料介绍，水碾群在明清曾有 40 余座，现存碾坊十余座，顺江沿沙洲“一”字排列，江水被水碾群所在的江心沙洲分流，从而形成两支河道，水碾水轮利用了南北河道高差带动旋转。重安江水碾原主要用于谷物脱壳去麸，目前仍有十余座可以正常使用，主要用于碾桐籽榨油、碾做香的料粉等。在每年雨季，水碾上的简易木柱草棚常被洪峰卷走，但其沉重的石滚轮和的水轮依然保存完好。

重安江水碾群（局部）

重安江水碾群和环境（草棚毁后）

6 黄平重安江铁索桥

Chain bridge over the Chong'an River

级别	第一批省级文物保护单位
地址	黄平县重安镇观音寺旁
年代	清
看点	三个不同年代的桥梁相邻

黄平重安江铁索桥建于清同治十二年（1873 年），由贵州提督周达武倡建。该桥长约 35 米、宽 3.6 米，由 18 根铁链与桥板组成。其中桥身铁链 16 根，平行固定于两岸桥台内，上覆木板。桥南原有禅寺观音堂，寺前竖清光绪年间《铁索桥记》石碑一通，记载桥的历史沿革等；桥北原有邮亭数间，今皆无存，唯铁索桥尚完好。

民国三十一年（1942 年），与铁索桥并列架设石墩钢梁结构的重安江公路桥，由中国著名的桥梁专家茅以升设计；1996 年与前两桥并列建设了钢筋混凝土公路拱桥，现供往来车辆所使用。由于三座桥梁建设年代不一，紧邻跨建于同一段江面之上，形成了独特的“三朝桥”景观，可以说是桥梁发展史的展示。

三朝桥远观

7 旧州古建筑群

Ancient architecture complex at Jiuzhou

级别	第六批全国重点文物保护单位
地址	黄平县旧州镇且兰古国景区内
年代	明—清
看点	古城历史和格局

旧州现为贵州的历史文化名镇之一，早在秦汉时为且兰国的属地，在元代即设黄平府治所，清康熙年间始名旧州。古城区东西向狭长，街道平整，一条主街贯全城，古有“九宫、八庙、三庵、四堂、五阁”之说，今存古建筑有天后宫、仁寿宫、川主庙、文昌宫、关帝庙、天主教堂、江西会馆、两湖会馆、福众桥、平播桥，以及一些代表性古民居等。

天后宫：位于西下街南侧，始建于清道光十七年（1837 年），光绪二十七年（1901 年）重建，四周高封火墙，院中植两株桂树。正殿面阔三间，为单檐硬山顶，有鹤颈轩顶的前廊，殿内明间顶部装八角藻井。后殿面阔三间，为抬梁穿斗混合式单檐硬山顶，三叠马头山墙，殿内梁架间的驼峰、柁墩皆精雕细刻。1934 年中央红军在此驻扎，在墙上留下了大幅标语及宣传画。该建筑除前墙、牌坊已毁，其余建筑构架基本完好，但装修已非原貌，目前天后宫作为黄平县革命历史陈列馆使用。

仁寿宫：即江西会馆，位于西中街中段，始建于清乾隆五十一年（1786年），光绪十四年（1888年）重建，由有戏楼、正殿、后楼及前后厢楼。正殿为硬山顶抬梁穿斗混合式建筑，用材大，雕饰精致，檐下封饰卷板，前廊顶作鹤颈轩，额枋浮雕卷草图案，下置镂雕挂落。殿内架梁彻上露明造，梁间驼峰、柁墩雕刻装饰。

万天宫：俗称川主庙，是四川会馆，始建于清道光十七年（1837年），主要供奉李冰。建筑仅存戏楼和厢楼。戏楼楼底兼作通道，戏台台顶有八角藻井，与其他戏楼造型相似，比较有特点的是在戏楼歇山顶的垂脊和戗背上置八组戏曲故事彩塑，此建筑近年重修。

文昌宫：清乾隆年间始建、光绪年间重建。宫坐南向北，依次建有牌坊、头门、前厅、厢房及正殿。今仅存正殿一幢，为单檐歇山顶，现为且兰历史文化研究基地与旧州文物管理所驻地。

古民居：多为一楼一底、砖木结构、四合院落格局，临街民居多两侧有封火墙的二进或多进的高封火墙印子屋。典型民居如达源发民居，为清光绪年间所建，今存正房和厢房各一，两侧砌青砖风火墙，院落内木雕、石雕都较为精致。除此之外还有韩永记、杨氏宅、罗氏宅、朱氏宅、卢晴川宅等民居建筑均保存较好。

天后宫正殿与院落

仁寿宫正殿

仁寿宫戏楼

文昌宫入口

文昌宫正殿

达源发民居院落

达源发民居石雕

达源发民居木雕

8 飞云崖古建筑群

Ancient architecture complex at Feiyunya

级　别	第六批全国重点文物保护单位
地　址	黄平县新州镇东坡村飞云崖景区内
年　代	明—清
看　点	建筑结合自然景观

飞云崖也称飞云岩，以崖间有洞、石状如飞云等奇特自然景观而著名，历代题刻有“云山胜景”“云中佛境”“云停水立”等。飞云崖古建筑群始于明正统八年（1443 年），指挥使常科首建月潭寺，后经历代毁坏、重建与增建，现存建筑多为清光绪年间所建。

飞云崖分东西两个院落，东院由牌坊、皇经楼、长廊、滴翠亭、碑亭、接引阁、小官厅、观音殿、童子亭等组成；西院由月潭寺牌坊、云在堂、养云阁、大雄宝殿、南厢房、北厢房、萃秀园等组成，飞云崖还留有各时期的摩崖、石刻数十处。

飞云崖古建筑群山门

山门为砖石结构六柱五间五山屏风式牌坊，明间龙门枋上有“飞云崖”竖额，大额枋上有“黔南第一洞天”横匾，中柱镌刻七十二字长联，字数仅次于甲秀楼长联。坊上饰以“二龙戏珠”“双凤朝阳”“八仙庆寿”和戏曲人物等图案，坊后院墙上嵌有近年重刻的明清名人赞咏飞云崖的诗碑十余方。山门后皇经楼，为两层、单檐歇山顶木建筑，面阔三间，前后带廊，一层明间为通道。

皇经楼

飞云崖古建筑群山门局部

池桥和碑亭

皇经楼后正对飞云崖，西侧为西院月潭寺牌坊入口，崖下有长方形鱼池，围以精雕石栏，中构三孔小石桥。池前原有关圣殿，东有单檐六角攒尖顶的滴翠亭。由池西经十余级石阶可至碑亭，其北壁嵌明嘉靖四十四年（1565 年）贵州巡抚吴维岳撰书的《飞云崖记》石碑、西壁嵌清光绪间重修飞云崖功德碑三通。

沿石阶上行，沿途有接引阁与小官厅。接引阁依岩而建，重檐歇山式阁楼，其后壁为天然崖石，崖壁有石洞，进入石洞可盘旋登楼，可谓崖外有阁、

童子亭

飞云崖下接引阁

飞云崖观音洞和接引阁

阁内有崖，阁前石阶侧竖“黔南第一洞”石碑。

飞云崖主体洞窟，又名观音殿，内祀观音。悬崖上有巨石悬空，形如凝云。崖壁刻有“飞云岩、云山胜景”“云中佛境”“云停水立”“归云”等明清摩崖 20 余处。原壁前碑碣甚多，于 20 世纪 60 年代大多被毁，现重刻了部分碑记。

西院月潭寺牌坊式山门建于民国，为六柱五间五山石牌楼，明间枋额有“月潭寺”竖额，雕刻装饰有民国时期的中西装饰结合的特征。山门后南侧为萃秀园，北侧为养云阁、西侧为大雄宝殿。

大雄宝殿，又称大佛殿，建于高台基之上，原建筑已毁，现单檐歇山顶大殿原为旧州文庙大成殿，于 1986 年搬迁到月潭寺旧址异地保护，该殿建于清光绪九年（1883 年）。养云阁又名大官厅，是旧时接待官员之所，其屋面隆起、屋脊及檐口两端向下弯曲，为省内少见的形式。萃秀园墙辟月亮门与漏窗，内植花木，西侧有花厅，供游人憩息。

月潭寺山门

月潭寺大佛殿

大官厅

9 岩门长官司城

Local chieftain's city at Yanmen

级　别	第七批全国重点文物保护单位
地　址	黄平县谷陇镇岩门司村
年　代	清
看　点	司城历史和格局

岩门设司始建于明成化六年（1470 年），清顺治十五年（1658 年）设长官司，土司何氏，世袭长官。据清嘉庆《黄平州志》记载，司址原在清水江南岸，筑有土城。后北迁今址，于清乾隆六年（1741 年）建此石城。其选址倚山面江，被称为清水江上流咽喉，为当时清政府屯堡于苗地的政治军事要地。如今城内尚保存有城墙、古民居、古街巷等建筑。

城平面总体呈三角形，青石砌筑城垣，周长 1600 多米，高约 4.5 米、厚约 2.5 米，设有东、南、西 3 座城门，城墙顺山势延伸而上，于高险处构筑炮台 3 座，城门有楼，炮台有房，靠江还建有水关 2 座。

现城南门保存较好，东门有残存，西门和水关及炮楼楼房已毁。在南门保存有“拱南”青石门额，时款为“乾隆六年三月谷旦”。

城内鹅卵石古街巷修建于清乾隆六年(1741年)，古街巷两侧尚有20余栋民居建筑，为清同治九年(1870年)至光绪年间修建，较好地保存着历史原貌。城内中间的土司衙门遗址，已毁坏，清代城内曾设有长官衙门及千总署、岩门汛把总署，现均仅存遗址，遗址处已为田地。

岩门土司城内民居

岩门司南门

岩门土司城内古街道一

岩门土司城内古街道二

施秉县

10 云台山古建筑群

Ancient architecture complex at Yuntai Mountain

级　别	第四批省级重点文物保护单位
地　址	施秉县城关镇云台山景区内
年　代	明—清
看　点	自然景观和佛道合一的建筑

云台山是施秉喀斯特世界自然遗产地的重要组成部分，因其山形"山巅如台"，常云雾缭绕，故名云台山。云台山风景区动植物资源丰富，以原始自然生态、奇峰丽水、佛教道教合一的古刹和遗址等自然和人文景观为特色。其中古建筑主要有头道灵关、二道灵关、渡云桥、周公殿、会仙桥、"一天花雨"山门、徐公殿、姥塔、舍利塔、和尚墓等众多遗址遗迹和明清碑刻。

头道灵关是进入云台山的第一道关口，据称是云台山开山鼻祖白云道人徐贞元和其友周惠登最早修行的地方。头道灵关原有灵官殿，殿祀灵官爷。二道灵关是进入云台山第二道关口，现仅有近年修建的一座亭阁。

渡云桥始建于明，位于云台山山麓茶店河上，为单孔券石桥，"望之如长虹跨涧"，全长约 33 米，宽约 6 米，跨度长约 12.5 米，桥身连接两山，现基本保存完好。

周公殿建于明末清初，道光年间重建后又毁，现建筑为于 20 世纪 80 年代将县城的城隍庙搬迁至此重建。周公殿后为神灵宫，现存两殿均面阔三间，穿斗式悬山小青瓦顶。周公殿围墙外的古驿道边，有一座土地庙，是周公殿组群中唯一留存下的古建筑，门坊内的圆拱门一侧有回文诗一首："秋江楚雁宿沙洲，雁宿沙洲浅水流。流水浅洲沙宿雁，洲沙宿雁楚江秋"　。

云台山"一天花雨"山门

周公殿前的土地庙

云台山周公殿后神灵宫

会仙桥始建于清康熙年间，道光二十四（1844年）重修，位于塔山沟深谷涧底，为山溪中一座石砌独墩平面桥，桥礅两端呈梭形，保存完好。

“一天花雨”山门是进入云台山顶峰的一道关口，云台山主峰三面都是悬崖，这道门是唯一通道。门上方刻有“一天花雨”楷字，“一天花雨”是形容佛教高僧弘扬佛法时的盛况，佛法的功德散花如雨。

徐公殿位于云台山主峰，从山门入，有遗真亭、拜经台。明清期间，原此处曾有数座殿宇，可惜已经被拆毁，只存遗址。1987年将始建于明、重建于清光绪十年（1884年）的平宁寺前后两庙搬迁至徐公殿遗址，殿前左右各置砖石结构焚纸塔一座。

云台山徐公殿

台江县

11 台江文昌宫和莲花书院

Wenchang Palace and Lotus Academy of Classical Learning

级　别	第一批省级文物保护单位
地　址	台江县台拱镇文昌路中段
年　代	清
看　点	建筑布局和环境

台江文昌宫和莲花书院紧邻在一起，建筑群除了文昌宫和书院，还包括学舍、字库塔等建筑，是贵州省内至今规模最大、保存较好的古书院之一，为台江县城内的风景名胜。文昌宫和书院周围古树浓荫，登临文昌宫阁楼可四望县城景色。

台江文昌宫建于清光绪十八年（1892年），莲花书院建于清光绪十七年（1891年），都由当时镇远府驻台拱厅同知周庆芝所倡建。

文昌宫由阁楼、左右配殿、山门组成封闭性的四合院落。文昌宫阁楼为三层三檐六角攒尖顶建筑，通高约18米。阁底层平面为长方形，前带廊，通面阔18米、进深13米，二、三层为六角形。底层供文昌帝君坐像，二层供孔子牌位，三层供木雕魁星像，今均不存。阁底层正面为雕花隔扇门，其他三面为砖墙围护；二、三层外有回廊，正面及左右为花窗。阁前的左右厢间距较近，天井狭长，皆为面阔三间，前带廊、悬山顶。

文昌宫北侧有字库塔，始建于清光绪十八年（1892年），民国重修。塔通高约15米，为五层八角攒尖顶。

莲花书院因其大门南侧有一莲花池而得名，建筑

文昌宫建筑群

群坐东朝西，由大门过殿、配殿、天井、正殿组成的四合院。大门为八字形三间四柱穿斗式构架门亭，檐下为如意斗拱，两厢间门楣上横匾书“莲花书院”。正殿面阔五间，通面阔 22 米，单檐硬山顶，两侧封火山墙，檐下斗拱层叠，门窗雕饰精美。明间金柱楹联为光绪二十八年（1902 年）同知周庆芝撰书：“善政慕前贤，培成满院青莲，千古边城沾化雨；文明期后进，折得上林红杏，一鞭归路走春风”。殿内彻上明造，明间龛中供孔子牌位。

台江自古为“苗疆腹地”，自清雍正五年（1727 年）开始实行“改土归流”，多次引发了苗民起义，清政府逐渐注重文治及各种教化，“台拱苗民不服王化、则以兴学导之”。文昌宫和莲花书院正是当时这种从武功转向文治的统治观念转变的反映。

文昌宫阁楼

文昌宫门楼

莲花书院天井

莲花书院门楼

莲花书院栏杆

莲花书院花窗

12 施洞苏元春公馆

Su Yuanchun's mansion at Shidong

级　别	第三批省级文物保护单位
地　址	台江县施洞镇白枝坪村河湾水寨内
年　代	清
看　点	建筑格局和形制

施洞苏元春公馆又称“苏公馆”，清同治六年（1867年），苏元春随湘军入黔镇压张秀眉领导的苗族农民大起义，镇守施洞时修建住宅。该公馆坐南向北，面临清水江，为三进四合院，由前院、前厅、中堂、后院、厢房和高封火墙组成。

前门设于北墙正中，门内为青石板铺墁的宽敞院坝。依次而进的前厅、中堂、后堂均为五开间的穿斗式硬山顶建筑，鼓墩式石柱础，门窗精雕各种图案。前厅建于院坝南端，右侧有廊子通道。二进为中堂，堂前有小天井，左侧有厨房，明间为苏氏家人会客之处。三进为后院，是主人卧室与书房，院前有小天井，后有花园。

公馆主体建筑基本保持完好，但原馆内楹联、牌匾和彩绘等均已不存。建筑最近修缮一新，馆内现收集了部分原建筑的木雕，散置在公馆中，工艺精湛、雕刻精美。

苏元春公馆前厅

苏元春公馆中院

苏元春公馆后堂背面

苏元春公馆外观

13 施洞两湖会馆

Hunan and Hubei Guild Hall at Shidong

级　别	第四批省级重点文物保护单位
地　址	台江县施洞镇施洞街村市场监督管理局旁
年　代	清

施洞是清水江边的重镇，航运远通湘、鄂，故寓居此地的两湖人士较多，施洞两湖会馆由湖南、湖北两省商人集资修建于清光绪三年（1877 年），光绪五年（1879 年）增建戏楼和牌坊门。自创建以来，虽历经人为、自然破坏，但仍不失原有风貌。

现主体建筑由牌楼门、戏楼、过厅、天井、正殿、两厢等组成。牌坊门为四柱三间牌楼式，为近年所修复，有彩塑戏曲人物、八仙和龙凤仙鹤等图案，明间石库门上有竖额“两湖会馆”。门后为戏楼，面阔三间，明间二层为戏台，单檐歇山顶。

过厅与正殿均为穿斗抬梁混合式，单檐硬山顶，面阔三间，构架用材硕大，以木板封檐。正殿倚后墙而建，原内供禹王及两湖列祖牌位，现已不存。殿前两侧高墙各开券洞门一道，门额分别为楷书“湘云”“楚月”。

两湖会馆过厅

两湖会馆门楼

两湖会馆外观

两湖会馆天井

两湖会馆戏楼

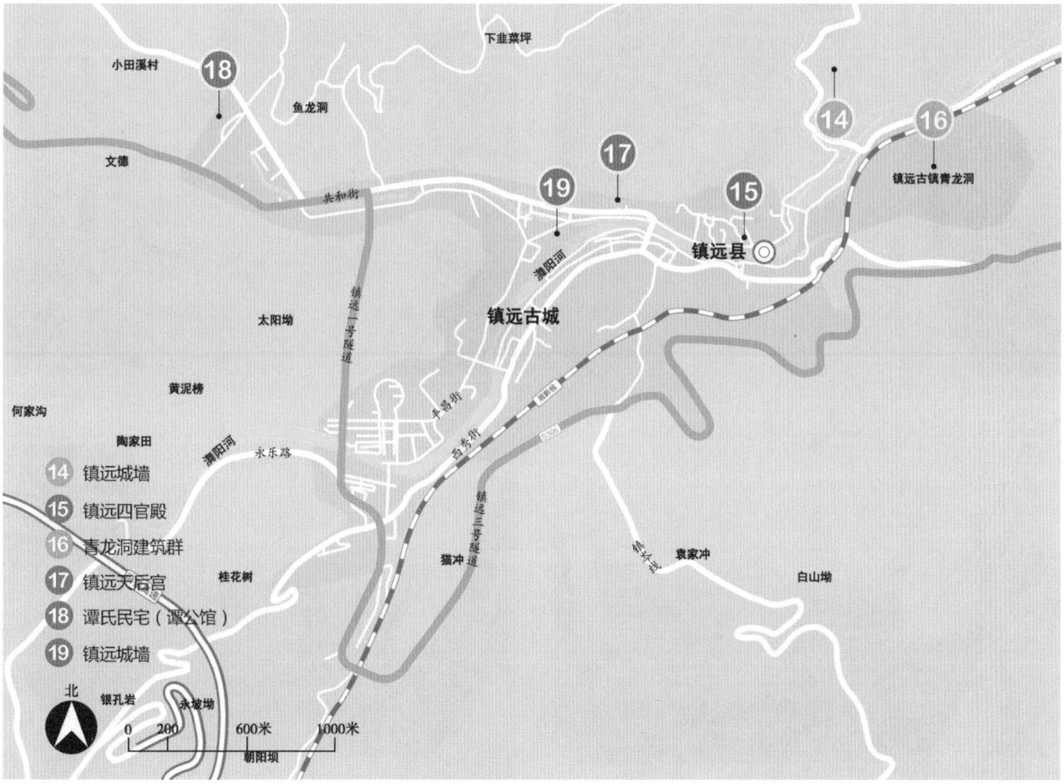

14 镇远城墙
15 镇远四官殿
16 青龙洞建筑群
17 镇远天后宫
18 谭氏民宅（谭公馆）
19 镇远城墙

镇远古城古建筑分布图

镇远县

14 镇远城墙

Ancient city wall

级　别	第七批全国重点文物保护单位
地　址	镇远县㵲阳镇镇远古镇内
年　代	明—清
看　点	古城历史与格局

明洪武二十二年（1389 年）在镇远㵲阳河南岸五老山下筑城设镇远卫；永乐十一年（1413 年）设贵州承宣布政使司，镇远为贵州建“省”之初的八府之一，府治位于㵲阳河北岸石屏山下，使镇远形成了“一水分府卫，九山抱一城”的格局，所以镇远古城垣分为“府城垣”和“卫城垣”。

府城墙始建于明正德年间（1506—1521 年），位于县城北石屏山上，全长约 2 公里，高约 5 米，面宽约近 3 米，沿北侧砌垛口。城墙用方正青石砌筑，糯米、石灰砌浆黏结，城墙中段有方形烽火台一个、士兵指挥堡一间，现有约 1.5 公里城墙基本保持完好。

卫城墙始建于明洪武二十二年（1389 年），位于㵲阳河南岸，北沿㵲阳河、南依五老山，周长约 3 公里，城墙外沿有垛口，共有城楼和城门 5 座。为加固并防止洪水对墙体冲击，上北门外修有高约 2 米、宽约 1.5 米的副城墙一段；在城西门和上北门外码头上侧修有半弧形防洪护城堤 3 堵。卫城墙现存部分包括总长约 1.5 公里的城墙、西门码头、上北门城门城楼、上北门码头、护城堤和下北门城门城楼等。

府城墙

卫城墙上北门城楼与城墙

卫城墙上北门

卫城墙下北门

15 镇远四官殿

Hall to the Four Officials

级　别	第二批省级文物保护单位
地　址	镇远县㵲阳镇石屏山景区内
年　代	明—清

镇远四官殿始建于明末，后多有重修，现存建筑重建于清光绪三年（1877 年）。因殿内明间供奉战国时期的白起、王琦、廉颇、李牧四将而得名，由正殿、钟楼、石拱券城堡组成。

殿宇凿石为基，坐北朝南依山而立，穿斗式结构重檐歇山顶。因殿的前檐柱立于台基下临崖壁的登山石径上，因而外观为三层。第二层是正殿，前有宽敞楼廊，饰卐字图案栏杆，卷板封檐。大门粉书“四观殿，殿四观，观山观水观日月；三义宫，宫三义，义买义卖义经营”楹联。四官殿二层东稍间供奉赵公明之神像，西稍间供日、月神像。

正殿西侧有一钟楼面对正殿，正殿东侧有石拱门楼，经此可至石屏山顶之城垣、碉壁和古炮台遗址。楼下的道路北侧，尚有清代等各时期所立石碑 7 通，记载四官殿的复修、捐银等内容。

四官殿远观

四官殿门楼

四官殿正殿内景

16 青龙洞建筑群

Ancient architecture complex at Qinglong Cave

级　别	第三批全国重点文物保护单位
地　址	镇远县㵲阳镇镇远古镇内
年　代	清
看　点	依山就势的建筑布局、儒释道合一

青龙洞前临㵲阳河、背靠中河山，据资料记载，明代初期，此处已形成建筑规模，曾几度损毁几度修复，清代这里不仅增加了大量寺庙，而且建有会馆和书院建筑，现由青龙洞、万寿宫、紫阳书院、中元禅院、祝圣桥和香炉岩六部分建筑群组成。建筑群整体背山面水、楼阁贴壁临空，依山就势，将巨岩、洞穴和建筑结合为一体，集儒释道文化于一体。建筑采用了“吊、借、附、嵌”等方式，高低错落构筑在山洞、崖壁和石台上，构思大胆、布局精巧，有“西南悬空寺”之称。

青龙洞

青龙洞位于中河山石崖南段，是此处建造最早的一组道教建筑群。明洪武二十一年（1388 年）在此建真武观，永乐年间（1403—1424 年）在洞前增建玄妙观，后经历代重修与增建，现存建筑有山门、正乙宫、吕祖殿、僧房、观音殿、斗姥宫、玉皇阁等，多为光绪三十年（1904 年）后重修。

山门为砖石砌牌楼式，两侧带八字墙。正楼匾竖刻“青龙洞”三字，为清光绪初贵州巡抚林肇元手书，楼檐下饰砖雕斗拱。

吕祖殿在山门上方，坐东朝西，外观为四层三檐歇山顶。因依崖就势，底层进深较窄，作为过道，二层进深较大，三面带廊，但楼身立于地面层上，三、四层才是楼层，四面带廊，三层为吕祖殿，原供吕洞宾，顶层原供有药王与丘真人等塑像，现塑像均已不存。

观音殿建于山腰两级陡岩上，为重檐封火墙式吊脚楼。廊柱吊脚将前檐与走廊支撑于崖上，下层有天桥与吕祖殿相通。

正乙宫在观音殿脚下，为一砖筑小庙，左侧立有清宣统间复修碑记两通。

玉皇阁在观音殿上方石崖顶部，包括凌霄殿与望江楼两部分，是利用悬挑在青龙洞主洞口挑出廊道及上下两层坡檐，构成凌霄殿，在偏洞上挑出半边小阁楼望江楼。两座建筑的前廊、二层披檐连为一体，形成一座三重檐的悬空阁楼。

斗姥宫在玉皇阁左下侧悬上，利用天然石洞构筑牌坊式宫门。

青龙洞古建筑群鸟瞰

青龙洞古建筑群远观（局部）

青龙洞斗姥宫

青龙洞山门

青龙洞观音殿外观

万寿宫山门

万寿宫

又名江西会馆，由江西籍商人修建于清雍正年间，后有多次维修。该会馆是一组南北延伸的高封火墙四合院群，也是青龙洞古建筑群中规模最大的一组，由山门、戏楼、厢楼、杨泗殿、客堂、许真君殿（遗址）、文公祠等组成。

山门为砖石砌牌楼式，正楼匾竖刻“万寿宫”，周围雕刻有盘龙，明间横额书“水德云长、云飞山静”。过山门的砖砌高院墙中间有石券洞门，门额书“襟山带水”，门后为万寿宫戏楼。

戏楼重建于清光绪二十八年（1902 年），是目前贵州保存最好、雕饰最精美的戏楼之一。戏台台口为“杨家将”的戏文故事木雕、额枋有八仙人物圆雕。戏台上方为浮雕云龙藻井，正壁浮雕福禄寿喜图，戏台两侧对联为“不典不经格外文章圈半句、半真半假水中明月镜中花”。戏台左右有回廊与官商士绅及其家眷听戏的厢楼相通。

与戏楼相对的杨泗殿全称为“杨泗将军殿”，是万寿宫正殿，重修于清光绪五年（1879 年），面阔三间、进深七间，前三间和后四间分别位于两个台地之上，通过室内的两级台阶相连。为使在殿中观戏的视线通畅，殿前檐柱采取吊瓜柱的形式。该殿屋面实际上是两个屋面的组合，类似“勾连搭”的方法，中间留有一小型天井用以采光和排水。

万寿宫山门细部

万寿宫戏楼

万寿宫戏楼藻井

万寿宫戏楼雕刻一

万寿宫戏楼雕刻二

万寿宫杨泗殿室内藻井

万寿宫杨泗殿室内

万寿宫山墙与紫阳书院

紫阳书院

位于青龙洞北侧，又称“紫阳洞”，始建于明嘉靖九年（1530年），因崇祀宋代理学大师紫阳先生朱熹而得名。该书院是贵州较早的书院之一。现有山门、三角亭、考祠、老君殿、圣人殿等建筑。圣人殿、老君殿均为光绪初年重建，考祠于20世纪80年代被冲塌后修复。

山门坐北朝南，建于洞口南侧，楣上嵌“紫阳洞”石刻横额。山门西北侧石山上建有一座单檐三角攒尖亭，亭额隶书“谐趣”，内有凤凰雕刻三角形藻井。

考祠建于山脚大岩石间，为三层三檐歇山顶，底层及二层均为敞厅，顶层原为供奉尧舜禹的三宫殿。

老君殿在考祠北侧，又名“雷神殿”，是该建筑群中单体最高的建筑。底层为敞厅、二层供雷神、三层供老君神像。西侧楼顶檐下悬“紫气东来”横匾。

圣人殿建于老君殿北侧，为三层重檐歇山顶干栏式建筑，底层架空，二层三面带廊，外檐柱间下部装裙板，上部花窗封顶。二层原供南宋理学家朱熹像，三层原供千手观音像。

紫阳书院圣人殿

紫阳书院老君殿

中元禅院大佛殿背面

中元禅院

又称“中元洞”，位于中河山石崖的北段，初为明嘉靖十年（1531 年）知府黄希英建于中元洞前的佛寺建筑，时称“中山寺”，后经几度毁坏与重修。现有山门、大佛殿、藏经楼、望星楼、六角亭等建筑，均为清光绪初年后重建。

山门为天然石洞，门楣上刻“入黔第一洞天”，门外右侧石壁横刻楷书“中元洞”。山门上方的巨石，因其上许多空洞内原供有大小不一的佛像而得名“千佛岩”。

望星楼建于千佛岩之上，为重檐六角攒尖顶阁楼，底层有围绕千佛岩的回廊、二层与藏经楼相通、三层可远眺镇远古镇灯火如繁星，故称“望星楼”。

大佛殿重檐歇山顶，位于门内南侧石台上，现存建筑为清光绪九年（1883 年）重建。建筑底层为佛殿、二层为藏经楼。殿前外的影壁上有“中元禅院”。大佛殿后面的中元洞内外有多处古人的摩崖题刻、诗碑，洞中有佛龛和神台。

祝圣桥

原名“㵲溪桥”，据称该桥因祝贺康熙六十大寿而改名为祝圣桥。桥为七孔石桥全长约 135 米，由大块方青石筑砌。桥基始建于明洪武年间，桥身则建成于明万历三十七年（1605 年），至今保存完好。

清光绪四年（1878 年）镇元知府汪炳敖在桥面上建三重檐八角攒尖顶式“魁星阁”，又叫状元楼。其底层向东，楣额书“山河柱石”，两边楹联书“扫尽五溪烟汉使浮槎撑斗出，劈开重驿路缅人骑象过桥来”；向府城的西面楣额为“云汉天章”，楹联为“把笛作龙吟，东去洞庭秋月满；传书随凤使，西为滇海庆云多”。

祝圣桥

香炉岩

香炉岩为青龙洞前、㵲阳河畔一座独立石山，因上大下小，形似香炉而得名。明嘉靖初建有疑岘亭，后圮。现存疑岘亭为单檐六角攒尖顶，是20世纪50年代重建，俗称“莲花亭”。香炉岩留有一些历代名人题咏，有“乾坤入钓竿”“声空明”等摩崖石刻。

17 镇远天后宫

Mazu Temple

级　别	第二批省级文物保护单位
地　址	镇远县㵲阳镇镇远古镇内
年　代	清
看　点	建筑形制和装饰

天后宫又称福建会馆，始建于清代，宫内主要奉海神妈祖，同时也为福建同乡会馆，是镇远明清时期的八大会馆之一。镇远天后宫作为祭祀海神妈祖和福建商人聚会之所，反映了当时镇远的经贸发展，以及长江流域与东南沿海之间的经济和文化交流，

天后宫坐北朝南，背依石屏山，前临㵲阳河，由山门、正殿、戏楼、东西两厢、西院、东院（膳房）、梳妆楼等组成。现存建筑多为清同治十二年（1873年）至清光绪二年（1876年）重修。

山门为四柱三间三楼牌坊式，明间为石库门，龙门枋竖向阴刻楷书“天后宫”石匾，大门两侧柱上有对联一副。各楼屋面均置翼角，卷草吻饰，顶部葫芦宝顶脊刹。

戏楼面阔五间，进深四间，穿斗式木结构歇山顶，后檐金柱和檐柱为吊脚楼形式。明间二层为戏台，左右次间为耳房、左右稍间为楼梯间。

正殿为封火山墙硬山顶穿斗式小青瓦屋面，面阔三间、进深四间，东西两侧各带耳房一间，正殿抱厦为重檐歇山顶，殿内供奉海神妈祖，屋脊饰镂空灰塑二龙戏珠，正殿四周均有高封火山墙围护。

东西厢房为穿斗式木结构悬山顶，面阔三间。厢房的建造风格，带有民国早期建筑的装饰特征，为中国传统穿斗式木结构古建筑结合欧式门窗墙体装饰，厢楼二层回廊可通往东院内戏台。

梳妆楼位于正殿之后，为一楼一底封火山墙式建筑，面阔五间，早年被毁后曾部分被民居占用，现已修复。东、西院落分别为客堂、内戏楼和膳房、厨房等，均为穿斗式木结构。

天后宫山门

天后宫戏楼

天后宫概貌

天后宫正殿

天后宫西厢

18 谭氏民宅（谭公馆）

Family Tan's residence (Family Tan's Mansion)

级　别	第四批省级文物保护单位
地　址	镇远县㵲阳镇平冒园
年　代	清
看　点	建筑形制和装饰

谭钧培是镇远人，官至广东、云南等省巡抚兼署云贵总督。谭公钧培与其子启瑞、其侄文鸿，并称为“翰林三谭”。镇远谭公馆，即谭钧培公馆，始建于清光绪年间（1875—1908 年），是清政府以谭钧培“宣力边疆，克勤厥职，命视巡抚例赐恤”，为谭在故乡建造的宅第。

公馆坐北向南，长方形平面布局，由前院与后院组成两进四合院，高封火墙围护。现存门楼、轿厅、正厅及东西两厢、后院及东西厢等建筑，是镇远历史文化名城的高封火墙四合院中，规模较大、装饰较为讲究的宅第之一。

门楼位于南墙东南角，轿厅紧贴南墙，穿斗式单坡顶，面阔三间、进深一间，明间装隔扇门，门上的窗棂及裙板均透雕花鸟，次间装槛窗。

正厅面阔五间、进深二间，穿斗式单檐悬山顶，两山紧靠东西封火墙。过厅明间为进入后院的过道，两次间为居室。两稍间与东西墙之间均有巷道进入后院。后院主建筑面阔三间，进深一间，从东西两侧木板楼梯上二楼，紧靠北墙而建。明间下为通往后门的通道，次间为居室。

前院东西厢房均为靠围墙的单坡顶，穿斗式木结构，透雕花鸟格窗。后院东西厢房形制基本与前院相同。

谭公馆大门

谭公馆俯视

迎客厅（轿厅）

前院正房

后院天井及厢房

19 邹泗钟祠

Shrine to Zou Sizhong

级　别	第四批省级文物保护单位
地　址	镇远县㵲阳镇镇远古镇内
年　代	清
看　点	建筑装饰

邹泗钟祠，即镇远邹公祠，全称“太常寺卿邹泗钟专祠”，为清光绪年间（1875—1908 年）由邹泗钟的长子、云南按察使邹馨兰所建，是清政府为同治年间镇压苗族起义战死于黄飘大战的清军将领邹泗钟敕建的纪念专祠。建筑原有的牌楼门和前厢楼已毁，现存前厅、后厢楼、后厅及封火墙组成两进院落。已被毁的原牌楼门，曾是镇远最雄伟的牌楼，为六柱五间三层重檐庑殿塔式牌楼，门楣上方竖刻“敕建邹太常

公祠”楷体石额。

现存的前厅与后厅，形制基本相同，皆为单檐硬山顶建筑，面阔三间。建筑单体规模较大，用材优良，有明显的官式建筑特点。厅内梁架驼峰等各建筑构件多有精致的木雕。前厅作接待客人之用，后厅供奉将领邹泗钟牌位，现已不存。厢楼靠墙而建，均为单坡重檐建筑。

今存两殿及后厢，作为镇远博物馆使用，内部主要展示镇远历史与革命事迹、民族风情、民居撷萃等。

邹泗钟祠入口现状

邹泗钟祠前厅

邹泗钟祠后厅

邹泗钟祠梁架雕刻

岑巩县

20 岑巩禹王宫

Yuwang Temple

级　别	第五批省级文物保护单位
地　址	岑巩县思旸镇委晓钟路
年　代	清

禹王宫始建年代不详，根据大梁的题记记载，现存建筑为清光绪二年（1876 年）重建。该宫坐西朝东，中轴线对称，依次有戏楼、天井、禹王殿、后殿。现仅存禹王殿、后殿及南北两侧廊，围成一小天井。

禹王殿面阔三间，建于白料石砌筑的台基上，单檐硬山顶木结构，两侧山墙为三叠马头墙，檐下饰卷板。原隔扇门上有“龙凤呈祥”“松鹤延年”“喜鹊闹梅”等浮雕图案，现已不见。明间顶棚有七层八角藻井，据称原藻井有彩绘，现亦不存。后殿及两侧廊皆倚墙而建，单坡小青瓦顶，两殿与两廊的檐口平齐、与屋面相交，殿内原供有二十四诸天神像，今已不存。禹王宫近年曾修缮作为展厅，陈列碑文石刻、兵器、钱币、傩戏道具等，现已荒废。

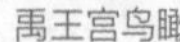
禹王宫鸟瞰

禹王殿外观

三穗县

21 三穗八弓文笔塔和武笔塔

Pagodas of Gods of Literature and War at Bagong

级　别	第五批省级文物保护单位
地　址	三穗县八弓镇京朝山和武笔坡顶
年　代	清
看　点	格局和形制

文笔塔

据传文、武笔双塔始建于明洪武二十八年（1395年），分别矗立于三穗县城城东朝京山山顶和城南武笔坡顶，遥相对峙，有“双笔书空”之称。

文、武二塔均为青石砌成的实心圆锥体形，塔顶覆以圆形盖顶石，无明显塔刹。文笔塔高约15米，底部直径约3.25米。武笔塔高约14米、底部直径约3.15米。目前除塔盖顶石已有损毁外，二塔塔身基本完好。明弘治年间石阡知府祁顺曾作诗赞之：“问天无语漫书空，知君管城世系通；夕阳参差虹影外，双双长峙县南东”。

该文、武笔双塔为镇水求安、祈文武脉旺之用，有示戍边教化、文治武功之意。这类圆柱形实心风水塔在全国并不多见，而三穗县这一对保留完整的圆锥形文武笔双塔，应是全国独一无二的。

武笔塔远观

天柱县

22 三门塘古建筑群

Ancient architecture complex at Sanmentang

级　别	第四批全国重点文物保护单位
地　址	天柱县坌处镇三门塘村
年　代	明—清
看　点	村落历史和格局、民居建筑

三门塘村南临清水江，明代被开辟为水运码头，是明清时期重要的商贸集镇，形成了由数条主街巷和众多民居、商号、店铺、庙宇、桥梁、码头等组成的建筑群。目前三门塘古建筑群主要包括刘氏宗祠、王氏宗祠、南岳庙、古民居、古巷道、古井、复兴桥、古碑刻、码头等代表性建筑。

刘氏宗祠

始建于清乾隆年间，民国二十二年（1933 年）重修牌楼。宗祠坐东向西，临江而建，正面石库门，内侧饰卐字图案，两边镌刻楷书对联："白水高名千秋尚在；香山重望万古犹存"。联上方的两耳角有墨绘"双狮戏球"，门楣正中刻"双凤朝阳"。门框上券拱内雕刻有一只飞鹰。横额框内书"刘氏宗祠"，横额上方盘龙缠塔柱书"昭勇将军"。

建筑的门楼，近似传统的六柱五门式牌楼大门，但带有典型的民国时期中西结合的装饰特征。大量使用西式圆拱装饰假窗、西式塔形高柱等素材。装饰内容方面，既有西式花草图案、甚至英文字母，也有中式山水、祥瑞动物植物等。

祠内是传统木质结构厅堂建筑，围绕四方天井，有正殿、戏楼和左右厢房，正殿开敞而少装饰，设有祖宗牌位。整座建筑，体现出中西文化融合的鲜明特色。

刘氏宗祠外观

刘氏宗祠牌楼细部

三门塘与周边环境鸟瞰

王氏宗祠

始建于乾隆年间，毁后于光绪三十四年（1908年）重建。宗祠坐东向西，有牌楼、两厢、正堂等。牌楼面阔三间，明间石库门的门楣上方竖书“太原祠”，上有“二龙抢宝”浮雕、两侧有浮雕图像，内容为“八仙祝寿”“哪吒闹海”、山水风光等。檐下雕塑五棵大白菜，托举楼檐。进祠内是三间两进木结构厅堂，为祭祖聚会之处。正堂面阔三间、进深三间，穿斗式硬山顶。

王氏宗祠外观

巷道与民居一

民居建筑

三门塘的古民居基本可分为两类，一是砖砌封火围墙的印子屋；二是一楼一底的传统吊脚楼。

三门塘的印子屋古建筑遗存，共有20余座，大多始建于清代，一般正房面阔三间、进深三间，外为高大封火墙，两进一天井或三进两天井，天井内青石板铺墁，木窗户雕刻福、禄、寿、喜等吉祥图案，大门上方常见泥塑和彩绘山水花鸟等图案，代表民居如刘治权印子屋、刘忠光印子屋、“财门义路” 民居、王杨铎印子屋等。

一楼一底传统吊脚楼多建在坡地上，一般面阔三间、进深两间，杉木料穿斗式结构，体现了传统山地建筑特点，装饰多集中在门窗部分。一层堆放杂物和饲养牲畜家禽；二层用于居住；部分有三层阁楼层，主要作为储藏之所。

除了两座宗祠、二十几座印子屋和古街巷两侧吊脚楼民居外，其他代表性建筑还有南岳庙、复兴桥、古井数座、古碑刻、码头等，遗存内容丰富，包括了民间水运商贸集镇的大部分类型，是清水江航运发展的历史见证，也反映了清水江流域移民、经济和社会发展状况。

巷道与民居二

巷道与民居三

古民居院落

古民居堂屋外观

23 天柱抱塘村古建筑群

Ancient architecture complex in Baotang Village

级　别	第五批省级文物保护单位
地　址	天柱县坌处镇抱塘村
年　代	明—清
看　点	村落历史、格局和民居建筑

抱塘村为四面环山的苗族聚落，据资料介绍，抱塘位于明末清初形成的通往湖南靖州的古驿道上，是汇聚客商的驿站；且因村中盛产优质林木，与清水江木材集散地三门塘仅一山之隔，于是抱塘先民垦荒拓田，兼营木材等各种生意。富裕后逐渐建起了印子屋、宗祠、庙宇，铺修石板路，这些建筑与传统的穿斗吊脚楼一起，组成了抱塘村古建筑群。

抱塘村古建筑群主要包括传统古民居 30 余栋、

抱塘古建筑群全景

印子屋7栋、宗祠2座，风雨桥2座，还有其他如土地庙、古井、碑刻、巷道等古代遗存。

代表性建筑吴氏宗祠，始建于清嘉庆二十一年（1816年），坐南向北，占地面积300平方米。牌楼式大门，穿斗式木结构，四周有高封火墙维护。宗祠由前厅、正厅、两厢楼、天井组成。宗祠门窗多以“双凤朝阳”“三羊开泰”“五谷丰登”及十二生肖图等图案装饰。

抱塘村数量众多的印子屋，大多为当地因经营木材发家的大户所建，是穿斗木构建筑与汉族院落式建筑的结合。现存印子屋多建于清乾隆年间，均为穿斗式木结构，以高封火墙围护的合院式建筑，封火墙开石库门。正房一般面阔三间、进深三间。有两进一天井或三进两天井格局，天井内置青石板水缸，窗户雕刻福、禄、寿、喜等吉祥图案。代表性印子屋民居有粟多胜宅、吴远亮宅、吴传干宅等。

抱塘古建筑群见证了清水江流域农业文化和商业经济的繁荣，及清水江流域的文化发展史。从抱塘村现存的古民居、宗祠、碑刻，乃至民歌、服饰等风物中，可以看到苗侗文化和荆楚文化、农业文化和商业文化相互融合，构成了抱塘村古建筑群的多元特征。

吴氏宗祠牌楼

吴氏宗祠正厅

粟永辉宅远景

粟永辉宅近景

粟永辉宅正屋及天井

粟氏宗祠马头墙

古民居木雕

民居木雕花窗

花阶路巷道

锦屏县

24 锦屏飞山庙

Feishan Temple

级　别	第七批全国重点文物保护单位
地　址	锦屏县飞山路
年　代	清
看　点	建筑形制与雕刻装饰

锦屏飞山庙位于清水江北岸，是纪念少数民族首领杨再思的祠庙。杨再思，唐末五代靖州人，人称“飞山太公”。为纪念杨再思的治国安邦功绩，湘黔川桂各地都有修建“飞山庙”。该建筑始建于清乾隆三十四年（1769 年），后经历代修葺，分为飞山庙和飞山阁两部分，由山门、戏楼、大殿、厢房和飞山阁等建筑组成。

飞山庙的四柱三间牌楼式山门，开在封火墙北侧，明间门额有横额“福庇山江”、竖额“飞山宫”，牌楼上有山水花鸟等彩绘。戏楼面阔三间，进深两间，穿斗式悬山顶，二层戏台两边耳房各一间，三面有封火墙围护，戏楼顶部八边形藻井内有精致的盘龙木雕。

大殿面阔三间，为抬梁穿斗混合式结构，两侧三叠高封火墙。殿内青石地板铺墁，18 根落地木柱，置

上圆下方鼓形石柱础。梁架明间两缝为抬梁式结构，三架梁、五架梁之间的驼峰、雀替、瓜柱等构件有精美雕刻

飞山阁为四层，穿斗式三重檐四角攒尖顶楼阁式建筑，翼角出檐深远，端庄不失挺秀。正方形平面，底层边长约 11 米，通高近 25 米，是贵州现存最高的木构阁楼建筑之一。阁一层南面开门、其余三面为高槛窗，二层至四层的四面开槛窗，饰卐字和冰裂纹窗心。该阁落地柱共 20 根，金柱直通四层，作为二、三层的金柱和四层的檐柱。阁底层望江门有楷书对联：“俯视波涛遥忆长江归碧海；仰观云汉直疑高阁上青霄”。阁内设有木梯，可旋登而上至顶楼，视野开阔。

飞山庙建筑群曾多次被人为改造、损坏，结构装饰和局部已失去原貌，原有塑像、牌匾等一应无存，但建筑群总体布局、建筑物形制与结构保存完好。

飞山庙与环境鸟瞰

飞山庙山门

飞山庙戏楼

飞山庙大殿

飞山阁外观

飞山庙大殿结构装饰

飞山阁二层室内

25 隆里古建筑群

Ancient architecture complex at Longli

级　别	第七批全国重点文物保护单位
地　址	锦屏县隆里乡隆里所村
年　代	明—清
看　点	军屯文化与古城格局、建筑形制

明洪武十八年（1385 年）明军在贵州边陲隆里屯军留守，二十五年（1392 年）设置“龙里守御千户所”，俗称隆里所城。隆里古建筑群伴随着隆里千户所的设置而修建。清顺治十五年（1658 年）清廷废除卫所制，更名为“隆里所”，其军事功能有所削弱，逐渐演变为一个汉民族聚居的传统村落。

清中后期是隆里的鼎盛时期，又兴建了大量建筑，后几经损坏与修葺，到民国时期形成现有规模。现隆里古城保存有典型古民居、祠堂、书院、庙宇、城门楼、石桥、古井、古街巷等建筑。据文物部门统计，隆里古建筑群数百栋建筑中，具有保护价值的单体建筑就有 50 多座。

龙里古城与周边环境鸟瞰

古城格局

隆里古城池近似长方形，城墙周长约1500米，高3米、宽3米左右不等，现仅存北门一段较完整。古城城墙之上设有四道城门，东门“清阳门”、西门“迎恩门”、南门“正阳门”和北门“安定门”。

东门“清阳门”，明代称为“东屏巩固”，是古城最宏伟、保存较完整的城门，下开一半圆拱门洞出入，上为两重檐三间木构建筑。北门“安定门”，城门上都设有戍楼，作瞭望之用，后将戍楼改为鼓楼，祀神。各城门设有内外两道城门，形似“瓮城”结构。

正阳门

城内空间布局以原千户所衙门旧址为中心，往东、西、南分为三条大街，大街又分出六条巷道，街巷又把整个城区划分成九大居住院落，当地俗称为“三街六巷九院子”。

青阳门内街景

正阳门内街景

迎恩门

祠堂建筑

古城内宗祠尚有4座保存较好，分别为“陈氏宗祠”“江氏宗祠”、两座“王氏宗祠”，均为牌楼式大门、封火山墙围合的四合院建筑。其中陈氏宗祠，始建于清代乾隆年间，由牌楼大门、门厅、天井、正堂组成，坐南朝北，面向大街，而祠内厅堂则坐东朝西，从大门而入，依次是耳房、天井，再转才是正屋。如此布局，在家祠中尚属少见。

龙标书院

清雍正三年（1725年）隆里人张应诏捐资依旧重建，并扩大其建筑规模。书院由牌楼大门、荷花池、过厅、教馆、菜地、橘园组成，历代曾有修葺，民国十六年（1927年）修复。其中过厅门窗木雕比较精致，其内容多为花鸟鱼虫。书院在明清两代曾考中3个进士，16个举人，60个贡生。

古民居建筑

隆里古民居遗存众多，总体上看，基本单元为二层三开间，布局有一字三间、三间搭两厢、三间两进等基本形式，均为穿斗式小青瓦顶，外围砖墙、天井青石铺地，正房两山为马头墙。门前为青石台阶，两侧设护座石，大门均开八字，石库门框上方匾额，彰显着家风，如“三槐第”“科举第”“太原家风”“雁门第”“乌巷遗风”等，门第文化丰富。部分民居在建造上也体现了防范功能，许多民居后院侧墙上开有小洞门与邻舍相同，以便战乱逃避和互通消息。

隆里古建筑群是明代军屯制度及移民制度的产物，是研究明清两代贵州行政建制、移民屯军等历史，以及荆楚文化在少数民族地区传播的重要实物。

隆里千户所外观

龙标书院牌楼大门

临街民居三槐第

临街民居科举第

黎平县

26 黎平会议会址（胡荣顺店铺）

Site of Liping Meeting (Hu rongshun's shop)

级　别	第六批全国重点文物保护单位
地　址	黎平县城德凤镇二郎坡 52 号
年　代	清
看　点	革命历史事件、建筑形制

黎平会议会址位于黎平翘街，翘街因主街中段下凹，两端缓缓翘起，故称“翘街”。明洪武十九年（1386 年），筑造五开卫土城，为翘街开埠之始；明宣德十年（1435 年），府治迁入翘街街区黄龙山，自此府卫同城；明崇祯末年至清康熙年间，街区毁于战乱；清乾隆十年（1745 年），知府徐立御请奏拨款重修。1934 年 12 月 14 日，中央红军长征途经黎平，同年 12 月 18 日，中共中央政治局在胡荣顺店铺召开会议，史称“黎平会议”，作出了《关于在川黔边建立新根据地的决定》。

黎平会议会址原为城东翘街胡荣顺店铺，晚清民居建筑，前店后宅，总体为长方形平面，共三进院落，建筑四周有空斗砖封火墙围护，房屋面阔五间，通面阔约 17 米。

第一进为当年的胡荣顺店铺，正中为门楼，两侧为铺面；第二进为住宅，有明间、次间、稍间，天井较大，正堂雕塑有“二龙戏珠”，左右两侧为书房，正堂后的窄天井设有防盗防匪的“通涵”，打开后可通往隔壁人家；第三进为后院花园，置有青石水缸。总面积约 800 余平方米。整个建筑高大宽敞、规制严谨，是黎平城内古街上的代表性古民居。

黎平会议会址鸟瞰

黎平会议会址临街外观

黎平会议会址内院入口

黎平会议会址天井

黎平会议会址正堂院落

黎平会议会址正堂装饰

27 黎平两湖会馆

Hunan and Hubei Guild Hall

级　别	第三批省级重点文物保护单位
地　址	黎平县城东二郎坡 51 号
年　代	清

黎平两湖会馆亦称“禹王宫”，位于黎平翘街，胡荣顺店铺斜对面。建筑始建于清嘉庆二年（1797 年），占地面积约 3500 平方米，主体建筑有戏楼（已毁）、禹王宫、佛殿（已毁）、庑厅等。20 世纪 60 年代后，馆内设置办公单位，部分建筑被拆除。

会馆呈原有门楼二座，前门临街，上嵌“两湖会馆”石额，二门楼后有影壁，其后为戏楼，现均已拆毁。

禹王宫为三间十一檩单檐硬山高封火山墙建筑，通面阔约 14 米、通进深约 13 米、通高 8 米，前廊顶部为鹤颈轩，其下悬“诞敷文德”匾，系湖广探花石成藻书丹。殿内明间设神龛，供禹王塑像，次间龛台分别供文武财神等。柱上挂有楹联十余副，殿堂上部悬有清嘉庆至民国年间的木匾 15 块，书法艺术价值较高。

禹王宫后原有佛殿一座，面阔三间，明间供无量寿佛、观音、普贤像，两次间分别供孔圣神主牌和鲁班神像，但殿早已不存。禹王宫左侧为池塘，有曲廊通水榭。榭为三开间两层阁楼，面阔约 12 米。庑厅为两层，面阔四间，前带廊。庑厅后的小天井旁原有“享堂”，亦称“洞庭宫”，现已不存。

禹王宫外观

禹王宫鸟瞰

禹王宫檐廊

禹王宫内历代木匾

禹王宫庑厅和水榭

28 黎平南泉山

Nanquan Mountain

级　别	第二批省级文物保护单位
地　址	黎平县城南
年　代	清
看　点	建筑布局、名山历史和环境

自明代起，南泉山是黔、桂、湘交界地的佛教圣地。据《黎平府记》等史料记载，南泉山“山有八景：古松若虬、曲径盘空、石龙吐水、双井霭雾、桂苑秋香、空中楼阁、孤顶浮岚、夕阳返照”，“有泉出大殿左侧，酷暑饮之极清凉”，故名南泉山。

明洪武年间建三寺，有大佛殿、灵宫殿、宝顶庵正殿、四楹楼阁、蛟亭、南泉亭等建筑物，从山脚而上，林木逐渐葱郁，山腰道旁有“点蛟亭”“南泉福地”石碑，寺侧有八角亭和四方水池，供饮用和盥洗。山寺建于半山腰处，由下至上为大佛殿、灵官殿、宝顶庵正殿。据称原寺内的天香书院，是明代何腾蛟年少读书之处，历代文人学士有到此瞻仰胜迹者，据称曾经“四壁题诗几无空隙”。

南泉山寺全景

自建成起，南泉山的建筑屡经损毁和重修。现大佛殿山门呈“八”字形，门上有行书匾额“雅若祇园”，门侧对联书“马足车尘世路不知何处尽，山花涧月禅心应自此中生”。寺院为二进四合院落，进山门院落左为临崖阁楼，右侧前殿位于高约半米的台基之上，供奉千手观音，面阔三间，两次间台基前有六级踏步，观音殿后为大佛殿。二殿之间围合有方形庭院，经由两侧的厢房前廊连接。

20世纪40年代以来，各殿宇和天香阁、南泉亭等建筑相继遭到损坏，佛像及各种雕塑、匾额、楹联等亦皆尽毁。20世纪80年代，维修大佛殿及四楹阁楼、重建“南泉亭”、增建“点蛟亭”，目前各殿宇修缮一新并新塑佛像等。

南泉山寺山门

南泉山寺中殿

南泉山寺内院

南泉山寺大佛殿山墙

29 地坪风雨桥

All-weather bridge at Diping

级　别	第七批全国重点文物保护单位
地　址	黎平县地坪乡
年　代	清
看　点	桥梁形制和装饰

黎平地坪风雨桥连接地坪上寨、下寨与甘龙三个寨子，始建于清光绪八年（1882年），桥上建有长廊和桥楼。2004年曾因特大洪水被冲塌，但大多原桥构件仍保留，2006年重修。

桥全长约56米，桥廊宽约4.5米。为了缩小跨度，桥下石礅将桥分为净跨约为21米和14米的两段桥孔。该桥在河两岸的金刚墙上及中间桥墩上各加二层伸臂梁，以承托主梁。主梁为二层，每层7根杉圆木，两层的伸臂梁每层由9根圆杉木组成。伸臂梁及主梁的两端以横枋榫连，其间加横木连成一体。金刚墙上伸臂梁渐次挑出，减少了跨度。

桥廊两侧装高约1米的直棂护栏杆，栏外设披檐。廊内两侧设有长凳供行人小憩。廊壁上绘侗族历史故事及山水花鸟等。

桥墩上部及廊两端各建有阁楼一座，三座阁楼屋檐层叠，是侗寨建筑的特有形式。中阁楼为五重檐四角攒尖顶，顶上安有宝珠，檐下饰如意斗拱，木构架净高约10米，四根金柱上绘青龙，天花板上绘有龙、凤、鹤、牛等图案。桥的两端阁楼皆为四重檐歇山顶建筑，桥廊的正脊上塑“鸾凤”和“二龙抢宝”。

地坪风雨桥全景

地坪风雨桥内景

地坪风雨桥近景

地坪风雨桥结构

30 述洞独柱鼓楼

Single-pillar drum tower in Shudong Village

级　别	第七批全国重点文物保护单位
地　址	黎平县岩洞镇述洞村
年　代	民国
看　点	鼓楼结构形式

黎平述洞独柱鼓楼，又称现星楼，始建年代不详，民国十一年（1922 年）重修。虽然其重修年代较晚，但述洞鼓楼以中心柱为骨干的结构形式特点，保留了塔式高层木构建筑的早期做法，是很珍贵的实物遗存。

楼为木结构六檐四角攒尖顶，毛石砌台基，正方形平面，面阔、进深均约 6.5 米，高 15 米多。该楼结构特点是以贯通上下的中心柱作骨干，四面立檐柱，每面两间三柱，檐柱上下以额枋及地脚枋连接，构成外环柱网。中心柱与四根角檐柱之间以梁连接形成第一层的十字交叉梁，其上各层以瓜柱及梁、枋构成半屋架，梁、枋直接穿斗在中心柱上。屋架除了一层利用挑檐枋承担一部分荷载外，主要靠十字交叉梁上的

述洞独柱鼓楼和村寨

抹角梁承重。

在第四层十字交叉梁上装楼枕、铺楼板，悬挂木鼓。顶层上部四面装有木窗，檐下饰如意斗拱，其中正面有“现星楼”雕板。楼顶立有高约 3 米的刹杆，古钟形刹座，刹身形似宝珠。

楼门设在南边中檐柱东侧，中檐柱与檐柱之间加立门柱，门两侧柱外各斜向挑出望柱，形成简单的八字门。楼底层内有圆形火塘，周围铺卵石。底层檐柱外侧均挑出吊柱，以木枋连接，形成底层栏板和坐凳空间。

述洞独柱鼓楼外观

述洞独柱鼓楼楼门

述洞独柱鼓楼结构

述洞独柱鼓楼远景

31 纪堂鼓楼

Drum tower at Jitang

级别	第一批省级文物保护单位
地址	黎平县肇兴乡纪堂寨
年代	清
看点	鼓楼形制和村寨布局

纪堂分上寨和下寨，共有三座鼓楼，两座在新塘村，一座在塘明村。新塘村的宰告鼓楼建于晚清，为五檐四角攒尖顶木结构塔式建筑，面阔、进深均为 4.5 米，通高 13.5 米。楼的四根中柱不落地，立于井口梁上，为吊脚楼，现这种形制的鼓楼数量很少。新塘村的另一座鼓楼重建于 20 世纪 60 年代，为九檐八角攒尖顶，正面二层檐部有双龙戏珠雕塑，各层封檐板皆有喜闻乐见的各类题材的彩绘。和塘明村的鼓楼相比，它尺度略小，但结构形式类似。

塘明鼓楼为十一檐八角攒尖顶塔式建筑，木构架净高 16 米多。始建年代不详，民国十六年（1927 年）重加修缮。塘明鼓楼楼梁下有“大清民国”和“民国十六年”等字样。20 世纪 60 年代曾遭到破坏．80 年代恢复原貌。

该楼底层平面为正方形，面阔和进深均为三间约

纪堂宰告鼓楼

近 11 米，楼中间的四根金柱贯通上下，成为楼身的主干机构，周围 12 根檐柱，上部檐柱间装斜方格窗。底层金柱内设直径 1.5 米的圆形火塘，四周置长凳。楼身的第一和第二檐为四边形，三层至十一层为八角形。亭式楼冠，檐下饰如意斗拱，楼内上层悬有用桦木制作的长鼓。鼓楼对面有戏楼，中间为歌坪。

纪堂宰告鼓楼结构

纪堂新塘鼓楼

纪堂塘明鼓楼

纪堂新塘鼓楼火塘雕刻

32 登岑粮仓群

Granaries at Dengcen

级　别	第四批省级文物保护单位
地　址	黎平县茅贡乡登岑村
年　代	清
看　点	村落格局和建筑环境

据资料记载，大约在明成化年间，因人口发展，一部分先民迁至登岑居住，聚族而居，自给自足。“登岑”是侗语田坝脚之意，逐渐形成一座较大的侗寨，周边和地扪、罗大等侗寨毗邻。

现村寨约一百余户人家，而粮仓达250多座之多，户均2座粮仓，其中虽有近年新建，但多数均为清末民初的百年老粮仓。众多的粮仓鳞次栉比，散而有序地分布于寨前或寨后的水塘中。自给自足的生产生活方式，需要妥善储藏和保管粮食谷物。由于村寨建筑整体为木结构，巷道狭窄，民居之间紧邻建造，容易遭受火灾，且容易遭到虫蛀鼠患，一旦受灾，房屋家财和赖以生存的粮食都将被毁，登岑的粮仓群就是在此条件下逐渐发展而成。

这种集中设置的粮仓形式为附近侗寨常见，但像登岑这样规模之大、保存完整、多建于清代至民国的粮仓群尚属罕见。粮仓群分布在寨前寨后，呈组团集中布置，多建于水塘、鱼塘之中。位置上适当远离村寨，或处于上风处，既能在村寨住宅发生火灾时避免殃及，又因处在水塘中而防火、防鼠。由于粮仓距村寨不远，利于随时处在观察视线中，从而得到有效监控。加之粮仓多四面处于通风干燥处，谷物不易霉变。

粮仓建造形式多为仿侗族民居建筑。四柱或六柱落地吊脚、五檩或九檩不等的穿斗式悬山顶，屋面盖小青瓦或杉木皮；横装仓板，严实无窗。粮仓与塘埂有木板或木梯供连通行走。粮仓有单层或双层、有单间或双间，有的带有禾晾架；还有俗称的“夫妻仓”“父子仓”“兄弟仓”等形式，虽大小各异，但大多形制相近。

登岑侗族粮仓群在选址、构建方面，虽是适应偏远山区小农经济的产物，但它具有防火、防鼠、防霉等功能，体现了当地侗族聚居村寨逐渐形成的民间智慧。

登岑粮仓群和村寨全景

登岑粮仓一

登岑粮仓二

登岑粮仓三

登岑粮仓四

33 高进戏楼

Theater stage at Gaojin

级 别	第四批省级文物保护单位
地 址	黎平县茅贡乡高进村
年 代	清
看 点	保存较好的古戏楼、村寨格局

高进侗寨侗语为“上边的山冲”之意，全村有130余户，历史建筑遗存较多，有花桥两座、鼓楼一座，还有戏楼一座、禾仓几十座、传统民居近百栋，其中数座为百年老民居。值得一提的是，1997年邮电部发行的全套4枚《侗族建筑》特种邮票中的“田间风雨桥”，便是选择了高进侗寨的一座田间风雨桥，该桥虽为县级保护单位，但其造型优美、轻巧秀丽，是侗族传统建筑典型特征的代表作。

高进戏楼始建于清乾隆年间（1736—1796年），穿斗式结构。戏楼由戏台、戏坪和廊房三部分组成。戏台为歇山顶，坐北朝南，檐下置卷板，枋有精制雀替，台口呈八字形，两旁出披厦，设坐凳，安有背靠木栏，上加灰板，中间八角形藻井逐层收缩。马门后左右各伸出一间戏台配房。

高进村全景

配房连接左右两旁宽约 4 米、长约 12 米的两层观戏廊房，下层架空，廊房上层可用在雨天看戏、宴客等，下装裙板，上部开敞。戏台前为开敞坪坝，鹅卵石铺墁，有数级台阶可供寨民室外看戏。戏台对面还有卡房一座，是议事、休闲娱乐的场所。

相比较周边侗寨的戏楼，高进戏楼建筑风格相对独特，是唯一一座结构和使用功能较完整、且建筑年代久远，保存了清代风格和建筑工艺的鼓楼，在研究侗戏的产生和传播等方面具有较高的价值。

高进寨边花桥

高进戏楼

高进卡房

高进戏楼鼓楼和卡房

高进鼓楼

高进鼓楼装饰细部

高进鼓楼火塘装饰纹样

高进鼓楼石雕装饰

34 秦溪凌云塔

Lingyun Pagoda at Qinxi

级　别	第四批省级文物保护单位
地　址	黎平县敖市镇秦溪村
年　代	清
看　点	形制和装饰

凌云塔始建于清末，民国七年（1918年）重建。在塔南的东面及南面山上，还各建有一座五层的风水塔，与凌云塔呈鼎足之势。该塔四周有砖墙围护，前后有善堂和斋堂，组成一座四合院，院前有荷塘、稻田和溪水，环境优美。1934年，中央红军长征过秦溪时，曾在凌云塔围墙上书写标语“武装起来，行动起来，要打倒土豪分田地！”

凌云塔矗立于四合院正中，为白色的五层八角攒尖顶砖塔。基座为八角形，青石砌筑，正面由石级踏垛而登。塔身呈八面形，每层逐步收刹，顶置葫芦宝顶。一层檐门上镶两匾额题字，竖额书“凌云塔”，其下行书横额“秀启泰溪”四字。该塔各层均有腰檐和翼角，正面翼角下塑有青狮、祥鹿等。二层以上每层八面开拱窗，窗两侧均书有楹联，其中包括如“凭栏观天边风月，开窗见万里河山、“俯观珠宝换素月，远看塔影卧清波”“鱼跃鸢飞”“凤翥鸾翔”等。塔内为八角形空筒，底层至五层均有宽大旋梯顶层，塔内各层均供有佛祖、魁星等。

凌云塔仰视

该塔前后各为五间配房，前为善堂，后为斋堂，均为两侧封火墙、单檐硬山顶。院落大门在善堂明间设石券门洞，门额书“秦山保障”，门两侧书有对联“秦岭峰高秀插云霄如玉笔，溪潭水溢声成风雨若金镛”。塔后原为斋房，现供奉麒麟送子、九子娘娘等神像。

凌云塔全景

凌云塔院门

凌云塔装饰细部

凌云塔一层内景

凌云塔顶层内景

35 肇兴鼓楼风雨桥

Drum tower and all-weather bridge at Zhaoxing

级　别	第四批省级文物保护单位
地　址	黎平县肇兴寨
年　代	明—清
看　点	村寨格局和建筑形制

黎平肇兴侗寨处于两山之间的谷地，村寨整体呈船状分布，肇兴河从村寨中穿过，寨中干栏式吊脚楼鳞次栉比，民居和鼓楼分布在小河两岸，几座风雨桥跨河而建在几百米长的肇兴河上，整体村寨面貌古朴，格局保留较好。

肇兴侗寨建寨历史悠久，据资料记载，早在南宋年间，肇兴的先民就在此建寨定居。现全寨有近 900 户，3000 多人，均为侗族。

黎平肇兴鼓楼群，以族姓为单位而建，共包括有 5 座鼓楼，分布在仁、义、礼、智、信五个寨团中心，随着人口增加房屋扩建，五团之间的寨界逐渐模糊，形成了今天的大寨。据考，年代最早的一座鼓楼为清

肇兴侗寨全景

光绪年间所建，最晚为20世纪80年代重建。

智寨鼓楼重建于20世纪80年代，为九檐攒尖顶木结构塔式建筑，通高约15米。底层平面呈方形，面阔、进深均约8.5米，中心设圆形火塘。楼的第一、第二檐为四边形，第三檐至第八檐为八角形，楼冠为亭形，檐下装如意斗拱，楼冠檐柱间装斜方格窗，串珠形楼刹。正面第一檐至第三檐间有“双龙抢宝”彩塑。屋脊塑有狮、虎、凤等动物形象，塑鸟状翼角。楼身木构架的柱网采用内外两环柱布局，内环柱由4根金柱及连系梁构成，外环柱由12根檐柱、各层瓜柱及横枋构成，两环柱之间以梁连接，形成完整的构架。楼内中柱间第一层连系梁题有“华楼永固”等吉祥词句。

五座鼓楼的基本造型都类似，底层平面均为方形，楼前有花桥，楼后有歌坪、戏楼。其构造也基本相同，但大小各异，高度不等。仁寨鼓楼位于肇兴河右岸，高约21米，七檐八角攒尖顶；义寨鼓楼亦位于肇兴河右岸，高约25米，为十一檐八角攒尖顶；礼寨鼓楼位于肇兴河左岸，高约23米，十三檐八角攒尖顶；信寨鼓楼亦位于肇兴河左岸，高约24米，十一檐八角攒尖顶。

肇兴的数座风雨桥分布在穿寨而过的肇兴河上，造型和结构相似，尺度各异。风雨桥在先前也分属不

信团鼓楼

信团鼓楼装饰一

信团鼓楼装饰二

同寨团，与鼓楼为一体，同样是随着寨子扩建，边界已经模糊。其中，斗闷风雨桥（智团花桥）始建于清代，桥宽 4.5 米、长 8 米，后期重建为水泥桥拱结构，桥廊三间，中间有歇山顶中桥楼，四角攒尖顶边楼二座。告宰风雨桥（仁团花桥）始建于清代，木伸臂梁结构，桥廊三间，中建悬山顶中楼一座，桥长约 8 米。

肇兴是全国侗族鼓楼风雨桥分布最集中的村寨，无论是农户和村民数量、建造规模，还是传统文化方面，肇兴侗寨都是首屈一指的，有“侗乡第一寨”之称。

义团鼓楼和风雨桥

仁团鼓楼

仁团风雨桥和两岸民居

仁团鼓楼和风雨桥

礼团鼓楼

36 黎平流芳村古建筑群

Ancient architecture complex in Liufang Village

级　别	第五批省级文物保护单位
地　址	黎平县茅贡乡流芳村
年　代	清
看　点	村落格局和环境

黎平流芳村依山傍水，村前有小溪，四周环绕古木竹林，是一个典型的侗族传统村寨，不远处的寨头、寨母、高进等众多侗寨，是黎平侗族主要居住地之一。据民间传称，古时有皇帝曾流亡至此，曾称“留皇”，后改为流芳。

流芳村约形成于清康熙年间，全村民居为吊脚楼，村寨风貌完整、村内遗存丰富，有上百年民居10座、始建于清康熙年间的鼓楼1座、百年的禾仓6个，另有古井、萨岁坛、古道、老寨门、石板桥，以及明代农民起义军领袖吴勉曾经驻扎过的吴勉洞等。

现村寨有前后两座寨门，前寨门紧邻新修道路，为近年修缮，后寨门在山脚下，寨门内外的青石古道环境保留较好。后寨门小广场中央有萨坛。“萨坛”侗语意为“祖母神之屋”，此处用块石围合高约2米多的圆丘，丘顶中央插上一把半开的纸伞(代表萨神)。祭萨节是由母性崇拜、祖先崇拜而衍生出来的侗族传统祭祀节日，祭萨时，本村和邻近各村寨男女，在萨坛前对歌、吹芦笙，用舞蹈、歌声表达美好愿望。

萨坛边还有古井一口，至今尚在使用，井口覆仿木结构石亭，上刻“康宁井”。村寨中心的鼓楼为五檐歇山顶，方形平面，长宽均为18米，鼓楼前有长方形水池，建筑整体保存较好。在村寨的一侧，沿水塘有大约30余座禾仓，其中有数座为清代的百年禾仓。

流芳村寨门

流芳村全景

流芳村寨门内的古井和萨坛

流芳村鼓楼

流芳村鼓楼结构和木鼓

流芳村鼓楼内景

流芳村粮仓群一

流芳村粮仓群二

37 黎平潭溪石氏宗祠

Family Shi's Ancestral Temple at Tanxi

级别	第五批省级文物保护单位
地址	黎平县高屯镇潭溪村
年代	清
看点	石氏宗族和地方史

石氏宗祠始建于明朝洪武年间，是由明朝当时的潭溪正长官司石平和的后人修建，后经历代重修。2015年在宗祠内发现的石氏族谱，记载了明朝洪武三年河南开封府石平和受皇上派遣，来到贵州平蛮夷有功，于明洪五年（1373年）被委任为潭溪正长官司（世袭制），管辖七十二寨，也记录了至今32代人现散居在5省区情况。1934年9月中国工农红军红六军团、12月中国工农红军红一军团、红六军团两次经过潭溪，都将该宗祠作为红军伤员疗养和作战指挥场所。

宗祠由牌楼式大门、过厅、正殿、两厢等组成两进院落，是石氏后裔祭祀场所。大门为四柱三间牌楼式，明间石库门额横书“石氏宗祠”，其上有福禄寿和八仙等人物雕塑。明间两柱塑有盘龙，墙面也绘有故事图案。牌楼大门内的过厅，面阔三间，明间一层为过道。正殿面阔三间，穿斗抬梁混合式硬山顶，带前廊，殿内明间后壁设有神龛，供有祖先牌位。

石氏宗祠牌楼门

石氏宗祠正殿

38 黎平六甲萨岁堂

Hall of Sasui at Liujia

级　别	第五批省级文物保护单位
地　址	黎平县龙额乡岑鱼村
年　代	清
看　点	祭萨祖源地、萨岁的朝圣地

侗乡有俗话“侗家萨大，客家（汉族）庙大”。“萨”，亦称“萨岁”，是侗族民间信仰中的至上女神，在侗语中的含义是“祖母”，“萨玛”即“萨玛天岁”，为大祖母之意。一般认为，是生活在侗族地区的原始社会母系氏族部落的始祖，也可以说是侗族共同祖先神的化身。在侗乡的每个村寨都建有“萨坛”或“萨堂”，以上为笼统的概述，学术资料和民间传说有不同版本，在此不做展开。总体而言，“萨”被视为守护一方生灵、地位至高无上的保护神，世代享祭。

就六甲萨岁堂而言，笔者调查中，不同的老人就有两种版本的解释。一为“英雄”说，是神化了一位侗族妇女，她率众除暴扶弱，保护乡邻，后被追杀，因寡不敌众，跳下深渊。另一说法为“圣母”说，她撑红伞从天而来，祛病除恶，保佑黎民，所以砌筑神坛需顶部开场，以便“圣母”降临，并在萨坛上以红伞作为“萨”的代表物，人们于每年农历正月初八至初十前往祭祀。

对“萨”的祭祀建筑，从形制上看，大致分为四种：一是露天坛，即萨坛，用片石垒成，上插一把半开半闭的纸伞等，或于坛中植黄杨树、置纸扇、茶杯等物品；

六甲萨岁堂鸟瞰

六甲萨岁堂入口

二是外建有房屋，内安宫设坛，房屋或为敞轩或顶部开敞；三是以上两种的综合，既在房屋内安宫设坛、又于屋外植黄杨树并筑围墙；第四种则是房屋全封闭。笔者在考察附近侗寨中，这几种形式都有，六甲萨岁堂，属于第二种，外有建筑，内设开敞顶部的神坛。

黎平六甲萨岁堂，建于清，据称20世纪60年代曾被毁，后于原址重建。该建筑坐东朝西，由门楼、正堂和厢房组成四合院。分前后两部分，前为门楼，类似侗族鼓楼，面阔和进深均为三间，4根金柱和12根檐柱落地，楼为三重檐穿斗式歇山顶，通高约10米，顶层檐下饰如意斗拱。后面为一院落，四面装板，屋面披檐，从门楼入院落处，有院门的门额上悬“萨玛天岁元堂”横匾，院落内有墓形土堆“萨坛”，直径约1.5米。

六甲侗寨是侗族“祭萨”祖源地、萨岁的朝圣地。清康熙年间，寨民们在民间传说的“萨玛”归天处修建神堂。此后，贵州黎平、从江、榕江，广西三江、龙胜、融水，以及湖南通道一带的侗族各村寨修建“萨岁堂”或“萨玛祠”时，须到萨岁祖源处取一碗泥土，象征着把“萨”接回，方能建造“庵堂”或“祠堂”。纪念“萨岁”时，以龙额乡侗寨为主的方圆几十里侗族村寨，每年正月初八至初十这三天，到六甲寨上萨岁堂举行盛大祭萨活动，“祭萨”活动原始、神圣、人数众多。

六甲萨岁堂外观

从江县

39 高阡鼓楼

Drum tower at Gaoqian

级别	第七批全国重点文物保护单位
地址	从江县下江镇高阡村
年代	清
看点	现存最高的侗族古代鼓楼、形制和装饰

高阡鼓楼始建于清雍正年间（1723—1735年），嘉庆和光绪年间曾维修，20世纪80年代经维修恢复原貌。高阡鼓楼年代久远，建筑精美，保存完好，是现存侗族古代鼓楼中的最高者。

高阡共有三个自然寨，均建有鼓楼，高阡鼓楼在宰养寨。楼为十五檐木结构塔形，坐西向东，通高26米，鼓楼平面呈正八边形，楼冠为密檐式重檐六角攒尖顶，二层和顶层分别置有牛皮木鼓。

鼓楼有18根落地结构柱，其中主承柱6根，檐柱12根，呈放射状穿接。从底层往上，瓜柱逐层收刹，十五层顶端覆盖六角攒尖顶楼冠，檐下为如意斗拱结构，斗拱下装漏窗，楼顶端置葫芦宝顶。

鼓楼立面共十五檐，各层封檐板彩绘斗牛、踩歌堂、对歌、花草等民俗风情图案，所有角檐脊均塑有鸟、兽等造型。楼内地面石板铺墁，有火塘4个，其中大火塘直径1.5米。设护栏、坐凳等，以供对歌和休憩。正北设门，门额上泥塑“双龙抢宝”，门边置狮子一对。

高阡鼓楼

高阡鼓楼内龙饰一

高阡鼓楼内龙饰二

高阡鼓楼楼门

40 增冲鼓楼

Drum tower at Zengchong

级　别	第三批全国重点文物保护单位
地　址	从江县往洞乡增寨
年　代	清
看　点	建筑结构和造型

从江增冲鼓楼始建于清初，为十三檐八角攒尖顶木结构塔式建筑，楼的木结构通高约 18 米，楼刹约 3 米，1982 年曾修缮。

建筑的底层为八角形平面，在结构上，内设 4 根中柱构成内环柱，周围立 8 根檐柱及各层瓜柱构成外环柱，柱下垫鼓形石础，形成上下左右紧密连接的双层套筒式柱架，结构稳定。该楼楼冠为重檐亭式建筑，串珠形楼刹。楼冠的出檐较大，楼冠的屋面和翼角稍有反曲，整体造型轻盈。楼冠檐下为如意斗拱，装饰性较强。

底层的南、北、西三面设门，楼内面系石块铺墁，中心设有直径 1.4 米的圆形火塘，围绕火塘的中柱间

增冲寨全景

置四条木凳。檐柱与望柱间设坐凳，望柱之间装栏杆，作为坐凳的靠背和底层的围护。

鼓楼的外部为十三檐，内部空间实际为五层。除底层仅留搭梯孔外，其余各层均设置固定梯板，可盘旋攀至顶部。二层至四层的立柱内为空井，外铺楼板，立柱间及其外围均有木栏杆；四层和五层楼出檐颇长，檐下装如意斗拱；五楼内的顶部悬挂一木鼓。

楼内有清康熙十一年（1672 年）等石碑三块，南面门额上悬有道光十年（1830 年）“万里和风”匾。增冲鼓楼为侗族建筑的代表作，1997 年邮电部将增冲鼓楼作为侗族建筑文化的典型代表，发行了增冲鼓楼图案的邮票。

增冲鼓楼外观

增冲鼓楼楼门

增冲鼓楼底层

增冲鼓楼结构

41 宰俄鼓楼

Drum tower at Zai'e

级　别	第七批全国重点文物保护单位
地　址	从江县下江镇高阡村宰俄寨
年　代	清
看　点	建筑形制和装饰

宰俄鼓楼始建年代不详，村民口碑相传建于清雍正年间，1986年曾修复。宰俄鼓楼所在贵州六洞、九洞侗族聚居地区，是侗族“中心柱型”鼓楼的重点分布区域。该区域的鼓楼以挺拔、优雅而著称，是侗族鼓楼建筑的典型代表。九洞地区现存鼓楼近百座，宰俄鼓楼是当中始建年代较早、建筑艺术价值较高的鼓楼，堪称侗族鼓楼建筑中的精品。

宰俄鼓楼楼门装饰

该鼓楼为典型的“中心柱型”密檐楼阁式木结构侗族鼓楼。正八边形平面，设落地柱16根，其中主承柱8根、檐柱8根。青石板铺地面，内置直径1.4米火塘及4根长凳，底层东、西各设一门出入，其余各面用约1.2米短板封护。

宰俄鼓楼

楼的为十三层密檐，双楼冠。立面各檐平面尺度自下而上收缩明显，使整体造型显得尤其挺拔。各层檐口的封檐板装饰民俗风情人物和动植物彩绘，各翼角装饰细长高翘，末端装饰吉祥动物。比较有特点的是正面门额上“双龙抢宝”泥塑，其龙头在二层檐口位置，龙身穿过楼壁盘旋至鼓楼内的中柱上，而最终龙尾穿出楼壁，进而穿过一层披檐，垂至檐下。

42 金勾风雨桥

All-weather bridge at Jingou

级　别	第七批全国重点文物保护单位
地　址	从江县往洞乡增盈村金勾寨脚
年　代	清
看　点	建筑结构和造型

金勾风雨桥位于从江往洞乡增盈村金勾寨脚，始建于清光绪十年（1884 年），曾多次毁于水患，1992 年村民集资修缮。该风雨桥造型平实，是从江县鼓楼式风雨桥的典型代表。

该风雨桥长约 34 米，宽约 5 米，为三层圆木的伸臂式桥台、穿斗式桥廊组合，一墩双跨。由桥台、桥墩、桥身台和桥廊四个主要部分组成。桥墩高 2.5 米，平面呈矩形。桥台采用传统的加长伸臂梁托架体系，桥梁以 7 根大杉木并列横跨小溪，其上建 17 间穿斗式木质长廊，两端分别为四层密檐悬山顶桥亭，中部为五层密檐四角攒尖顶结构桥亭，而北端和南端为歇山式五层密檐顶桥亭。桥廊金柱间设坐凳栏杆以供休憩。

桥廊廊柱立于桥梁上，通过墩木和垫板调节桥廊立柱水平。廊柱设双穿枋，桥板铺设其间，使得桥身和桥面负荷平均，这种做法比一般风雨桥多了工序。金勾风雨桥这种结构造型在附近一带较少见。

金勾风雨桥近景

金勾风雨桥远景

金勾风雨桥内景

金勾风雨桥结构

43 从江信地鼓楼

Drum tower at Xindi

级　别	第一批省级文物保护单位
地　址	从江县信地乡寨友村
年　代	清

从江信地鼓楼始建于清乾隆二十五年（1760年），光绪年间和民国年间曾数次维修，20世纪80年代初修葺，恢复原貌。1982年该楼被列为省级文物保护单位，但1988年毁于寨火后再次依原貌重建。

该楼为十三重檐八角攒尖顶，木结构净高约17.5米，包括楼刹高约20米。楼内部不分层，仅顶部装有楼板，楼顶置悬有长形木鼓。底层平面为八角形，中间有4根贯穿上下的通柱，周围有8根檐柱。它采用内外两环柱布局，4根中柱构成内环柱，8根檐柱及以上瓜柱构成外环柱。楼底层中心有直径近2米的圆形火塘。楼面对风雨桥的正面设八字门，门额悬“乾坤进位”匾。后门额枋上悬挂宰友寨所赠的“南极生辉”匾。

信地鼓楼

44 流架风雨桥

All-weather bridge at Liujia

级　别	第四批省级文物保护单位
地　址	从江县谷坪乡流架村
年　代	清
看　点	侗寨唯一的双层风雨廊桥、形制和装饰

据流架风雨桥桥头的《回龙桥碑》载，该桥原名为“回龙桥”，最初的桥被毁后，于清道光六年（1826年）建为石拱桥，桥上原建有木结构的文昌阁，现存廊桥为后期所改建。其最大特点是在石拱桥上建架空廊桥，成为贵州侗族地区古代唯一的一座双层风雨廊桥，且该桥集寨门、石拱桥、木廊桥为一体，独具特色。

该桥下部为单孔石拱桥，拱券的砌筑方法为纵联式，长约20米、宽近4米。桥的上部为木结构风雨廊桥，

留架风雨桥外观

共十一间，通长 30 余米、宽约 3.6 米。其中有七间架空立于拱桥之上，两端各两间立于引桥上。桥为重檐悬山顶，左岸第一间屋顶升起为三重檐的桥楼，正中一间屋顶升起为重檐六角攒尖顶的阁楼。在功能上廊桥为主要交通通道，而石拱桥只起承载廊桥的作用。桥廊内檐柱间两侧装直棂栏杆、设坐凳，

左岸桥头尚有高约 2 米的青石土地庙一座，土地庙的一侧有清道光六年（1826 年）的《龙桥》碑及道光二十一年（1841 年）的“万福悠同”碑各一通，记载修建风雨桥事宜。

留架风雨桥土地庙和古碑

留架风雨桥内景

留架风雨桥桥楼结构

45 从江则里鼓楼

Drum tower at Zeli

级　别	第五批省级重点文物保护单位
地　址	从江县往洞镇则里侗寨中
年　代	清
看　点	建筑结构和装饰

从江则里鼓楼始建于清乾隆二十一年（1756年），后经多次重新修缮。该楼为十一檐六角攒尖顶木结构塔式建筑，内部空间六层，通高10余米，毛石砌台基。该鼓楼保存较好，彩绘雕塑精致，具有典型的地方特色，是从江县年代保存较为久远的鼓楼之一。

该楼的底层平面为六角形，为典型的“中心柱型”密檐楼阁式木结构侗族鼓楼。鼓楼底层内地面铺石板，中心有直径约1.8米的圆形火塘，北面置一石桌，东、西各设一门。檐柱间装高约1米的栏板，作为鼓楼的围护和坐凳的靠背。

东北面的檐柱间立支柱和望柱各2根，组成八字门。南面檐柱间装双开门，门外踏跺的垂带上有鱼和牛的雕刻装饰。各层封檐板、翘角均有彩绘泥塑。

楼身的构架原则与高阡鼓楼相同，有12根落地柱，其中主承柱和檐柱各6根，形成内外两环柱布局，结构稳定。底层内环柱以内设火塘，从底层至六层有固定楼梯，二层至五层环柱的外圈铺设楼板，内为空井。六层楼顶悬木鼓，柱间装裙板和斜方格窗。楼顶檐下为如意斗拱，楼刹为串珠形。

则里鼓楼

则里鼓楼楼门装饰

则里鼓楼装饰

则里鼓楼内景

46 从江增盈鼓楼和风雨桥

Drum tower and all-weather bridge at Zengying

级 别	第五批省级文物保护单位
地 址	从江县往洞乡增盈寨
年 代	清
看 点	建筑形制和装饰

从江增盈鼓楼和风雨桥始建年代不详，清咸丰年间（1851—1861年）重修。该楼为四层七檐八角攒尖顶塔式建筑，高10余米，为乱毛石砌筑台基。

鼓楼的底层平面为八角形，边长3.6米，楼内铺青石板，中心设直径近2米的圆形火塘，东置石桌，西北面设大门，檐柱的额枋以下均有木装修，其余各面下部装板，上部装三层花格窗，东南面的花窗上雕有“大地回春”图案。楼身的构架原则与高阡鼓楼及则里鼓楼相同，内环柱由8根中柱及横枋构成主承柱，外有8根檐柱落地。二层至三层内围柱外装楼板，内为空井，中柱间装栏板，四层置鼓，周边下部装板，上部装菱形窗。楼顶檐下饰如意斗拱，串珠形楼刹高近4米。

增盈风雨桥增盈寨脚，横跨小河，为石墩木结构，始建年代不详，民间传与增盈鼓楼同期始建，但无相关记载而无从考证，2006年曾维修。桥长七间约21米、宽3米，桥中部有单檐桥楼、桥两端为歇山顶桥楼，屋脊上彩塑飞龙。桥廊两侧外沿有花窗装饰，桥廊两内侧上方主承柱间有彩绘，整体造型秀立雅致。

增盈鼓楼外观

增盈风雨桥远观

增盈鼓楼楼门

增盈风雨桥近景

增盈鼓楼内部

榕江县

47 榕江大利村古建筑群

Ancient architecture complex in Dali Village

级别	第七批全国重点文物保护单位
地址	榕江县栽麻乡大利村
年代	明—清
看点	村落格局和环境

大利村侗民大部分杨姓，自称原籍江西吉安府。元明时期迁湖广边界，后定居于此。村寨形成于明末清初，在清代中后期逐渐成为比较富庶之地，道路全部都用青石铺墁，村寨建筑和侗族大歌、侗戏等文化内容在这里得到较好传承和发展。现全村共有 200 多户，1000 余人，皆为侗族。

大村寨四周高山环绕，周边古树林木葱郁，在寨边有一片罕见的古楠木林，有 40 余棵 200 年以上树龄的高大挺拔的古楠木树。大利村的古建筑群包括民居、萨玛祭台、鼓楼、谷仓、古桥和古井，以及古道和古墓葬等内容。

大利侗寨共有 5 座风雨桥，横跨于利洞溪上，根据其分布的地理位置分别称为“寨头花桥”“上步花桥”“中步花桥”“下步花桥”“寨尾花桥”。其中位于寨中的中步花桥较具特色，始建于清光绪年间，为亭廊式。桥廊正中有桥亭，为重檐四角攒尖顶，置葫芦宝顶，桥廊两侧设有栏杆和长廊。

民居为木结构，两层或三层建筑，悬山顶，依山就势层叠错落，以四合院和单体两种类型为主，具体可分为四合院木楼、连廊式长房、吊脚木楼等。古民居基本构造大致相同，面宽三间至五间不等，二层或三层居多，门窗和屋脊、梁枋等处有图案装饰，民居组团周围分布着谷仓和禾晾。

鼓楼和戏台皆为近年重建，鼓楼为九重檐六角攒尖顶，平面六边形，据当地村民介绍，鼓楼六根檐柱的数量，是与村寨家族分支数量有关。鼓楼前坪坝上，还有萨玛祭坛一座。

大利村萨坛和鼓楼

大利村全景

村中还保留有修筑于清乾隆五十八年（1793 年）的 4 条石板古道，宽约 2 米、全长共约 2.5 公里，分别通往栽麻、高硐、小利洞、八匡等地，。

此外，有六眼青石板镶嵌的古井分布在寨中各处，寨南有石雕墓数座。石雕墓在寨东面约 0.5 公里的山腰上，修建于清宣统年间，坐南向北，外围全部用青石围砌，墓碑前镶有一块透雕花板，对称刻有两条龙盘柱，其雕刻工艺在侗寨中属上乘之作。

大利村中步花桥

大利村村貌一

大利村村貌二

大利村民居一

大利村民居二

黔东南苗族侗族自治州其他文物保护单位列表

名 称	级 别	地 址	年 代	备 注
甘囊香芦笙堂碑记	省级	凯里市舟溪镇河沙坝	民国	碑高 1 米，碑文记载甘囊香卢生堂的缘起、芦笙会意义、活动情况和禁忌等
孙应鳌墓	省级	凯里市炉山镇	明	孙应鳌为贵州清平卫人，明代著名理学家，墓前有华表二柱，1946 年补立记载其生平事迹的墓碑
湘黔驿道黄平段	省级	黄平县旧州镇、上塘乡	明—清	旧州至平越及省城贵阳驿道之一段，是经过县境的两条驿道中保存最好的一段
黄平平龙桥	省级	黄平县新州镇十里桥村	清	七孔石拱桥，长约 80 米，因明代平定播州土司杨应龙叛乱，更名平龙桥。桥西有石碑两通，1933 年铺垫为公路桥，一直沿用至今
华严洞摩崖	省级	施秉县甘溪乡	明—清	华严洞为天然溶洞，洞外曾建有寺庙、楼阁等，现已不存。洞内外共有明清摩崖 16 处
诸葛洞纤道	省级	施秉县城关镇中沙村	清	因险滩妨碍行舟转运粮饷物资，明清代起历代均有开凿，尚存两段纤道共约 200 米
木召庄园遗址	省级	岑巩县大有乡中木村	明	推断为明代民居性质庄园，遗址有石砌围墙、开有四门，今存北门、巷道数条、房基、精雕石构件等
吴王洞摩崖	省级	镇远县	明末清初	民间传吴三桂曾于洞内逗留，遂称“吴王洞”。洞内摩崖题刻甚多，但多已模糊难辨，其中可辨“平倭、平播、明万历”等残句应为军功记事内容
镇远码头	省级	镇远县城	清	镇远古镇内，盘龙大桥到祝圣桥沿河共 9 个码头，功能各有专用
南加“例定千秋碑”	省级	剑河县南加镇	清	长方形碑的正面刻“例定千秋”，是苗、侗族百姓不满官府剥削和官员贪腐、希望勤政爱民而立
锦屏文斗村古建筑群	省级	锦屏文斗村	清	是清水江流域典型苗族村落，吊脚楼建筑群保存完好。寨内还有契约文书上万件、古碑刻百余通、古石雕上百件等
柳基城墙	省级	剑河县南加镇柳基村	清	尚存 4 座城门、除城东城墙保存较完整外，城墙大多崩塌，其上保留有 3 座炮台
何腾蛟墓	省级	黎平县德凤镇	明	抗清湖广总督墓，方形条石砌筑，周围石墙封围，现仅存遗址，墓前有祭祠
茅贡吴文彩墓	省级	黎平县茅贡乡	清	吴文彩为黎平县茅贡乡人，公认的侗戏鼻祖，该墓原为无碑土坟，1981 年重修墓裙立碑，墓前建桥亭
从江加榜梯田	省级	从江县加榜乡	—	总面积近一万亩，因地制宜，被认为是中国最好的梯田之一，有苗乡吊脚楼散落其间，是重要的农业文化遗产
石桥白皮纸作坊	省级	丹寨县南皋乡石桥村	清	作坊有穿洞和大石壁两处，造纸技艺有地方特色，较系统保持了古代白皮纸生产传统
黔桂驿道麻江段	省级	麻江县	明—清	是明清时期贵州南下桂粤的主要通道，沿驿道分布有夏同龢状元第、长坡古关口等 10 余处历史遗迹

大魁
奎文阁
文昌永驻士人赞

5

黔南布依族苗族自治州

SOUTH GUIZHOU BOUYEI AND MIAO AUTONOMOUS PREFECTURE

黔南布依族苗族自治州古建筑分布图

Historical Architectural Map of South Guizhou Bouyei and Miao Autonomous Prefecture

1. 都匀文峰塔
2. 都匀百子桥
3. 福泉城墙
4. 葛镜桥
5. 竹王城遗址
6. 冷少农故居
7. 贵定城隍庙
8. 阳宝山古建筑群
9. 龙里冠山
10. 惠水仙人桥洞葬
11. 惠水孔庙
12. 长顺白云山
13. 麻翁古屯墙
14. 邓恩铭故居
15. 荔波永济泉
16. 水浦古建筑群
17. 翁奇奎文阁
18. 黔南水族墓群
19. 三都怎雷村古建筑群
20. 三都都江厅城墙

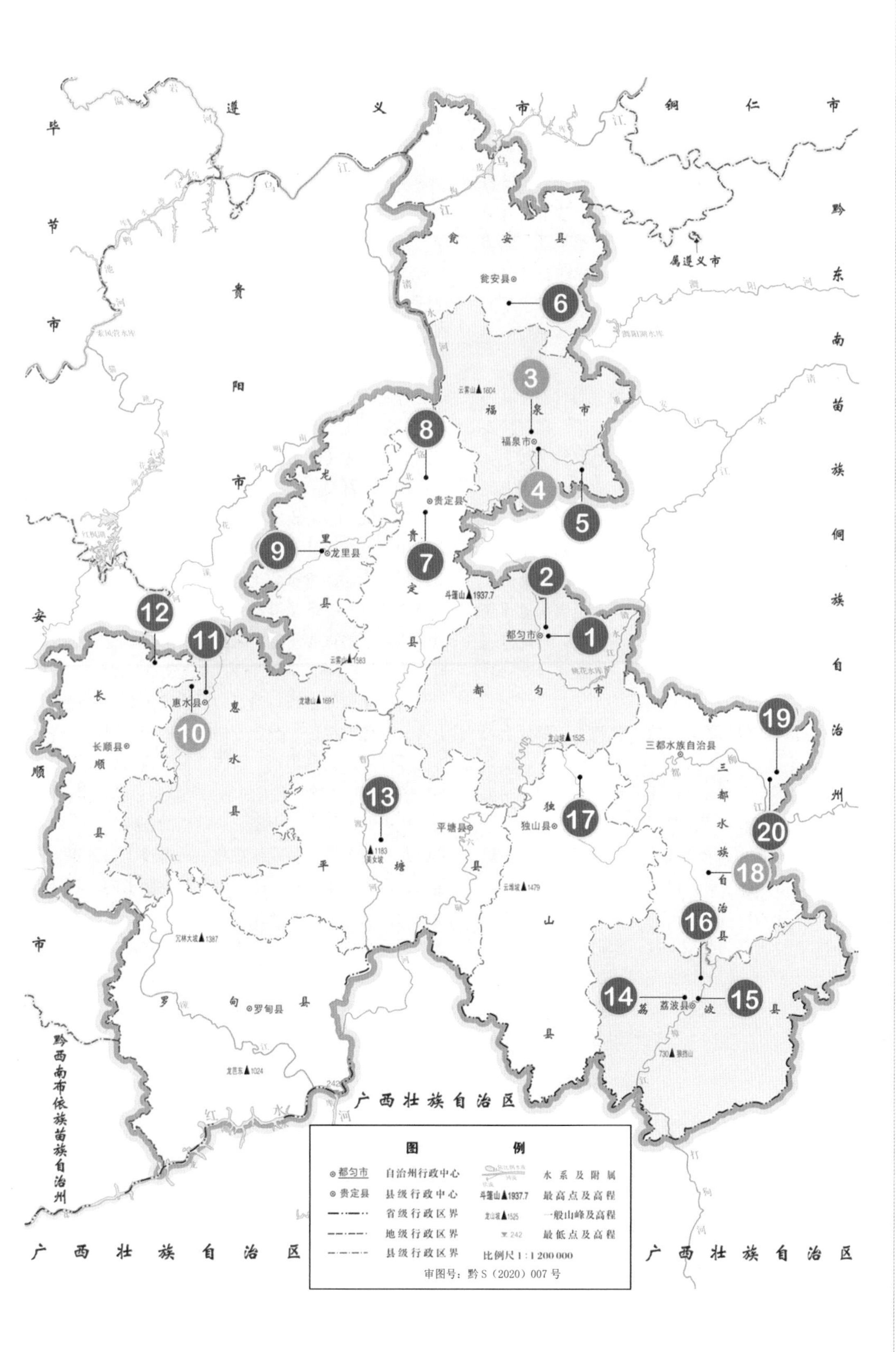

毕节市
遵义市
铜仁市
黔东南苗族侗族自治州
贵阳市
安顺市
黔西南布依族苗族自治州
广西壮族自治区
瓮安县
属遵义市
福泉市
福泉市
贵定县
龙里县
龙里县
贵定县
都匀市
都匀市
惠水县
惠水县
长顺县
长顺县
平塘县
平塘县
独山县
独山县
三都水族自治县
三都水族自治县
荔波县
荔波县
罗甸县
罗甸县
云雾山1604
斗篷山1937.7
云雾山1583
龙塘山1691
龙山坡1525
1183 美女坡
云雾坡1479
冗林大坡1387
龙芭坡1024
730 猴西山
242
1
2
3
4
5
6
7
8
9
10
11
12
13
14
15
16
17
18
19
20
图 例
都匀市 自治州行政中心
贵定县 县级行政中心
省级行政区界
地级行政区界
县级行政区界
水系及附属
斗篷山1937.7 最高点及高程
龙山坡1525 一般山峰及高程
242 最低点及高程
比例尺 1：1 200 000
审图号：黔S（2020）007号

概 述

黔南布依族苗族自治州位于贵州省中南部，东与黔东南苗族侗族自治州相连，南部和西南部与广西壮族自治区河池市、百色地区为界，西与安顺市和黔西南布依族苗族自治州接壤。地区北部较为狭窄，到中部后逐渐向东西方向扩展，地域轮廓呈凸字形，地貌类型多样，总体具有明显的亚热带季风和亚热带湿润气候特征。在山岭之间有许多当地人称为“坝子”的小盆地，“山下桃花山上雪，山前山后两个天”的奇异现象在此地屡见不鲜。

据《贵州古代史》考订，早在殷、周时期，境内就已有许多部族活动，分属于夜郎等方国，在现黔南州福泉市还保存着古夜郎国唯一的遗迹“竹王城”。唐朝之后，中央政府加强对少数民族的统治，唐宋元明时期的州境内设立了多个羁縻府、州、县、峒、卫、所。元代黔南开始推行土司制度，境内分属八番顺元等处宣慰司都元帅府、都云定云安抚司、新添葛蛮安抚司、播州宣慰司和庆远南丹安抚司。至明代贵州建省前，黔南地域主要设置了卫所军事机构，黔南分属于贵州卫、龙里卫、平越卫、都云卫、新添卫、定番州、广顺卫等。

明弘治年间，贵州推行“改土归流”，部分土司统治地区改设府（县）。雍正四年（1726年），清政府在黔南境内强行大规模“改土归流”，废除土司世袭的安抚司、长官司等，代之以流官统治，撤销“卫所”等军事地域，将其并入府州厅县等行政区域，黔南地区分属于贵阳府、都匀府、独山府和平越府。

民国三年（1914年），将清代的府州厅县一律改为县。1949年11月都匀县城解放，随即成立独山专区，专员公署设于都匀县城，辖民国时期的第二行政督察区的十个县，当时的瓮安、贵定、龙里、惠水和长顺等县隶属贵阳专区。1954年，改称惠水县布依族苗族自治区，这是黔南境内设置的第一个民族自治区。同年，罗甸县也改称罗甸布依族自治区。1956年8月8日设立黔南布依族苗族自治州，自治州人民委员会驻都匀县。

黔南历史悠久，早在远古时期，黔南地区就有人类活动的足迹。州内居住有汉族、布依族、苗族、水族、瑶族、毛南族等多个民族，长期在此地生活和生产的各族人民创造了民间文学、民间艺术、风俗礼仪、节日文化等丰富多彩的民族文化，黔南各地区的民族文化之间还存在着一定的差距，俗语说：“苗吃新，水吃端、客家过大年”，这些各具特色的文化碰撞交融，构成了黔南地区多元一体的建筑文化格局。

自古“百濮”“百越”民族先民聚集在此，如今是贵州布依族、苗族主要聚居的地方。又由于此地与广西相邻，部分县域曾受广西管辖，所以在文化上也出现了广西地区建筑文化的元素风格。元代以后，昆明至镇远打开一条驿道，南部地区变为云南省经过湖南前往北京的重要通道。明清至民国时期这一地区得到了发展，遗留下许多当时的古建筑。

黔南布依族苗族自治州的民族建筑在中国建筑史上占有相应的地位。苗族、侗族、水族、瑶族、畲族等民族的干栏式吊脚楼、禾仓，土家族的衙院庄园，侗族的鼓楼、花桥都具有鲜明的民族特色和艺术价值。具有代表性的如在清中期形成规模的三都怎雷古建筑群，此地的苗族、水族已在此生活超过了三百年，古建筑群内由“干栏式”木构建筑演化而来的吊脚楼，与被称为“水族民族文化的百科全书”的水族古墓，都是研究水族建筑风格的重要实物。除此之外，建造于清代的以翁奇奎文阁为代表的这些建筑，反映了汉文化在黔南民族地区的传播历程，是研究黔南地区文化融合的重要实物资料。

都匀市

1 都匀文峰塔

Wenfeng Pagoda

级别	第二批省级文物保护单位
地址	都匀市文峰园内
年代	明—清
看点	石塔形制

都匀文峰塔

文峰塔原名文笔塔，建于明万历年间（1573—1620 年），为五层木塔，后圮，仅存塔基。清道光十九年（1839 年）在原基重修石塔，后历代多有维修。建塔之初认为都匀东、西、北三面皆有山峰，唯独正南面缺少一峰，造成水口散漫，故在此建塔。近年曾修缮，并围绕文峰塔建设了文峰公园。

该塔为六角形七级实心石塔，通高约 33 米，正方形长条青石基座，塔顶为铜质塔刹。塔身第一层北面设石门两扇，门额镌“文峰塔”三字，落款为“道光己亥阳月建”。塔身正侧三面各层均有不同的石刻图案。基座东北侧立有“重修文峰塔记”与“补修文峰塔记”石碑。

都匀文峰塔石门

2 都匀百子桥

Hundred-kid Bridge

级别	第三批省级文物保护单位
地址	都匀市广惠路南端
年代	清

都匀百子桥，清乾隆五十一年（1786 年）布依族贤士唐文升捐资修建，所以也称唐家桥。当时都匀知府孙庭相题赠“功半洛阳”四字，后代增建桥心亭（耸翠亭），其后经历代修缮。乾隆五十九年（1794 年），著名清代史学家、贵州学政洪亮吉曾登亭四眺，写下《登剑江耸翠亭望西北诸山》诗，可遥想当年古桥周边景色：

“沿流都有鹭鸶飞，空翠时时沁客衣。忽讶危崖突人影，似惊鸣镝启山扉。

都匀百子桥现状

回潭西去绿沄沄，一角楼台上夕曛。倾耳却闻空际响，入山云斗出山云”。

百子桥为七孔青石拱桥，长 140 米、宽 8 米、高 11.5 米，被称为都匀的龙头桥，为都匀众桥之冠。新中国成立后曾一度作为公路桥使用，并在桥两侧修建人行便道。20 世纪 80 年代新建公路桥，将百子桥改为风景桥使用，并重建桥屋、桥亭。现今桥上有两层古典楼厅，作为茶室对外营业，桥的两端各立石狮一对，各建有六角琉璃亭一座，亭内绘有龙、凤、八仙等精美图案，古今建筑融为一体，但古桥原貌已不见。

福泉市

3 福泉城墙

Ancient city wall of Fuquan

级　别	第五批全国重点文物保护单位
地　址	福泉市城厢镇
年　代	明
看　点	古城历史和格局

明洪武十四年（1381 年）曾在福泉置平越千户所，十五年（1382 年）改置平越卫。福泉城墙始建于明洪武十四年（1381 年），初为土墙，后改为石墙。据史料记载，洪武二十四年（1391 年）“创建土城”，“三十四年改甃以石，周一千四百丈，高二丈二尺，广一丈五尺，门四、月城三、城楼四、警铺四十五。后经历代不断修缮与扩建，使其成为由古城垣、东南西北四座石拱城门与城楼、小西门水城等构成的重要军事设施。20 世纪 60 年代前后，古城垣被拆毁，现仅存外城及小西门旁的断壁残垣。城门除西门已倾圮外，其余城门的券洞尚存，但城楼已毁，近年已重新修建。

福泉城墙北门鸟瞰

福泉城墙西门水城鸟瞰

小西门水城是福泉城墙的核心，由内城、水城、外城三道城墙构成一座瓮城。内城蜿蜒于山腰，水城筑于山麓之河畔；外城横卧沙河之上，用两层石拱桥相连接，围河水于城内，又称桥上城。桥下皆设铁栏闸门，切断水上通道，以防外部由水道袭城。而水城和外城两侧皆依坡而筑，巍然耸立，并有上百级石阶可登上城头，使内外三城，城城相连，上下贯通，气势雄伟。该城体现了古代军事战争防御与进攻的智慧，是中国古代军事建筑的代表性遗存。

福泉城墙西门水城内景

福泉城墙西门水城城垣

福泉城墙西门水城内城城门

4 葛镜桥

Gejing Bridge

级　别	第六批全国重点文物保护单位
地　址	福泉市城厢镇豆腐桥村
年　代	明
看　点	桥梁结构与建造环境

该桥于明万历年间（1573—1619年）由平越卫指挥葛镜捐资修建，故名“葛镜桥”。又因造桥所用如豆腐状方形石料砌建于两壁之间，民间俗称“豆腐桥”。清代曾在桥头建有庙阁，现已不存，现仅存桥头石壁上民国年间所刻的诗碑。

桥为三孔石拱桥，横跨在麻哈江两岸绝壁之上，其桥址的选择，是“顺着水性，躲开急流，虽险而宜”。在绝壁之上起拱，借江心礁石下脚，二墩三孔，

葛镜桥与环境

葛镜桥桥面

桥长约 52 米，宽约 5.5 米，高约 30 米，三孔跨径长短不等，拱身高低不一。桥面为石板铺就，两边设有护栏。

石桥底拱面的石块承载桥身压力，历经 400 多年，依然坚固如初。由于葛镜桥处于石灰石地带，当地石灰石的强度较弱，这也是葛镜在建桥之初屡次失败的原因。因此需通过精选石料、考究的石料打制及鳞砌方式，结合合理的选址及桥拱形式等，来保证桥的强度。民间有“北有赵州桥、南有葛镜桥”的美称。著名桥梁专家茅以升在其主编的《中国桥梁技术史》中评价其为“工程艰巨，雄伟壮观，为西南桥梁之冠。”

5 竹王城遗址

Site of ancient city of Zhuwang

级　别	第二批省级文物保护单位
地　址	福泉市凤山镇杨老村
年　代	明—清
看　点	古城历史和格局

竹王城相传为汉代夜郎侯竹王所建，始建年代不见文献记载，也无碑碣可考。清康熙年间，在此设杨老驿，修新城、设兵营，这里成为湘黔要道和周边文化的交汇地。新城的城垣为青石垒砌，全长约 4500 米，宽约 4 米、高约 4.5 米。城内曾建有关帝庙、城隍庙、二郎庙、三郎庙、观音寺等庙宇，还设有“上堂兵营”和“下堂兵营”。可惜在咸丰、同治间都毁于兵燹。城内大道用一尺见方的青石铺墁，连接东西南北四门。民国二十七年（1938 年），修杨老新桥，古城墙西北面被拆毁。据传从原西门至杨老河筑有条暗道，以防被围而断水，此暗道于 20 世纪 50 年代后填平。现在古城墙已经基本看不到了，仅存长约 3000 米的古城墙墙基，隐藏在农户棚篱和杂木丛中，依稀可见。

在竹王城遗址半山腰处还有一形似莲花的石崖，俗称“莲花岩”，据称为当时竹王的后花园所在之处，其石壁上刻有“天削芙蓉”四字，民间相传为明初建文帝云游至此的遗迹。现今尚存东门券洞，宽 3 米、高 4.5 米。山下杨老河上还有始建于明弘治十四年（1501 年）的三孔石拱桥，名为皋阳桥，至今废弃不用，但保存较完整。

竹王城遗址东门门洞

竹王城遗址山下的皋阳桥

竹王城遗址莲花岩石刻

瓮安县

6 冷少农故居

Former residence of Leng Shaonong

级别	第二批省级文物保护单位
地址	瓮安县雍阳镇茅坡村高庄组
年代	清
看点	民居形制和装饰

瓮安冷少农故居建于晚清，由正房、两厢和天井构成典型的木结构合院建筑。正房面阔三间，厢房面阔两间，均为穿斗式悬山顶青瓦屋面。正房有精雕木质窗花与石质门槛石，建筑面积约300平方米。现故居为陈列展示所用，展示有冷少农生平的内容。

冷少农，瓮安人，中共地下党员，1932年牺牲于南京雨花台。

冷少农故居大门

冷少农故居正房与院落

冷少农故居渔樵耕读窗雕一

冷少农故居渔樵耕读窗雕二

贵定县

7 贵定城隍庙

Town God's Temple

级别	第三批省级文物保护单位
地址	贵定县城关镇中山东路中段东侧
年代	明
看点	省内规模最大和最古老的城隍庙

“城隍”是护城之神，是汉族宗教文化中的重要神祇，大多由有功于地方民众的名臣英雄充当，是汉族民间和道教信奉守护城池之神。据史料记载，贵定城隍庙始建于明洪武二十五年（1392年），原为三进院落，坐东向西，大体中轴对称，依次是牌楼大门、戏楼、前厅（过厅）、南北厢房、大殿、后殿、斋房、观音阁楼等。后经历代增建与毁坏，现仅存过厅、两厢、大殿等建筑，该庙是贵定县城现存不多的古建筑之一，也是全省同类型庙宇中保存较好、体量最大、修建时间最早的城隍庙。

该庙坐东向西，由过厅、大殿和两厢形成合院。过厅面阔五间，穿斗式木结构硬山青瓦顶，明间与两次间为通道，两侧有耳房。天井为石板铺墁，两旁为面阔五间的厢房。

大殿是坐东向西，单檐抬梁式硬山青瓦顶，面阔三间约16米多、进深近15米，形制古朴、用料粗大，梁架结构保存完好。殿内4根大圆柱，直径近1米，至今无损，柱础雕刻有莲花。大殿前廊有木雕竹节纹护栏，较具特色，大殿后墙嵌有清道光时维修城隍庙时所刻石碑。城隍庙大殿集中体现了元明时期中原建筑文化在该地区的传播，以及与民族边远地区文化相结合的建筑特点。

贵定城隍庙鸟瞰

贵定城隍庙过厅

贵定城隍庙大殿与庭院

贵定城隍庙大殿檐廊

8 阳宝山古建筑群

Ancient architecture complex in Yangbao Mountain

级　别	第四批省级文物保护单位
地　址	贵定县德新镇阳宝山
年　代	明—清
看　点	名山文化、古寺遗址和明代塔林

阳宝山的佛道文化同处一峰，在明清时与四川峨眉山、云南鸡足山并称西南三大佛教名山，被誉为“黔南之胜”。阳宝山分前山和后山，前山的顶峰名莲花峰，建有莲花寺及和尚石塔林；后山名飞凤山，建有飞凤寺。由于历史原因，阳宝山建筑群毁于20世纪50年代末，莲花寺和飞凤寺目前仅剩遗址，和尚塔林基本保存较好。

莲花寺，为阳宝山中兴大师白云和尚建于明万历

莲花寺遗址

莲花寺山门遗址

和尚塔石刻

和尚塔林石刻群

十八年（1590 年），坐北向南，后经历代增修扩建，主要由山门、关帝殿、真武殿、观音殿、韦驮殿、玉皇阁、大雄宝殿、千佛阁、厢房等古建筑组成。从山顶现存遗址可见其当时的宏大规模，如今只剩残垣断壁。中间山门宽约 2 米、高约 3 米，由两块雕花条石竖立而成，山门有副石刻对联："义薄云天垂万古，忠昭日月著千秋"，横额"绝类铁伦"。遗址上主体建筑物已无存，基址清晰可辨，大殿后面的静室和其他建筑，现仅残存一些条石和石鼓、石兽。寺前有观音洞遗址。

飞凤寺亦为白云和尚在明万历年间所续建，由大佛殿、云池殿、佛庐等古建筑组成。飞凤山同莲花山相连接，呈"云联一片寺前寺，露拥千层山外山"之景象。

和尚石塔林，主要建于明、清、民国三个历史时期，分布在阳宝山主峰莲花寺脚下的斜坡上。有石塔一百多座、石墓数十座，其中有很多是贵州佛教的大德高僧。僧纲司石刻塔墓有两座，其中一座高僧圆寂坟塔墓碑正中书刻"特恩示寂僧纲司法顺号耳明觉灵塔墓"。将皇家省、府僧官机构名"僧纲司"书刻于灵塔墓碑之上的，属全国罕有。

观音洞遗址

龙里县

9 龙里冠山

Guan Mountain

级　别	第三批省级文物保护单位
地　址	龙里县龙山镇冠山村
年　代	明—清
看　点	建筑布局和形制

冠山为一座小山丘，原名紫虚山，其形似“金钟扑地”，树木葱郁。自明洪武二十三年（1390 年）起，在山上建道教紫虚宫，供奉玉皇大帝的主建筑名“紫虚阁”。清乾隆二十七年（1762 年）重修，更名冠山。光绪二十三年（1897 年），以典当庙田银两与乡民捐资再次重修，并增建化钱石塔。

现冠山紫虚阁主体建筑保存尚好，山上建筑群由下至上，依次为化钱塔、山门前殿、紫虚阁和两厢、后殿文昌祠等，组成二进院的古建筑群。

紫虚阁处于冠山最高处，为三层三檐六角攒尖顶木结构建筑，通高约 15 米，底层平面为四边形，面阔约 10 米，二层和三层平面为六角形，屋面盖青筒瓦，带吻正脊，戗脊翘角卷草，葫芦宝顶阁刹。该阁前后带廊，卷板封檐，底层两侧有山墙。前额枋饰“双龙入海”浮雕，石柱础浮雕仙草、竹、梅、鹿等图案。民国期间曾在宫内设立民众教育馆、图书馆和民众讲堂。

冠山古建筑群鸟瞰

冠山紫虚阁全景

冠山山门

文昌祠始建于明正统十年（1445 年），现存建筑为清光绪元年（1875 年）重修，原坐落于城关一小内，异地搬迁至冠山保护。祠为单檐歇山顶木结构建筑，前带廊。正面装雕花隔扇门，其余三面装雕花槛窗；檐下及前廊顶部装卷板，柁墩上亦有雕饰。现为龙里县文物管理所办公用地。

冠山山石嶙峋，宗教源远流长，可谓“山不在高有仙则名”。清代以来，曾留下不少摩崖石刻，如“寻奇挹秀”“游目骋怀”“巨灵一擘”等。

化钱石塔

惠水县

10 惠水仙人桥洞葬

Cave burial of Xianren bridge

级　别	第七批全国重点文物保护单位
地　址	惠水县摆金镇长新村石头寨
年　代	明—清
看　点	苗瑶民族文化和葬俗

仙人桥洞葬位于石头寨的一个天然溶洞内，溶洞分为上洞和下洞。当地百姓称上洞为棺材洞，下洞因洞顶山体似天然桥梁，当地人称仙人桥。仙人洞为东西向，洞口高约 50 米、宽约 25 米，洞顶岩层厚约 10 米、深约 100 米。紧靠洞口的河谷两岸石壁陡峭，洞内北壁约 30 米高处，岩层向内凹陷，形成石台，棺木排置在此处石台上，多顺崖壁走向层层叠放，少则一层，多则达数层。洞南壁的缝隙处亦有少量棺木残留，总的棺材数量约为 500 余具。

洞葬是贵州古代苗瑶民族的主要葬俗形式，石头寨岩洞葬保留了自明代至清末民国时期棺葬遗物，是研究当地古代少数民族历史文化、宗教信仰等珍贵的实物资料。

仙人桥洞葬

11 惠水孔庙

Temple of Confucius

级　别	第五批省级文物保护单位
地　址	惠水县涟江街道办事处凤山社区
年　代	清
看　点	建筑形制与装饰

惠水孔庙，始建于明成化十年（1474年），明末被烧毁，后历代屡建屡毁。现存惠水孔庙建于清康熙年间，1937年曾续修。原有建筑群包括大成殿、大成门、天子台、两庑、礼门义路坊等建筑，现仅存大成殿和天子台。1937年抗日战争爆发，1938年由清华大学、燕京大学、协和医院、南开大学、金陵大学共同组建的“华北乡政学院”南迁，曾将孔庙作为校址。

大成殿建在条石砌成的高台上，面阔七间、进深三间，为抬梁和穿斗结合的重檐歇山顶建筑。现大成殿虽然外表的华彩已不复当年，但殿内残存的彩绘、木雕、石刻等依然可见其风貌。檐廊的立柱均为百年杉木，用材硕大，至今仍保存较好。孔庙门前原有雕刻精美的高大石坊，大殿前原塑有石狮一对，以及殿内精美木雕构件等，现大多已不存。

孔庙是惠水历史变迁的实物见证，它记录了古代惠水政治、文化的兴衰，以及抗日战争和民国时期的办学史。

惠水孔庙大成殿现状鸟瞰

大成殿室内架构

大成殿现状

大成殿侧面檐廊

大成殿一角

长顺县

12 长顺白云山

Baiyun Mountain

级别	第二批省级文物保护单位
地址	长顺县白云山镇白云山
年代	明—清
看点	自然环境与人文历史

白云山，山顶方广百亩，常有白云覆罩，阴晴不散，故名白云山。白云山又称螺拥山，因山形似海螺而得名。《徐霞客游记》有记载：“白云山初名螺拥山，以建文君望白云而登，为开山之祖，遂以白云名之。”山上有白云寺古建筑群等遗迹。明朝建文年间“靖难之役”后，民间相传白云山为建文帝遁迹之所，因而留下许多伪托的遗迹、遗物。如天子洞、南京坪、龙爪潭等，皆附会建文帝经历。

白云寺是白云山主建筑群，始建于明正统年间，初为罗永庵等寺庙，塑有建文帝像祀奉。后经历代多次修葺，至20世纪60年代前，原建筑群由白云寺、灵官殿、观音殿、潜龙佛殿、皇阁等主体建筑组成。建筑体均为砖木结构，依山顺势，布局错落。寺庙古木参天、建筑宏伟，香火极盛。据称，观音佛殿前石基上曾雕有“罗汉”“龙戏祥云”“凤舞百花”等浮雕，堪称精品。但这组建筑毁于清同治五年（1865年），现修复观音殿，曾把散失的石雕陆续征集运回殿前遗址。

白云寺鸟瞰图

“文革”期间白云山上古建筑和古树毁坏殆尽，仅遗存房基、部分碑刻、石柱础和高僧墓等建筑遗存，以及天子洞、跪井、棋盘石、龙爪潭、石鼓等自然景观。20世纪末至21世纪初，陆续修复大雄宝殿、观音殿、潜龙阁及两幢厢房，现白云山的修复工作还在进行中。

白云寺修复后现状

白云寺遗存石狮

白云寺遗存石柱础

白云寺遗存木雕一

白云寺遗存木雕一细部

白云寺遗存木雕二

白云寺遗存木雕二细部

平塘县

13 麻翁古屯墙

Wall of ancient fortress at Maweng

级　别	第四批省级文物保护单位
地　址	平塘县通州镇新星村
年　代	清
看　点	屯堡格局和历史

平塘麻翁古屯堡是明洪武年间由屯田军人所建的军事古堡，清乾隆六年（1740 年）贵州布政司拨银修葺，距今已有近 300 年的历史，曾是连接黔、桂两省的节点之一。

该古屯堡建在小山平台上，居高临下，平面布局呈椭圆形，屯堡周长约 400 多米。屯墙最高处近 5 米、最低处约 3.5 米。墙厚过半米，全部用方条石堆砌而成。设有西北门、东门、南门三座城门、碉堡两座。原屯内有被遗弃的古炮数门，已毁。现古屯堡因年久失修，墙体坍塌，石阶破败，仅遗存部分城垣、城门洞及西、南两座炮楼。

麻翁古屯墙城门

麻翁古屯内巷道

麻翁古屯内民居

荔波县

14 邓恩铭故居

Former residence of Deng Enming

级 别	第一批省级文物保护单位
地 址	荔波县向阳中路 32 号
年 代	清

邓恩铭，1921 年中共一大 13 位代表中唯一的少数民族（水族）代表，是中国共产党创始人之一、山东中共党组织的创始人，民国二十年（1931 年）牺牲。故居是清末当地较为普遍的民居样式，近年修缮一新，作为省级爱国主义教育基地，是荔波县城内保存不多的民居之一。

邓恩铭故居建于清代晚期，面阔三间，穿斗式木结构民居，坐西向东，当街而立，两侧筑有封火山墙。故居占地面积 320 多平方米。故居内还保存着邓恩铭少年时代用过的木床、桌椅，以及石磨、药碾、八挂钟等生活遗物，并陈列有国家领导人的题词。

邓恩铭故居鸟瞰

邓恩铭故居临街立面

15 荔波永济泉

Yongji Spring

级 别	第三批省级文物保护单位
地 址	荔波县玉屏镇繁荣路东段
年 代	清
看 点	地堡式结构古水井

据载同治年间曾有农民义军围城，城内困于饮水源而城陷，同治九年（1870 年）知县钱埙上任后为解决全县用水，防止起义军围城断水，即计划在县城东旭门外月城山掘井 18 米深，引河水入井。掘井过程中遇清泉涌出，足够全县人口饮用，无须再深掘至河底，既开始建井，解决了当时整个县城的饮水困难。

该井系平地凿圆桶形深穴，采取地堡式建筑结构，设计精巧、结构严谨，由通道、井壁、井台等组成。

斜掘的通道置石阶下达井台，通道两边以石壁围护。通道分为三段，有 50 级石阶，第一段 13 级、第二段 19 级、第三段 18 级。各段之间有小平台，供下井汲水者搁桶小憩。下第三段石阶有三道连在一起的拱门（井壁），第一道拱门顶嵌横碑，正中刻“永济泉”，右刻“同治九年仲冬修”，左下落款“滇南钱埙题”。

圆形石井壁直径约 6.5 米、高约 12 米，由规则的石料紧密逐层垒砌，井壁上方至下面井台高约 12 米。井台四周沿着井壁有流水沟，汇集至出水孔穿过井壁通樟江，起到去除井台污物的作用，以保证井水卫生。井口由 8 块形状相同的条石镶嵌砌成，直径约 2 米，井深丈余，泉水清澈，四季水位稳定。

荔波永济泉全景

荔波永济泉井台俯视

荔波永济泉通道

荔波永济泉通道拱门

荔波永济泉内景

16 水浦古建筑群

Ancient architecture complex at Shuipu

级　别	第四批省级文物保护单位
地　址	荔波县时来乡水浦村
年　代	清
看　点	村落格局和水族干栏民居建筑

水浦村是个水族聚居的古寨，古建筑群位于联合国教科文组织公布的“人与生物圈”——茂兰喀斯特山区暨国家级风景名胜区樟江风景名胜区内，以民居与附属的禾仓为主，是典型的水族干栏式建筑，大多建于清代，村内村民均为水族。水浦村民居古建筑群被认为是人与自然和谐共处的典范、水族干栏式建筑博物馆。

水浦古建筑群包括数十栋干栏式民居和干栏式禾仓（粮仓）。干栏民居多为面阔三间、一楼一底或二楼一底，多为穿斗式歇山顶、少量悬山顶。一层多为饲养牲畜与堆放杂物，二层以上则为人居。屋顶曾经大多盖茅草或盖杉树皮，但随着社会经济发展大多改为小青瓦顶，但依然保留原初的屋顶样式。村内保留的禾仓与民居建造方式类似，均为干栏式建筑，主要用于存放谷物粮食，立柱架起以防鼠攀爬。

水浦村附近小山坡上，还有省级文物保护单位“水浦石板墓群”，曾有最早始于明代的百余座水族古墓，但现仅剩数座较为完整。水族石板墓的大多结构分为三层，上层和中层不入土、底层入土。每层石板围砌，死者置于底层棺内。上、中层四周石板均阳刻有各种飞禽走兽、龙凤花草、人物仕女，墓前都设置有石供台、石人、石兽、石凳、石亭等，特别是墓顶石雕精美，有麒麟猛兽、凤凰鸳鸯、双龙戏珠等。

水浦古建筑群鸟瞰

水浦古民居群远景

水浦古民居一

水浦古民居二

水浦古民居三

水浦古民居室内

水浦古民居梁架

水浦村禾仓

独山县

17 翁奇奎文阁

Tower of God of Literature at Wengqi

级 别	第四批省级文物保护单位
地 址	独山县兔场镇翁奇村中寨
年 代	清
看 点	建筑形制和结构

奎文阁原名“文昌宫”，始建于清嘉庆二十一年（1816 年），咸丰十年（1860 年）毁于兵燹，同治十二年（1873 年）原址重建，易名“奎文阁”。由大门、阁楼、过殿、后殿和厢房组成两进院落，整体基本保存完整，反映了汉地文化在黔南民族地区的传播。

大门坐北向南，面阔三间，穿斗式歇山小青瓦顶，明间与次间檐口形成叠落。大门正中竖悬楷书“奎文阁”额匾，左右两侧有“奎宿长辉高阁秀，文昌永驻士人贤”楹联。原大门后的“云霞辉映”牌匾、大门两侧门神木雕均已不存。

阁楼坐北向南，穿斗式结构的三层三重檐九角攒尖青瓦顶。底层方形平面，面阔三间、进深二间，三面砖墙围护，明间正中设佛龛，两次间置钟鼓，龛后有梯通至二层和三层。二、三层平面呈不等边九边形，东、西、北三侧各均分为二，南侧独分为三，九面均开隔扇窗。二层为“神文圣武殿”，阁内供孔子和关羽画像与牌位。三层“大魁阁”，阁外正面悬楷书阴刻“大魁”横匾，阁内供奎星木雕像。大梁东段题“皇图巩固，皇清同治十二年肆月谷旦立”，西段题“帝运遐昌，本境信士人等建，梓匠马文宣”。楼三层的金柱下均无对齐的金柱。二层的九根檐柱仅有四根是一层的重檐金柱，二层其余五根檐柱分别立于底层的抱头梁上。二、三层的抱头梁，以檐柱外伸为挑檐梁，以檐柱为支点，挑起金柱，形成杠杆结构。

过殿与后殿均为面阔三间，穿斗式硬山顶，瓦垛十字花镂空，两端鳌鱼鸱吻，正脊中为葫芦宝瓶脊刹。过殿明间前横题“崇文尚礼”，后殿明间前横题为“德配天地”。

与奎文阁隔河相望，有一方砖塔，名为“字葬塔”，用于焚烧废字纸的。

奎文阁正立面图

奎文阁阁顶梁架

奎文阁仰视

奎文阁字葬塔

过殿外观

后殿外观

三都水族自治县

18 黔南水族墓群

Tomb of the Shui people in south Guizhou

级　别	第七批全国重点文物保护单位
地　址	三都县、荔波县
年　代	明—清
看　点	形制和雕刻、水族民俗文化

黔南州水族石板墓群由三都水族自治县的引朗石板墓群、水懂石板墓、水达石板墓群和荔波县水浦石板墓群几部分共同组成。虽分布在两个县境内，但几个墓群均是位于相互关联的文化区域内的统一整体。

引朗石板墓群

位于水龙乡水龙村引朗寨，墓葬坐北朝南，东西向排列，分南北两个区域，共12座，其中11座干栏式石板墓、1座圆形封土墓。地面建筑部分均用长条形石板砌筑成仿房屋建筑形式，外壁上均有不同的石刻画像。有的墓葬还有门楼式墓碑，墓碑装饰图案有双鱼、阴阳图案等。

水懂石板墓

位于九阡镇大寨村水懂坡，现仅存一座，为水族古墓葬中少有的三层仿干栏式石建筑墓葬。墓葬周壁石刻画像丰富而精美，体现出浓厚的水族民族民间文化特色。两侧壁外石柱支撑，石柱底部刻狮子背铜鼓，侧壁上还刻有杂技、抬轿、战马、人物、吹芦笙等图案，两顶端刻秘戏、二人抬牛腿、三猴摘桃、喜上眉梢等图案，反映了多彩的水族文化。

引朗石板墓葬一

引朗石板墓葬二

引朗石板墓石刻一

引朗石板墓石刻二

引朗石板墓石刻三

引朗石板墓石刻四

水达石板墓群

位于九阡镇石板村水达上寨，该墓形成于清代早期，墓群共55座，分东区1座、西区41座两部分，呈弧形排列，多为干栏式石板墓。该墓群部分石碑刻有双龙戏珠、对向双鱼、阴阳符号、仙鹤、鹿、麒麟等水族文化标志性图案。

荔波水浦石板墓群

位于荔波县时来乡水浦村板本寨，始葬年代约为明代，原有百余座，现仅四座较为完整。现存石板墓均为干栏式石板墓，分为三层，底层位于地下、上层和中层在地面上。每层均用厚石板围砌而成，上、中层为空层，四周石板外壁均刻有各种飞禽走兽、龙凤花草、人物仕女等。死者置于土内底层棺内。

水族古墓葬是古墓中少见的埋葬方式，各墓地的墓葬形制、雕刻题材等基本相同，但墓葬规模和类型具有一定的地区差异，被认为是“水族民族文化的百科全书”，是研究水族民俗历史、日常生活的生动资料。

荔波水浦石板墓葬一

荔波水浦石板墓葬二

荔波水浦石板墓石刻

19 三都怎雷村古建筑群

Ancient architecture complex in Zenlei Village

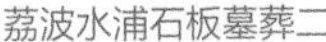

级　别	第五批省级文物保护单位
地　址	三都水族自治县都江镇怎雷村
年　代	明—清
看　点	村落格局与民居建筑

怎雷村形成于清康熙年间，该寨先民迁居于此，约在清中期形成今天村寨规模。村寨布局为倚山而建，分上寨、中寨和下寨，其间夹稻田和树林，上寨和中寨主要为水族村民居住，下寨主要为苗族村民居住。村寨至今仍保留和传承民族文化特色，特别是一百余栋干栏式民居建筑。除了村寨布局、民居建筑，较有特色的还包括遗存的少量石板墓群。

村内现有民居多为依山而建的干栏式民居建筑近二百栋，大多倚坡而建，坐东向西，屋架有穿斗和抬梁混合式、穿斗式两种，屋面古老的草顶和树皮顶现已不见，多为小青瓦悬山顶和歇山顶。其中，百年以上的古民居有十余栋、禾仓一百多个。

怎雷村上寨、中寨鸟瞰

怎雷村上寨远观

古民居建筑多见“三间两厦”形式，一楼一底为主，底层常设石碓间、杂物间及牲畜圈等。山面一端置楼梯，上置盖板。二层前有多有带栏杆的窄廊。室内布局上，明间为公共活动区域，正中壁上设祭祖神龛，中间偏右一侧置火塘，稍间为卧室。当地人注重存放粮食的禾仓，民间称“先盖禾仓后修房”，可见禾仓在日常生活中的重要性。禾仓的形制和主体建筑基本相同，为干栏式建筑形式，基本上每家都有一个以上的粮仓。

怎雷村古民居一

怎雷村古民居二

怎雷村古民居三

怎雷村禾仓

20 三都都江厅城墙

City wall of ancient Dujiang Prefecture

级　别	第五批省级文物保护单位
地　址	三都水族自治县都江镇上江村
年　代	清
看　点	古城历史和格局

都江厅城墙是清朝初期实行“改土归流”时期设置的“新疆六厅”遗存。其始建于清雍正九年（1731 年），原为土墙，次年改建石城。该城垣周长约 2000 米，设东南西北四座城门，东门为凯旋门、西门为广泽门、南门为兴隆门、北门为演武门，还有周围炮台等。原城内还建有文昌阁、关帝庙、城隍庙等建筑，“商旅出于途，汉苗杂于市”。但在近三百年的历史中，它先后经咸丰年间农民反清起义、抗日战争时期焚烧及轰炸等，完整性已毁，但从仅存四座城门、部分城墙、衙署遗址、老街、民居、古墓等建筑上仍可见当时之风貌。

都江厅城墙北门

都江厅城墙古衙署前石狮

都江厅城墙遗存

都江厅城墙古衙署

都江厅城内古街道及民居

黔南布依族苗族自治州其他文物保护单位列表

名 称	级 别	地 址	年 代	备 注
高石头摩崖	省级	福泉市龙昌镇	明	明万历二十八年（1600年）贵州巡抚郭子章督师“平播之役”时，为纪念战事、彰显军功而题写
瑶麓乡规碑	省级	荔波县瑶麓瑶族乡	清—民国	又称“婚规碑”，原有三通，仅余两通，其中一块为清同治三年（1864年）所立
瑶麓岩洞葬	省级	荔波县瑶麓瑶族乡	清	瑶麓村附近，按姓氏划分有燃角葬洞、几远葬洞等6处洞葬，现大多瑶麓青瑶人至今仍沿袭洞葬葬俗
仰望抗贡碑	省级	贵定县云雾镇	清	记载了清乾隆年间鸟王村抗贡云雾茶的事件，是贵州唯一遗存的一块与贡茶有关的碑刻
甘塘乡规碑	省级	贵定县新巴镇	清	碑文约300余字，立于清道光三十年（1850年），寨民为维护地方治安合议乡规九条，刻碑为记
偏岩摩崖	省级	瓮安县玉山镇	明	位于天然崖壁上，内容反映了镇压农民的史实，以及边疆农民军反抗封建统治
拉来寨崖墓	省级	罗甸县	明—清	属苗族墓葬，洞内有数百具朽烂棺木。棺木大小不等，随葬有竹饭盒、陶碗等生活用品
交麻崖墓	省级	长顺县	明、清	是当地苗族先祖的墓葬，洞现存青杉木制棺木百余具，排列有序，可见死者蜡染布料服装和其他少量的随葬品
来远写字崖	省级	长顺县	明—民国	写字处为半洞穴式凹槽，槽内石壁有明洪武年间至民国书写的汉字20余处，诗句多触景而题，杂于其间有红土符咒、绘画等
长顺龙家院崖壁画	省级	长顺县	待定	位于天然崖壁腹腔处，单线画技法，赭色涂绘太阳、人、马、骑马、击铜鼓、木屋架、飞鸟等图像
来远神仙洞遗址	省级	长顺县	旧石器晚期	出土大量石器和哺乳动物化石，现保存完好，为研究长顺县远古时期人类生息活动提供了重要实物
青山黄氏节孝坊	省级	长顺县	清	属清代为数不多的砖结构牌坊，三间两楼，题额、图案等，皆为砖雕
龙里果里岩洞葬	省级	龙里县	明—清	洞内存数百多具苗族先人遗棺，有明代平板平头棺和清代鼓形雄头棺。洞内还有防护墙，为古代苗族用来抵御外敌进攻而建
龙里巫山岩画	省级	龙里县	宋—明	岩画内容涉及奇特的动物图案以及多种抽象符号，颜料采用褐色石粉与动物血调和而成，手指绘于崖壁上，反映了当地原始生活、信仰等
惠水大龙岩画	省级	惠水县大龙乡	宋—明	含独坡岩画和龙坑古人类遗址岩画，这两处岩画均用赤铁粉调和动物血作材料，呈褐红色，主要内容为人和马，以及方格记数符号图等
羊福崖墓	省级	三都水族自治县	元—明	位于三都水羊福乡一凸起山石侧壁上，现存数处遗址，始于元明时期

克纘前緒
維祖宗創業艱難當思負荷

6

黔西南布依族苗族自治州

SOUTHWEST GUIZHOU BOUYEI AND MIAO AUTONOMOUS PREFECTURE

黔西南布依族苗族自治州古建筑分布图

Historical Architectural Map of Southwest Guizhou Bouyei and Miao Autonomous Prefecture

1. 兴义刘氏庄园
2. 兴义永康桥
3. 兴义窦氏民宅
4. 何应钦故居
5. 兴义南龙村古建筑群
6. 鲁屯牌坊群
7. 明十八先生墓
8. 安龙兴义府试院
9. 招堤
10. 袁祖铭旧居和五省会馆
11. 马二元帅府
12. 贞丰文昌阁
13. 定边城墙（含观音庙、关帝庙）
14. 兴仁三家寨道堂
15. 兴仁寿福寺
16. 崧岿寺

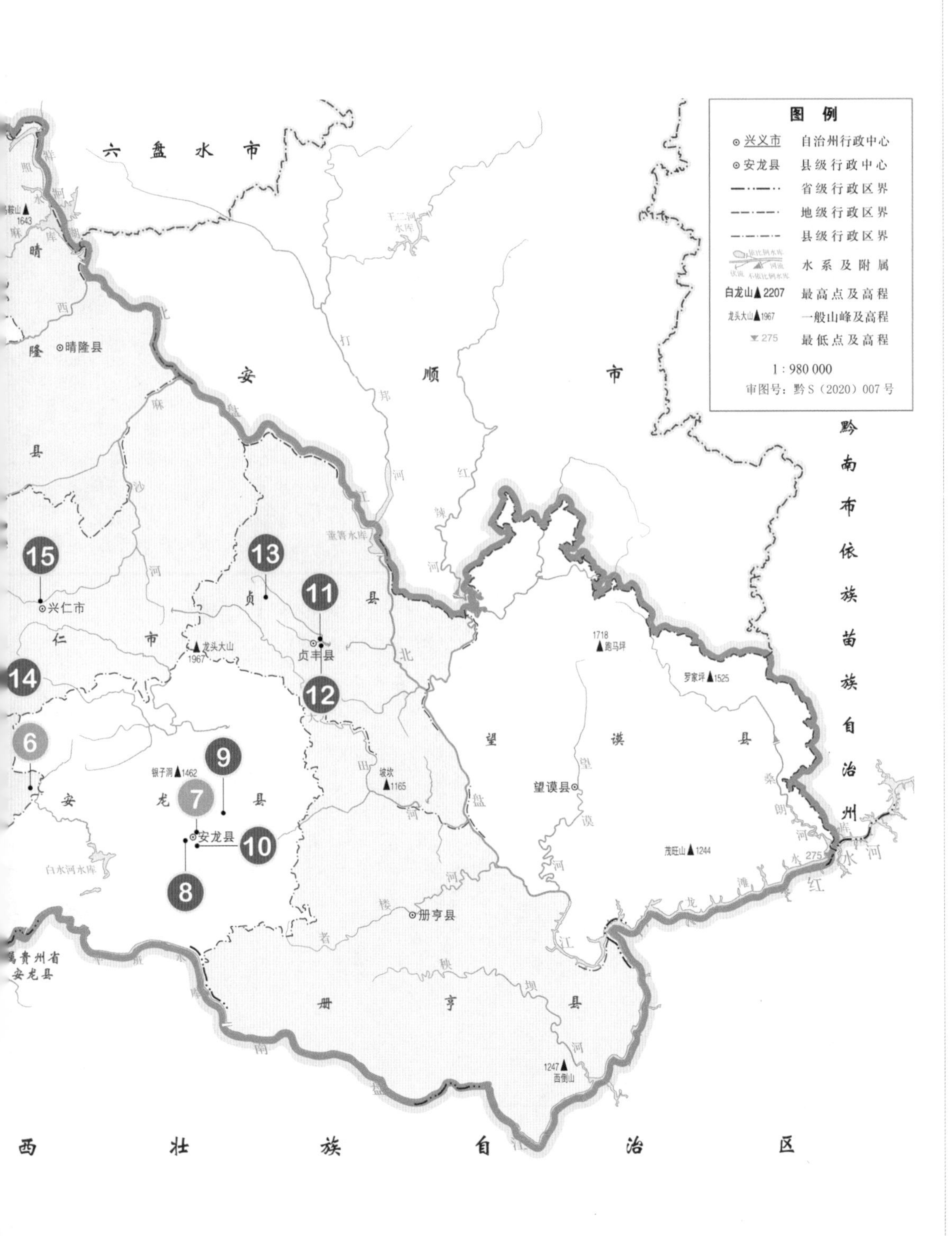
图 例
兴义市 自治州行政中心
安龙县 县级行政中心
省级行政区界
地级行政区界
县级行政区界
水系及附属
白龙山▲2207 最高点及高程
龙头大山▲1967 一般山峰及高程
275 最低点及高程
1 : 980 000
审图号：黔S（2020）007号
六盘水市
安顺市
黔南布依族苗族自治州
晴隆县
兴仁市
贞丰县
安龙县
望谟县
册亨县
龙头大山 1967
银子洞 1462
跑马坪 1718
罗家坪 1525
茂旺山 1244
坡坎 1165
董箐水库
白水河水库
1247 西衡山
西壮族自治区
贵州省安龙县
15
13
11
12
14
6
9
7
8
10

概 述

黔西南布依族苗族自治州位于滇、黔、桂三省(区)结合部,因其地理位置而得名,素有“西南屏障”和“滇黔锁钥”之称。黔西南州被亚热带季风湿润气候所环绕,地势西高东低,北高南低,是典型的低纬度高海拔山区地貌。

据史志记载,现在的黔西南州殷商时期为荆州西南裔,称为“鬼方”;春秋时期属牂牁国,战国时期属夜郎国,今兴义市属靡莫国;至汉武帝元封二年(前109年)靡莫国亡,秦朝设立郡县制,秦末又属夜郎国。西汉时期,分别属于牂牁郡和夜郎国所辖。三国时期,分别属牂牁郡和兴古郡;两晋时期,分别属于夜郎郡和西平郡,隶属宁州;南北朝时期,属于爨蛮,又称“乌蛮”。隋时属于东爨;唐朝初期分别属于黔中道、剑南道及牂牁国,唐朝中、晚期属矢部及罗甸国。宋朝中、晚期属自杞国及罗甸国,元代分别属云南省曲靖宣慰司的普定路,普安路和湖广行省八蟠顺源宣慰司的泗城州。

明代,分别属贵州安顺军民府的普安卫、安南卫和广西布政司的泗城州安隆长官司。明初中央政权“调北征南”时,大量汉族进入黔西南生活。明朝末年,南明永历朝廷播迁安隆,改安隆所为安龙府,属云南行省。清代,属贵州行省,先后设有南笼厅、南笼府、兴义府、永丰州、普安州、普安县、安南县、兴义县。清初,中央在贵州实行“改土归流”的土地政策,明清两朝对贵州的干预政策使得黔东南地区得到了发展。

民国三年(1914年),撤销兴义府,设贵西道,驻今安龙。中华人民共和国成立后,设立黔南布依族苗族自治州,安龙、册亨、望谟、贞丰等四个县划归黔南州。1981年撤销兴义地区,设立黔西南布依族苗族自治州,原行政区划不变,州府驻兴义县城。现黔西南布依族苗族自治州辖兴义市、兴仁市两市,安龙县、贞丰县、普安县、晴隆县、册亨县、望谟县六个县。

自明代开始,由于中央政权对贵州的施行“开一线以通云南”的管理政策,在贵阳、安顺通往云南的古交通干道上,陆续发现邻近干道修建的明代建筑遗物和遗迹。此外,州内现存部分清末至民国时期的建筑,是近代历史的重要资料,反映了地方建筑融合近代外来文化,中西结合的典型特征。如兴义刘氏庄园、袁祖铭故居和五省会馆等建筑,是研究贵州近代地方政治、文化历史的难得史料。

兴义市

1 兴义刘氏庄园

Family Liu's Manor

级别	第七批全国重点文物保护单位
地址	兴义市下五屯街
年代	清—民国
看点	庄园建筑格局和装饰

兴义刘氏庄园，原称永康堡，始建于清嘉庆年间（1796—1820 年），咸同年间（1851—1874 年）初具规模，至 20 世纪 40 年代，经过刘氏家族不断建设，形成了一组集居住、祭祀、军事防御等功能于一体的“屯堡”式建筑群，是民国初年贵州政坛显赫一时的督军、省长刘显世和游击队军司令、滇黔边务督办刘显潜的故居。现尚存家庙、忠义祠、花厅、刘氏宗祠、花厅、住宅、炮楼等十几处古建筑。

家庙始建于光绪二十二年（1896 年），坐东北向西南，由正厅、前厅、两厢组成一个封闭的四合院。正厅面阔三间、进深一间，穿斗抬梁混合式木结构硬山顶，其主梁上写有“光绪三十二年十二月谷旦”的字样。门厅面阔三间，进深一间，穿斗抬梁混合式木结构硬山青瓦顶，前檐外侧有石墙，斗拱落于石墙之上，石墙正中开石拱门。

刘氏庄园家庙前厅

刘氏庄园家庙正厅院落

刘氏庄园鸟瞰（部分）

忠义祠建于清同治三年（1864 年），光绪二十九年（1903 年）重建。由正殿、前殿、厢房组成四合院。正殿为穿斗抬梁混合式单檐硬山顶木结构建筑，前带廊。额枋及柁墩上雕花草云龙纹图案。明间前有整石雕成的八棱檐柱，柱顶承托瓜柱处雕刻伏狮，石檐柱的正面和内侧分别刻有楹联，两柱外侧和里侧刻《忠义祠记》。

花厅面阔五间，进深四间，为穿斗抬梁混合式庑殿顶木结构楼房，是刘氏家族接待宾客之处。花厅四周有几何图案透雕窗棂，额枋及廊间挑枋下雕有花草。花厅前院中有百年桂花树，鱼池栏上刻有“何妨小住”、池旁小桥桥栏雕渔樵和瑞兽等图案。花厅后面的刘显潜住宅为传统合院民居建筑，始建于光绪十一年（1885 年），住宅一旁的炮楼是清咸丰十年（1860 年）修建，炮楼和带堞垛的堡墙相连，均以料石砌筑。

刘氏宗祠分新宗祠与老宗祠，主要以新宗祠为主。新宗祠始建于光绪初年，刘显潜于民国二十年（1931 年）扩建为前后两院，现前院正殿梁上有“入黔第五代孙显潜率族恭立”的题字。正殿面阔三间，穿斗抬梁混合式硬山顶砖木结构，前廊外有月台。明间檐柱下为瓶形石柱础，上为章太炎等人的题刻，门额上悬挂原国民政府军政部长何应钦题赠的“克缵前绪”金字匾额，面对正殿的戏楼，明间石檐柱正面隶书楹联鼓励族人以承祖业、克振家声。正殿及戏楼的枋、额多雕花草兽禽图案，其中尤以戏台基座等处的石雕最为精致。

除以上介绍的古建筑外，刘氏庄园中还留有刘官礼四合院旧址、总管府等民居建筑，以及其他许多遗迹、遗物，其中刘氏宗祠和花厅等，具有中西建筑结合的特征。保存完整、如此规模的庄园，在贵州省内实不多见，建筑上的石雕和木雕构件，地方特色鲜明，庄园石柱和匾额等处的题刻文字，都可以看出刘氏家族的文化追求，反映出清末至民国的地方历史。

刘氏庄园花厅

刘氏庄园忠义祠前殿

刘氏庄园忠义祠正殿院落

刘氏庄园刘显潜住宅

刘氏庄园炮楼与轿厅

刘氏庄园新宗祠

刘氏庄园新宗祠正殿

刘氏庄园新宗祠戏台

刘氏庄园石雕一

刘氏庄园石雕二

2 兴义永康桥

Yongkang Bridge

级　别	第五批省级文物保护单位
地　址	兴义市乌沙镇岔江村江底组
年　代	民国
看　点	古道历史、桥梁与环境

永康桥又名江底桥，民国七年（1918—1920年）兴义人刘显潜倡建并和乡绅捐资修建。刘显潜字如渊，前文“兴义刘氏庄园”一节对其有所介绍。近百年来，永康桥一直是滇、黔两省往来古驿道的重要交通之一，以“滇黔锁钥”著称，该桥的修建，为地方经济社会发展做出了很大的贡献。桥建成时“滇黔人士观者万余，山为之满”，可见对此桥的期盼之情。

该桥全长近80米，宽6米多，依山势用青石砌筑三孔石拱桥，桥基建在两岸悬崖峭壁上，中孔及一侧的边孔券拱落于河床砌筑的墩上。桥面以青石铺就，从桥中心向两边对称降低，石礅护栏，桥墩下方为长尖角分水，迎向来水，对桥体起到很好的保护作用。上游迎水方向的桥身中心外侧置龙头石雕，在中拱顶部还悬有一镇桥宝剑。

永康桥北边的贵州桥头驿道上有三道拐，每拐处竖立有一通石碑，今仅存三道拐处的“永康桥颂并叙”碑。在山坡顶上的驿道边，保存有1920年的“永康桥记”碑；驿道边崖壁高处石壁上，镌刻有“滇黔锁钥”四个摩崖石刻楷书大字，其附近“如渊总司令桥成纪念”摩崖刻文：“砺耶带耶，维黔之疆。矢耶砥耶，维道之光。懿哉刘公，弥永而芳。敢告来者，视此津梁。”在此摩崖石刻近旁，依山靠崖修建有一圆拱形石头关门，关门顶部中央镌刻有“峭壁”隶书大字。在古驿道不远的南岸山坡，保存有石砌圆柱形碉楼一座，现木质建筑部分已不存，可俯瞰永康桥和山间古道，是永康桥要冲的军事堡垒。

兴义永康桥全景

兴义永康桥镇河宝剑

兴义永康桥桥面

桥旁古驿道关门

3 兴义窦氏民宅

Family Dou's residence

级　别	第五批省级文物保护单位
地　址	兴义市乌沙镇抹角村革里村
年　代	清、民国
看　点	民居形制和木雕装饰

革里村窦氏家族均属彝族，祖上窦氏先祖早年自江南辗转至滇迁黔，后居贵州兴义革里，经数百年生息繁衍，在革里成了一个大家族，人才辈出，活跃于当时各界。晚清与民国时期，窦氏家族与下五屯的刘家（刘显世、刘显潜等）、景家屯王家（王伯群、王文华）、泥凼何家（何应钦），在当时有兴义“四大家族”之称，在黔西南州，乃至贵州近代史发展都有着一定的影响。

窦氏民居群在20世纪六七十年代，毁损于大火。窦氏民居群修建时间长，数量较多，遗存部分构件装饰特点鲜明。遗存的民居建筑还有数组，但格局早已不完整。现存的几组窦氏民居，始建于清光绪年间，陆续修建至民国时期，大小不等的四合院，均为穿斗石木结构，一楼一底小青瓦顶，砖石砌筑外墙。每个合院相互连接又自成一体，居住舒适方便，小木作精致，部分花窗、六合门、过厅门罩、厢房裙板等构件保存完好，具有典型的晚清雕刻装饰风格。

窦氏民居鸟瞰

窦氏民居门楼

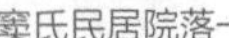

窦氏民居院落一

窦氏民居院落二

窦氏民居院落三

窦氏民居雕刻装饰一

窦氏民居雕刻装饰二

4 何应钦故居

Former residence of He Yingqin

级　别	第三批省级文物保护单位
地　址	兴义市泥凼镇
年　代	民国
看　点	名人事迹、民居形制和装饰

何应钦（1890—1987 年）为兴义人，其故居是何应钦之父于 1874 年修建的，后又新建两侧的厢房，成为一楼一底的三合院建筑。据称，随着何应钦职级升迁，其家人就将正厅立柱改建加高，现存正厅立柱顶部尚有三段榫接痕迹，是否因何应钦升迁所改造，不得而知。

故居为当地的普通民居建筑典型样式，穿斗式硬山顶木结构，一楼一底，由正厅、两厢、朝门及围墙组成合院。正厅有吞口，两侧木柱为高石柱础、两厢有石裙板，这些都是当地民居中为适应多雨气候，防止基础部分木构受潮腐烂的常见形式。两厢与正厅有廊相通，柱础、窗花、门墩石等的石雕、木雕图案虽不繁复但很精致。

何应钦故居鸟瞰

何应钦故居正厅

何应钦故居正厅柱础

5 兴义南龙村古建筑群

Ancient architecture complex in Nanlong Village

级　别	第五批省级文物保护单位
地　址	兴义市南盘江镇南龙村
年　代	清
看　点	保留较好的布依族吊脚楼民居群

据资料介绍，南龙村布依族古寨始于明代初期，南龙村先祖为明代洪武年间“调北征南”时期而来，祖籍多为江西。村寨的民居建筑最初是集中于古寨中心的小山峰顶部，逐渐按地形条件向四面延伸，均背山沿等高线错落有致布置，建筑因此坐向各不相同。村寨内现存一百余栋吊脚楼及寨门、根包古井、树根桥、祭祀台等建筑。

南龙村民居建筑多为二楼一底的穿斗结构小青瓦顶，顶楼存粮、二楼住人，底层堆放杂物和圈养牲口。村内吊脚楼面阔三间至五间不等，均采用悬山屋面，有的在次间外搭接单坡或双坡偏厦“猫耳房”，主要作为厨房、制作间等区域。

南龙村布依族吊脚楼带前廊或部分户门为吞口形式，因此平面上形成“凹”字形，当地称凹进的空间为“堰窝”，其挑檐垂柱一般作雕花柱头装饰。民居内部结构上，梁架、柱枋之间都互为垂直相交，灵活形成了架空、悬挑、错层等，且民居建筑保留较好，是黔西南兴义地区典型的布依族民居建筑代表。

南龙村鸟瞰

南龙村寨门

南龙村民居一

南龙村民居二

南龙村民居装饰细部

南龙村场坝和祭祀台

6 鲁屯牌坊群

Memorial archways at Lutun

级 别	第七批全国重点文物保护单位
地 址	兴义市鲁屯乡
年 代	清
看 点	建筑形制和雕刻装饰

鲁屯牌坊群为清道光年间（1821—1850年）的四座石牌坊，其中一座已被拆毁，现存三座，为“李锦章百岁坊”“生员李汝兰之母百岁坊”“生员黄建勋之母李氏贞节坊”。牌坊均为跨街而建的四柱三门五楼牌楼，榫卯衔接的青石仿木结构，坊底为束腰须弥座，四根八棱方柱，用完整的石料加工而成。三座牌坊形制基本相同，但题刻内容、花板纹样等装饰不同，其中以黄氏坊最为精致。

“生员黄建勋之母李氏贞节坊”的四石柱立于束腰须弥座上，各柱前后均有抱鼓石，中柱抱鼓上为昂首翘尾的伏卧状石狮，鼓面浮雕荷花、松虎、鹤鹿等图案。柱上的阴刻楷书对联“白马山高，蔚为竹节松心，节错根盘光日月；青塘水净，濯出冰肌玉骨，怀芳履洁被恩蒙。”落款为“原任广西永安州知州诰授奉直大夫愚表叔王秉心拜题”。牌坊明间净宽约2.5米，小额枋上有高浮雕二龙戏珠，正楼匾刻“志同冰质”；次楼匾左右刻“金鸾芳美、彤管流芳”。正楼平板枋上正中额刻“圣旨”，半透雕双龙抱柱牌带、云纹俯龙牌首。牌坊翼角起翘顶部檐口的做法简洁，坊脊的装饰较多，脊端鸱吻翘尾含宝，正脊中间的宝瓶结合寿字形雕花饰，宝瓶与鸱吻之间有云纹脊饰。

李锦章百岁坊（后为李汝兰之母百岁坊）

李锦章百岁坊局部

生员黄建勋之母李氏贞节坊

安龙县

7 明十八先生墓

Tombs of the 18 officials of the Southern Ming Dynasty

级　别	第七批全国重点文物保护单位
地　址	安龙县城内马场坝
年　代	清
看　点	历史事件、雕刻装饰

明永历六年（1652 年），大西军首领孙可望将永历帝朱由榔迎至安龙，随臣吴贞毓等 18 人不满孙可望之专横跋扈和“挟天子以令诸侯”，被孙可望冤定“盗宝矫诏，欺君误国”之罪并处死，葬于马场坝。明十八先生墓即为南明永历内阁大学士吴贞毓等 18 位官员殉难处的合葬墓，建筑群由墓区、祠堂、摩崖三个部分组成，包括合葬墓、石牌坊、祠堂建筑、碑刻和摩崖等内容组成。明十八先生墓祠、墓合一，是保存较为完整的反映南明历史事件的遗迹。

墓前有两座石牌坊，一座高 4 米、宽 6 米，四柱三门，坊上刻有“岿然千古”，左右分刻“成仁、取义”字，系后人补书，坊上刻有松、梅、竹、兰等花卉浮雕；另一座小石坊紧邻墓前，四柱三门，上刻“明十八先生之墓”，坊柱刻云龙、狮子，刻工精细，形态生动。小石坊后即为合墓葬，以块石镶砌成圆形，直径约 2 米、封土高 2.5 米。

位于墓葬后方沿石级层叠而上，为享堂和两厢组成的三合院祠堂建筑。“享堂”面对陵墓，歇山顶、石木结构，享堂内设置有十八先生牌位，两厢配殿为硬山顶石木结构，院落建筑均配以卷棚式回廊、雕花门窗。在享堂后有泉口，石壁刻“忠泉”二字，泉后傍山岩为“多节亭”，旁石壁上有光绪九年（1883 年）刻的“十八先生成仁处”，以及其他名人歌功颂德的题咏，歌颂这十八位先生的高风亮节。

明十八先生墓区鸟瞰

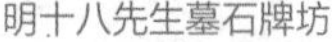

明十八先生墓石牌坊

明十八先生墓与小石坊

明十八先生祠堂院落

多节亭和摩崖石刻

8 安龙兴义府试院

Examination Hall of Xingyi Prefecture

级　别	第三批省级文物保护单位
地　址	安龙县新安镇安龙一中东侧
年　代	清
看　点	省内唯一的封建科举建筑遗存

兴义府试院始建于清雍正九年（1731 年），初建于府署右，后经建与重修，于道光二十一年（1841 年）重建于现址。晚清军机大臣张之洞少年时即攻读于此，是目前贵州省内唯一的封建科举考试文化遗存。

原试院分东路、中路、西路三条轴线，有左右辕门、告示房、鼓亭、龙门、魁星阁、左右号舍、大堂、二堂以及其他亭轩楼阁等。史料记载，当时共有房舍 209 间，能容纳一千多名考生，由于后期人为改造等原因，试院建筑大部分损毁，现保存较为完好的有大堂、二堂、植桂轩、议事亭和石板曲桥等建筑。

大堂坐南向北，前带廊，勾连搭形式，前为卷棚、后为硬山顶，面阔三间、进深两间。大堂檐廊柱均为整石八棱石柱，明间石柱之上楷书阴刻楹联一副，两次间廊柱间下为石裙板、上装挂落。二堂位于大堂之后，穿斗木结构硬山筒瓦顶，面阔三间、进深两间，前檐带廊，廊顶铺鹅颈椽、廊柱均为石柱。议事亭位于大堂右侧水池中，为穿斗木结构四角攒尖顶，正方形平面，四面装木棂花窗，外有回廊，外接池上石板曲桥与池岸相通。

近年对试院损毁部分建筑进行分期修复，已经在原址修复了大门和观厅、魁星阁等部分建筑。据称二期修复工程包括植桂轩、东西官厅、考棚等，将逐步恢复建筑群，以完整反映清代科举考试场所的原貌。

兴义府试院现状鸟瞰

重修后的大门

重修后的魁星阁

兴义府试院大堂

兴义府试院大堂内景

大堂檐廊

兴义府试院二堂

植桂轩

议事亭

9 招堤

Zhao's Dam

级　别	第二批省级文物保护单位
地　址	安龙县新安镇杨柳街
年　代	清
看　点	自然景观和人文建筑结合

安龙招堤清康熙三十三年（1694年）修建的路堤，以为防城北“海子”湖水上泛，保护农田和方便两岸居民的交通往来，便于军队调动和满足军粮供给。后人为了纪念主持修建的官员招国遴，取名“招堤”。而后历代在堤北端金星山之上建有涵虚阁、半山亭、挹秀石亭、一览亭、八字山门及尺幅千里石坊等建筑物。

招堤总体呈南北向微弧形，弧顶位于东侧迎水面。全长近300米，顶宽近7米、底宽7.5米，石块砌筑堤身外部，内部使用碎石、三合土夯实填心，顶面青石铺墁。招堤南、北两端留有单孔石拱泄水涵洞，南端建有四柱三门七楼牌坊，北端为金星山建筑群。

招堤和环境

金星山建筑群鸟瞰

招堤

金星山建筑群主要有八字山门、尺幅千里坊、涵虚阁、半山亭和一览亭等建筑。八字山门为平面呈“八”字形的单门三楼式山门，门额嵌刻有民国初期刘显潜题写的“茗清雪绿”四字。进山门至涵虚阁、半山亭等建筑道路之中有的小门坊“尺幅千里坊”，坊为单门双柱冲天石坊，书卷式额枋楷书阴刻“尺幅千里”，故而得名。

涵虚阁位于金星山顶部，为三重檐穿斗式石木结构六角攒尖顶，平面呈六边形，南墙面大门额枋雕“二龙戏珠”图案，其上匾额楷书阴刻“涵虚阁”，背面匾额为“巍然紫府”。二层墙面留有券形透窗，套钱纹窗棂。三层墙面留有寿字纹窗棂的圆形透窗，西北角置木楼梯登阁。

在涵虚阁南侧有石木穿斗结构卷棚顶的一览亭，根柱身均为完整石柱，柱身阴刻楹联；东侧有半山亭，为穿斗式石木结构六角攒尖顶，依附于涵虚阁东侧围墙，呈半亭形式，四根柱身均为完整石柱，柱身外侧阴刻楹联，墙面嵌刻晚清军机大臣张之洞少年时所作《半山亭记》碑刻一通，描绘了招堤四时风光。

金星山建筑群山门

涵虚阁

一览亭

涵虚阁入口浮雕

尺幅千里坊

半山亭

半山亭题记和石榻

10 袁祖铭旧居和五省会馆

Former residence of Yuan Zuming and Five-province Guild Hall

级　别	第四批省级重点文物保护单位
地　址	安龙县龙广镇
年　代	民国
看　点	中西结合的合院建筑

袁祖铭旧居和五省会馆属近现代重要史迹及代表性建筑，皆属典型民国建筑风格。袁祖铭（1889—1927年）为安龙县人。辛亥革命时随刘显世到贵阳，护国之役胜利后升任团长。“民九事变”，袁祖铭在武昌成立“定黔军指挥部”，自任总指挥，民国十一年（1922年）返黔，次年率军出黔，所战皆捷。北洋军阀吴佩孚为笼络袁祖铭，欲委任其为“五省联军总司令”职务。袁祖铭父亲袁廷泰在龙广场坝兴建“五省会馆”，实为庆祝袁祖铭官升荣显、炫耀袁家权势。

袁祖铭旧居又称“卧雪山庄”，是一组中西结合

袁祖铭旧居鸟瞰

的砖木结构建筑群，坐南向北，由前厅、正厅及左右厢组成四合大院。前厅一楼一底，面阔七间，回廊相通，檐柱为青砖方柱，下层柱间做券拱样式，为厅门通道，上层院在券拱下设十字花青砖栏杆，厅四角置有十九级踏道上厅楼。正厅面阔七间，左、右厢各三间，均为一楼一底，结构及装饰与前厅相同。建筑外墙门洞、窗棂均为券拱形，墙体及门、窗部位均有泥塑线条及装饰，整个建筑排列整齐大气。

原山庄前曾置鱼池假山、植有花木，原池栏石上雕花卉、人物图案。室内陈列华贵，是袁氏家族居住及款待权贵之所。卧雪山庄前，曾建有袁祖铭祖母蔡、李二氏节孝牌坊一座，出自著名石工之手， 然而目前旧居已经损毁严重，建筑仅剩其主体结构框架，原牌坊、花园和屋内陈列已不存。

五省会馆同为四合大院，占地约两亩，原门楼戏台已不存，现为一栋办公楼，尚存正殿与两厢较为完好。正殿面阔五间、两厢各三间。天井置花坛植花木。整体建筑均为砖木瓦面结构。

袁祖铭旧居前厅

袁祖铭旧居前厅梁架

五省会馆鸟瞰

袁祖铭旧居正厅与庭院

贞丰县

11 马二元帅府

Mansion of General Ma Zhong

级 别	第一批省级文物保护单位
地 址	贞丰县贞丰一中内
年 代	清
看 点	中西结合的衙署建筑

贞丰马二元帅府原为清雍正九年（1731 年）修建的“长坝营游击署”，俗称“武衙门”。清咸丰十一年（1861 年），白旗军一部攻占贞丰城，其首领马斯俊（又名马仲）设府于该衙，因白旗军公推马斯俊为二元帅，故又称其府为“马二元帅府”。该组建筑府坐东向西，为四厅六厢三进院落的建筑群，主要由前厅、正厅、花厅、后厅、厢房等建筑组成。部分建筑已被改造或不完整，但基本格局未变，近年修缮。

第一院为由前厅、正厅及两厢组成的中西结合式四合院。前厅及正厅系圆拱门，穿斗抬梁混合式木结构单檐硬山顶，拱券门窗。正厅门额上原有“元帅府”匾，现已不存。两厢均为穿斗式木结构硬山顶，拱券门窗，院坝铺方青石。

过第一院拾级而上经花园则为第二院，由朝门、后厅、朝门及两厢组成。后厅面阔五间，明间有木质拱门，两面为花窗，此为元帅居室，两厢均为单檐穿斗式木结构硬山顶，中西结合式拱券门窗。第三院位于第二院左侧，为中西结合式院落，均为单檐穿斗式木结构硬山顶建筑。

马斯俊在此处理军政事务达 11 年之久，于同治十年（1871 年）阵亡，元帅府改为刘公祠，民国初年又改为学校，仅存花厅及西厢房和三个院坝，其余改建为校舍。近年已将校舍迁出，正在修缮与重建原元帅府建筑。

马二元帅府鸟瞰

马二元帅府前厅

马二元帅府花园与后厅

马二元帅府后厅窗饰

马二元帅府后厅与院落

12 贞丰文昌阁

Wenchang Tower

级　别	第二批省级文物保护单位
地　址	贞丰县珉谷镇渔塘街东段
年　代	清
看　点	建筑布局与形制

贞丰文昌阁位于老城东门内，始建于清乾隆年间，嘉庆二年（1796年）改建。建筑群坐西北向东南，平面呈长方形，沿纵轴线对称布局，现存正殿、前殿、配殿、厢房和池塘等建筑。

池塘位于建筑群落的前部，为一不规则的长方形荷花池，池中建石桥，正对建筑群之中轴线。当地人讲，正殿建筑外似"高"字形，而池与桥则呈"中"字，二者与城外高耸的文笔塔相呼应，组成了"文笔高中"。这是否为当初本意不得而知，但表达了当地希望人才辈出、人文蔚起的心理取向和愿望。

前殿面阔三间、进深三间，穿斗式木结构歇山青瓦顶，目前为贞丰县文物管理所办公地。正殿面阔三间、进深三间，通面阔约16米、通进深9米，通高约13米，穿斗式木结构重檐歇山青瓦顶，四周回廊，檐下卷棚轩顶，屋顶曲面柔和，保存较完好。

贞丰文昌阁是明清以来汉文化在西南民族地区广泛传播的产物，文昌宫主要祭祀文昌帝君。清光绪二十二年（1897年），文昌宫正殿被清翰林吴嘉瑞辟为"仁学会"会址，吸收贞丰有志青年为会员，传播维新、变法等思想，讲授数、理、化知识，"创新学之渐、开盘江风气之先"。民国二十八年（1939年）国民政府军第六军第九十三师由抗日前线回贞丰休整，师部驻扎于文昌宫内，曾将正殿改为"中山纪念堂"。

贞丰文昌宫鸟瞰

文昌宫入口

文昌宫前殿

文昌宫正殿

13 定边城墙（含观音庙、关帝庙）

City wall of ancient Dingbian Town (including Temple of Avalokitesvara and Temple of Guan Yu)

级　别	第四批省级文物保护单位
地　址	贞丰县龙场镇定塘村
年　代	明
看　点	明代军事遗址

定边城墙建成于明崇祯四年（1631 年），该城池是由普安监军副使朱家民组织建造的十一座城池之一，以“宿兵以防卫”为目的而建，明思宗朱由检赐名“定边城”，当时城内“军民杂处、农商并居”。清嘉庆二年（1797 年）初，南笼起义军破城，定边城此废弃。

定边城整体平面呈梯形，城垣周长约 2100 米，用青石砌就，分为东、西、南、北四门，各道城门之外均有驿道相通，城内尚存明代筑就的石街路和部分屋基。现存残墙最高处 4 米，最低处 1 米以上。城门现仅存西门的门拱，高 4 米、宽 3 米多、厚约 2.5 米。遗址内尚存清光绪二十五年（1899 年）建成的观音庙与关帝庙。

观音庙现为正殿与两厢组成院落，正殿面阔三间，抬梁式结构悬山顶，殿内供奉观音等神像。两厢为穿斗式悬山顶。关帝庙位于城中心，是上下街的分界标志，现存正殿与两厢，正殿面阔三间，抬梁与穿斗结合式硬山顶，殿内供奉关帝等神像。该庙曾经香烟不断，加之近年多有修缮，故保存较为完好。

定边城墙和西门现状

关帝庙正殿

观音庙大殿

定边城墙西门遗址现状

兴仁县

14 兴仁三家寨道堂

Private Islamic Mission at Sanjiazhai

级　别	第三批省级文物保护单位
地　址	兴仁县鲁础营乡三家寨村
年　代	清
看　点	融入当地建筑形式的回族道堂

兴仁三家寨道堂曾是统领安顺、平坝、安龙、兴仁、盘县等十二方的伊斯兰教的总道堂。清光绪年间，教主马光烈令杨云鹤主持修建，光绪十八年（1892 年）落成，由道堂和姑祖花园两部分建筑组成。道堂包括正殿、两厢、前厅、水房、望月楼等，由正殿院落和左右院落三个院落共同组成。

道堂的望月楼前嵌“三家寨道堂”木匾，楼上四面设窗，供阿訇登楼观察新月，决定把斋、开斋、诵经礼拜时刻而设。过望月楼和前厅，内为一天井合院，左右为厢房，后为正殿。天井四周檐下挂有各方人士书赠的数块黑漆木匾，题字分别为“返璞归真”“翼善开贤”“广大无疆”“清真义馆”“寿近期颐”“遵道寿永”，正殿大门两侧有清光绪年间地方官所赠楹联。

正殿为一楼一底，面阔五间，上下设廊，楼上为经堂，后壁设壁龛，龛内壁书阿拉伯文真言，上面悬马光烈手书阿拉伯文黑漆金字匾。正殿一侧的三合院，有厢房、伙房、沐浴水房等；正殿后为“姑祖花园”。

姑祖花园内有一幢石结构房屋和一幢面阔四间木结构房屋，为姑祖诵经和居住之所，石屋门额书“养性轩”。三家寨道堂因马姑祖（马贞姑）而闻名，民国《兴仁县志·人物志》记载“马贞姑是回教教主之妹，光绪十五年（1889 年）丈夫反清被杀后，她到清真寺的石屋内居住诵经二十余年，不出户庭，取不见大清朝天日之意。”马贞姑在当地居民心中有着崇高的地位。

道堂鸟瞰

道堂外观

三家寨道堂侧院

道堂院落

15 兴仁寿福寺

Shoufu Temple

级 别	第三批省级文物保护单位
地 址	兴仁县徐家巷
年 代	清
看 点	形制和装饰

兴仁县于明洪武年间设新城所，清嘉庆三年（1798年）设新城县以来，是附近各县的交通中心和商品集散地。寿福寺即当时的两湖会馆，是由两湖商贾于清嘉庆二十年（1815年）创建的同乡会馆，光绪十二年（1886年）按原貌重修。原有东西两院，东院早毁，现仅存西院，坐南朝北，寺由戏楼、正殿、两厢组成封火高墙围护的四合院落，为当时的同乡集会、议事、通商、接待等功能场所。

现砖石结构拱券大门，前原有踏跺数级，后因门外城市排水暗沟改造抬高而填平。大门内的戏楼为穿斗式二层单檐歇山顶式木构建筑，面阔三间，卷棚顶天花，置八角形藻井，后金柱间为雕刻精美的屏风。戏楼东西耳房为穿斗式二层单檐木构建筑，上下两层回廊与东西厢房通。东西厢房均为砖木穿斗式结构，二层单檐高封火墙形式，面阔三间，进深两间，对称布置，次间无山柱，檩、枋均镶于山墙中。

正殿为抬梁和穿斗结合式木构建筑，面阔五间，进深三间，台基高约1.8米。明间为抬梁式构造，七架梁下有卷草纹雀替，均用双檩，彻上露明造。大殿始建时面阔三间，东西稍间为后代修缮时增建，可见大殿前廊次间和稍间之间仍有隔墙。檐柱下石柱础为三层组合式，下层八边形、中层六边形荷花和松鹤等纹样、上层为乳钉鼓形，檐下浮雕撑拱饰。

寿福寺鸟瞰

寿福寺大门

寿福寺戏楼

寿福寺正殿

普安县

16 崧岿寺

Songkui Temple

级　别	第四批省级文物保护单位
地　址	普安县罐子窑镇谭家湾
年　代	清
看　点	古道佛寺和山林景致

崧岿寺位于普安县古驿道上，沿山古木遍布，古寺掩映其间。该寺始建于明万历年间，因其山形如游龙，而称“五龙观”。据传清顺治年间僧人善权游访至此，取青松高大挺拔之意，改号“崧岿寺”。同治四年（1865 年）被回族起义军焚毁，光绪五年（1879 年）进行修缮，此后几经修葺。早在清初，这里已是黔滇驿道上的一处胜景，以其特有的山林景致和宗教文化，吸引南来北往的行人。该寺现仅存正殿、两厢、前殿。现存正殿及两厢为民国初年重建，现存前殿及山门为近年修复。

该寺为坐北朝南的四合院落，占地面积约 600 平方米。前殿面阔五间，抬梁式单檐硬山顶，明间檐下悬“崧岿古刹”匾，前檐柱一对造型生动的狮形柱础为明代遗物，门前有踏道左侧立有清康熙二十七年（1688 年）石碑一通，叙述善权和尚生平及修建崧岿寺事宜。

正殿一楼一底，抬梁式单檐歇山顶，面阔五间，青瓦屋面，柁墩上有浅浮雕花卉图案，门额上悬挂“大雄宝殿”匾额。两边厢房各列三间，左右厢为禅房和僧舍，穿斗式木结构，撑拱精雕瑞兽。

崧岿寺大殿内景（修缮中）

崧岿寺鸟瞰

崧岿寺前殿（修缮中）

崧岿寺明代石狮柱础

黔西南布依族苗族自治州其他文物保护单位列表

名 称	级 别	地 址	年 代	备 注
兴义万屯墓群	国家级	兴义市	东汉	分布面积广、保存数量多、出土文物较重要的汉代文物遗存，在新桥、张屯与贾家坝等三地分布 17 座
交乐墓群	国家级	兴仁县	汉	有汉墓 90 多座，其中含目前贵州所发掘的最大一座汉墓。出土大量地方文化特色的文物， 有夜郎文化遗留的印迹
普安铜鼓山遗址	国家级	普安县	东周—汉	是铸造铜器（主要为兵器）的作坊遗址，是贵州境内经过正式发掘的唯一战国秦汉时期青铜冶铸遗址
龙广观音洞遗址	国家级	安龙县	旧石器时代—新石器时代	出土打制石器、磨制石器、骨器、陶片、人类和动物遗骸等各类遗物 20 余万件，以及大量用火遗迹
猫猫洞古人类文化遗址	省级	兴义市	旧石器时代	出土大量人类、动物化石，以及用火遗迹
张口洞遗址	省级	兴义市	旧石器晚期—新石器时代	其出土标本数百件，人类牙齿 40 余枚，旧石器两千余件，以及全国首见的多坑型石器
“西南屏障”石刻	省级	兴义市	清	孙清彦在任兴义知府期间所刻，是其留在兴义的珍贵书法艺术遗迹
查氏宗祠碑	省级	兴义市	清	是全国首例用汉字标注布依语的碑文，主要记述查姓先祖迁徙、落业于纳具寨的情况

成殿

7
安顺市
ANSHUN

安顺市古建筑分布图

Historical Architectural Map of Anshun

1 安顺文庙
2 安顺武庙
3 崇真寺
4 安顺圆通寺西秀山白塔
5 云山屯古建筑群
6 鲍家屯水利工程
7 天台山伍龙寺
8 天龙古镇建筑群
9 玉真山寺
10 普定营盘近现代建筑群
11 镇宁高荡村古建筑群
12 镇宁城墙
13 关索岭
14 顶营司城垣
15 灵龟寺无梁殿
16 花江铁索桥
17 紫云文笔塔

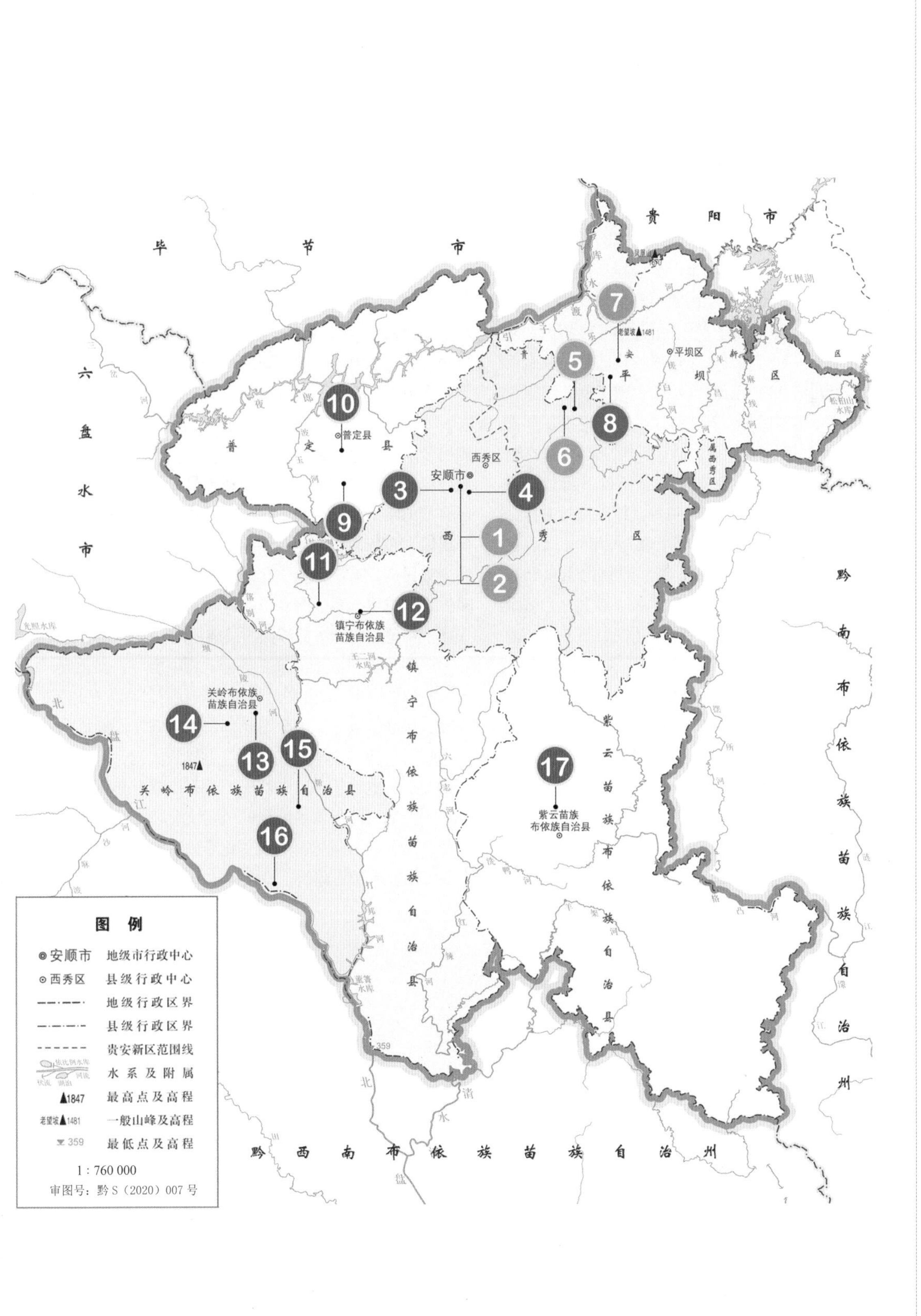
毕 节 市
贵 阳 市
六 盘 水 市
黔 南 布 依 族 苗 族 自 治 州
黔 西 南 布 依 族 苗 族 自 治 州
红枫湖
老望坡▲1481
平坝区
安 平
平 坝
新 区
普 定 县
普定县
西秀区
安顺市
西 秀 区
镇宁布依族苗族自治县
镇 宁 布 依 族 苗 族 自 治 县
关岭布依族苗族自治县
关 岭 布 依 族 苗 族 自 治 县
1847
紫云苗族布依族自治县
紫 云 苗 族 布 依 族 自 治 县
359
1
2
3
4
5
6
7
8
9
10
11
12
13
14
15
16
17
图 例
安顺市 地级市行政中心
西秀区 县级行政中心
地级行政区界
县级行政区界
贵安新区范围线
水 系 及 附 属
1847 最高点及高程
老望坡1481 一般山峰及高程
359 最低点及高程
1 : 760 000
审图号：黔 S（2020）007 号

概 述

安顺地处贵州省中西部的平坦地带，东靠省会贵阳市和黔南布依族苗族自治州，西邻六盘水市，南接黔西南布依族苗族自治州，北连毕节市，素有“黔之腹、滇之喉、蜀粤之唇齿”之称。

今安顺市境春秋时属牂牁国，战国时属夜郎国，秦属象郡之夜郎县和且兰县地。西汉初，西南夷各方国据境自立，《史记》有“西南夷君长以什数，夜郎最大”之记载。武帝元溯三年（公元前 126 年）在夜郎国地置夜郎、且兰两县，今市境属夜郎县；成帝河平年间（公元前 28 年至前 25 年）夜郎王反，汉灭夜郎国，其地尽属牂牁郡，至东汉末。三国时期，属蜀汉益州牂牁郡之夜郎、且兰两县；隋代，先后属牂州、牂牁郡，辖宾化县，曾为东爨乌蛮所据。唐代，先属谢氏牂牁国，后分属罗甸国和普宁郡王地；宋代，今安顺市境西部大部属普宁郡王领地，部分属罗甸国；元代，先南宋理宗宝祐五年，即蒙古宪宗七年（1257 年）普里、普东二部北降蒙古，以其地置普定万户，不久改为普定府，领和宏、达安二州，隶云南行省曲靖宣慰司。

明洪武五年（1372 年）置普定土府，仍沿领元朝时所辖四州一县，即安顺州、镇宁州、永宁州、习安州和普定县；洪武十八年（1385 年）八月废除普定军民府，并改安顺州为直隶州，隶于云南布政司；同年，罢除普定县、习安州，其属地并入安顺州，镇宁、永宁二州则属普定军民卫。二十五年（1392 年）八月，朝廷以安顺州属普定军民卫，史称其“屹为边垒，襟带三州”。清代，顺治十五年（1658 年），安顺区域纳入大清国版图；康熙元年（1662 年）划云南、贵州二省归平西王吴三桂管辖；十二年（1673 年）吴三桂叛清，十九年（1673 年）清廷平息叛乱。雍正九年（1731 年）设郎岱厅（今六枝郎岱），安顺府领普定、清镇、安平三县，镇宁、永宁二州，郎岱、归化二厅，这一格局延续至清末未变。民国时期，辛亥革命武昌首义成功，贵州成立大汉贵州军政府。1949 年安顺解放，成立行政督察专员公署，辖安顺、平坝、紫云、镇宁、郎岱、普定等 6 县。

安顺市地处长江水系乌江流域和珠江水系北盘江流的分水岭地带，常年雨量充沛，属于典型的高原型湿润亚热带季风气候，境内海拔差异极大，是世界上最典型的喀斯特地貌集中区。市域内有多个少数民族聚居区，布依族、苗族、侗族、畲族等都是人口较多的少数民族。有“屯堡文化之乡”“蜡染之乡”等众多称誉。屯堡地戏、跳花节等地域特色文化都反映出安顺市特色鲜明、浓郁淳朴的民族风情。

安顺是贵州省最早设立县治的古城之一，文化底蕴深厚，是贵州省历史文化名城。明朝施行“调北征南”政策，战争结束后，部分军队都留下驻守在安顺这个重要咽喉之地，逐渐形成安顺屯堡建筑文化，其由军屯军堡、民屯民堡、商屯商堡等外来汉族社会群体构成，并长期时间保留着明代的风习文化。穿洞文化、夜郎文化、牂牁文化、屯堡文化等独特的历史文化遗存在安顺域内的古建筑上得到了很好的演绎。

西秀区

1 安顺文庙

Temple of Confucius

级 别	第五批全国重点文物保护单位
地 址	西秀区北街
年 代	明
看 点	省内保存最完整的文庙、石雕艺术

安顺文庙始建于明洪武二十七年（1394 年），坐西向东，经明、清两朝多次复建增修文庙至今仍保留着明、清文庙的历史原貌，现存建筑木、石结构部分多为明清时期建筑。整体建筑群沿中轴线对称布局，其典制齐备、布局严谨、工艺精致，是贵州省内现存最完整、工艺最精湛的文庙。

文庙前原立有“金声玉振”坊，坊后为影壁，20 世纪 50 年代被拆毁。从新建文庙入口进入文庙院落，为一面镂空石宫墙，顶端横匾镌“宫墙数仞”四字。宫墙两侧垂花门，南为礼门、北为义路。院落南北两侧分别建“德配天地”“道冠古今”两座石坊，均为四柱三间冲天式。宫墙后泮池为半圆形，池正中建有三孔石拱桥，称“圜桥”，桥两侧和池周均饰以带暗八仙和几何镂空雕花的石栏。过桥一侧有节孝祠，为面阔三间的穿斗式硬山小顶建筑。

泮池后的棂星门，是四柱三门冲天式雕花石牌坊，坊柱立于须弥座上，柱的前后均有抱鼓石。整座石坊遍雕图案，内容丰富、技法多样，大额枋上雕二龙戏

安顺文庙入口

“德配天地”坊

棂星门

安顺市

珠等装饰图案，柱顶有圆雕望兽。棂星门两侧分别建有面阔三间的硬山顶配殿，南为乡贤祠、北为名宦祠。棂星门后庭院两端建有重檐歇山顶的奎文阁（南）、尊经阁（北）。

大成门悬山顶、面阔五间，踞于九级踏跺之上，明次三间为过厅，南北稍间为文官厅、武官厅。明间的一对前檐柱为高浮雕盘龙柱，雕刻堪称精品。大成门两边为忠义祠、启圣祠，均面阔三间、为穿斗式硬山顶建筑。大成殿单檐歇山顶，面阔五间，前带廊，正面金柱间装隔扇门，大殿虽几经修葺，但梁架结构仍为清初遗物。殿前明间的一对廊柱，石狮柱础，柱身系整块巨石透雕而成的云龙柱，该龙柱雕刻虚实相间，仿佛出没于云雾之间，构思巧妙、技艺高超，是省内罕见的古代石雕艺术精品。殿前中央为四周带雕花石栏方形的天子台。

安顺文庙是中国西南地区较早建成的、贵州省内保存最完整的文庙古建筑群，是当时明王朝对边陲地区实施“移风善俗，礼为本；敷训导民，教为先”政治手段的体现，显示了明清儒文化由中原向西南边远地区的延伸发展。

泮池与棂星门

宫墙数仞和两侧礼门义路

棂星门石雕细部

大成门

大成殿室内梁架

大成门云龙石柱

大成殿

大成殿前廊

大成殿云龙石柱

2 安顺武庙

Temple of Guan Yu

级　别	第七批全国重点文物保护单位
地　址	西秀区中华东路西段北侧
年　代	明—清
看　点	建筑形制与结构装饰

安顺武庙又称关帝庙，始建于明洪武十五年（1382 年），后经清康熙、乾隆、道光等历代重修与增建，形成了沿中轴线对称布局、坐北向南的三进院落，是安顺市始建年代较早、保存较为完整的古建筑群之一，其与安顺地标性建筑圆通寺和西秀山白塔遥遥相望，形成一条贯穿老城南北中轴线的重要景观。武庙主要有大门、影壁、泮池、大殿、东西厢房、观音楼、藏经楼、钟楼、鼓楼等建筑。

文庙的大门牌楼、影壁、泮池均为近年修复。大门为四柱三间牌楼式石木结构，歇山顶正脊无脊刹，脊翼饰鱼龙纹正吻，翼角饰如意卷草纹，檐下为如意斗拱，明间门额为“文武圣神”。影壁为条石垒砌，墙体两侧开门洞，门额分别为“精忠贯日”“大义参天”。八边形泮池中间为单孔石拱桥，石栏杆望柱头为双束腰形式，石栏板饰几何纹。

大殿为前后带廊的单檐歇山顶石木结构，殿前踏步呈倒八字凸出，面阔五间、进深六间，明间中柱为减柱造，明间为抬梁式结构，次间和稍间为穿斗式结构，前檐廊柱础和廊柱间隔扇门，均有纹饰。大殿的明间落地六柱、次间落地七柱、稍间落地五柱，共 36 根落地立柱均为四方整料石柱，这在贵州古建筑中实不多见。

观音楼在大殿后的高台之上，坐北向南，前有踏跺七级，原祀有观音大士像。建筑为前廊式三重檐三层四角攒尖顶石木结构建筑。一层面阔三间，进深五间，廊两侧山墙有拱券门。东次间踏步通向二层，二层西次间有踏步通三层。观音楼檐柱角柱均为石柱，四根中柱为木质通柱。

武庙牌坊大门

武庙泮池与大殿

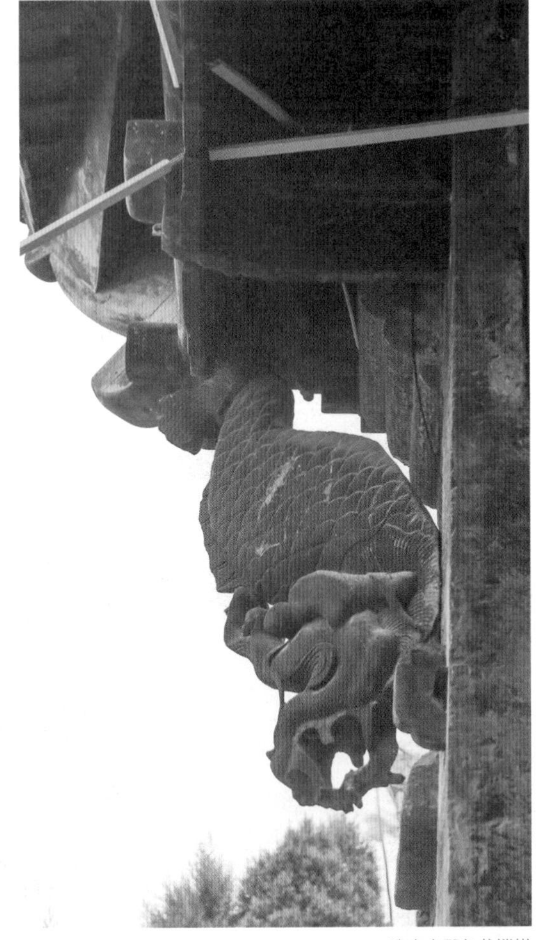

武庙大殿鱼龙撑拱

武庙大殿石木结构

武庙观音楼

3 崇真寺

Chongzhen Temple

级　别	第四批省级文物保护单位
地　址	西秀区县府路东侧
年　代	清

崇真寺始建于明洪武二十九年（1396 年），后历经明、清两朝多次重修扩建，至民国后期仍保持完好。崇真寺原规模较大，由寺门五间、灵官殿、祖师殿、三清殿、玉皇阁、左右厢和后厢等组成，与城中圆通寺、东岳庙鼎足而立，为城中大寺院，香火昌盛。据资料介绍，原三清殿后的玉皇阁为三层歇山式楼阁，前与西秀山塔相对，与武庙观音楼、府署伴云楼、圆通寺观音阁等楼阁相映成趣，为俯瞰全城的登高之处，规划布局精巧，但可惜现已不存。现仅存以三清殿为主的杂乱院落，尚有居民生活在内，其建筑也被改造为居住所用，但其石柱和梁架木构等尚保存完整。

三清殿木构装饰

三清殿院落现状

4 安顺圆通寺西秀山白塔

White pagoda on Xixiu Hill in Yuantong Temple

级　别	第二批省级文物保护单位
地　址	西秀区中华南路塔山公园
年　代	元
看　点	省内最早的木构建筑遗存之一、形制结构

圆通寺始建于元至正十一年（1274年），大殿明间梁架上有明崇祯七年（1634年）重修的款识，是贵州省内现存最早的木结构古建筑之一。原为三进四合院，自北向南逐渐抬升，到西秀山白塔达到最高点，并与武庙形成对景。现仅存大雄宝殿、观音阁，近年复建山门、厢房等主要建筑。

大雄宝殿为抬梁穿斗混合式歇山顶，砖石砌筑山墙，面阔五间、进深三间。该殿共有方形落地石柱28根，柱下置覆盆式石柱础。明间梁架为抬梁式结构，次间和稍间为穿斗式结构，柱枋间装板，殿内梁枋间雕刻精美。石门槛上有古钱、花卉、动物等雕刻，殿内地面青石板铺墁。观音阁为穿斗式重檐歇山顶，底层面阔五间、进深五间，四面带廊，次间檐柱和山面施木栏杆；二层面阔三间，檐下新挂“藏经楼”匾额。

西秀山白塔是一座通体为白色的六角七檐楼阁式实心石塔，始建于元泰定三年（1325年），初为砖塔，咸丰元年（1851年）用白料石沿砖塔镶砌。塔共分九级，自下而上逐级收进，高度亦逐级递减，每级顶部均挑出腰檐及翼角。塔的基座为须弥座，平面呈正六角形，六角各雕负重力士一尊。塔身一层南北面阴刻楷书“咸丰元年普定县邵鸿儒重修”等内容，其余四面刻有四大天王浮雕，塔身二层各面均刻有佛像。

安顺圆通寺、文庙和武庙等建筑遗存，反映了安顺古城营建思想，建筑都大量使用硕大石柱，以及抬梁穿斗混合式梁架结构等，表现出独具特色的安顺地区山地建筑风格。

圆通寺大雄宝殿与西秀山白塔

圆通寺大雄宝殿石木结构

圆通寺观音阁

圆通寺大雄宝殿石门槛雕刻

西秀山白塔

西秀山白塔细部一

西秀山白塔细部二

5 云山屯古建筑群

Ancient architecture complex at Yunshantun

级 别	第五批全国重点文物保护单位
地 址	西秀区七眼桥镇云山屯
年 代	明
看 点	屯堡文化与民居建筑

安顺云山屯古建筑群，包括云山屯和本寨，始建于明初，后经多次重建和增修，是一处保存较完整的军屯村寨，也是明朝在贵州推行屯田制的历史见证。云山屯、本寨及周围屯堡的寨中村民均为汉族，是明代屯军的后代，他们将汉地建筑传统与当地条件结合起来，形成了别具一格的“屯堡建筑”鲜明特点。

云山屯

坐落在云鹫山的峡谷中，只有一条盘山古道可以进入。屯堡内弧形主街道沿峡谷而建，街道两端设前后两道屯门。主街道两侧建有巷道，铺面及民居位于街道及巷道两旁。现存两屯门、戏楼、财神庙及古民居等建筑。

前屯门，又称“大屯门”。始建于明朝洪武年间，后因战火烧毁，清朝时期原址原貌重建，现两侧屯墙仍保留有明朝时期堆砌的块石，后重建的屯门也利用原石垒砌。现屯门楼为后来重建，两侧寨墙多处设有垛口，保存较完好。

戏楼位于云山屯中心场坝，始建于清代，楹联带有军屯历史特点，“四五步山遥路远，七八人将广兵多”，曾是村民聚集、休闲的主要空间。后戏楼毁于火灾，现为原址重建。财神庙位于云山屯中心场坝戏楼对面，始建于清代，原由寨中金姓乡绅集资修建，现状为近年修葺，庙内供奉文财神赵公明，旧时四面八方生意人途经云山时进庙拜祭。

屯内古民居是村寨防御体系的基本组成单元。平面布局分为全封闭式三合院、四合院和一字形排屋三种基本形式，其中部分一字形排屋也会和周边建筑共同组成封闭式的院落。三合院、四合院在平面上有明显的中轴线，正房体量较大，多为三开间和五开间，台基高于厢房和院落。民居结构为穿斗式悬山顶，石砌山墙和槛墙，屋顶为石片做瓦。主巷道两侧房屋设有石砌铺台，部分支巷两侧墙体通常设有枪孔，建筑雕刻精美。

云山屯鸟瞰

云山屯大屯门

云山屯民居一

云山屯民居二

云山屯民居三

云山屯戏台

云山屯民居院落

本寨

坐落在云鹫山南麓、三岔河北岸，为当时云峰八寨的大本营所在地，尚存寨门一座、少部分寨墙，各巷道中是封闭式的合院建筑，体现了屯堡军营“家自为塾，户自为堡”的风格。寨中原有军事防御的碉楼9座，现存7座，是屯堡村寨中碉楼最多的一个村落。

本寨内各碉楼从不同角度控制屯堡的制高点，各条巷道的交会处均成“丁”字形，以便控扼三方，巷道狭窄、院墙高耸，随处可见射击孔及观察孔。民居中杨家老宅、杨家大院、金家大院、王家大院、项家宅院都是典型的屯堡民居建筑代表，有的宅院建有垂花门楼，门窗上常见人字格、卐字格、寿字格雕刻。寨中有蛛网状的排水系统，下水道入口处有青蛙、龙凤、蝙蝠等形状的石板盖。

杨家大院正房门额雕花枋板上刻着“孝悌根本、言行枢机”，门斗上刻着“鼎”“新”，天井正中的方块石板雕刻着“太极图”，角落水漏的青龙花饰雕刻精细，这些装饰细节可见当年房屋主人的文化品位和耕读传家的遗风。

本寨鸟瞰

本寨寨门

本寨民居垂花门楼一

本寨民居垂花门楼二

本寨典型民居外观

本寨杨家大院碉楼

本寨典型院落一

本寨典型民居院落二

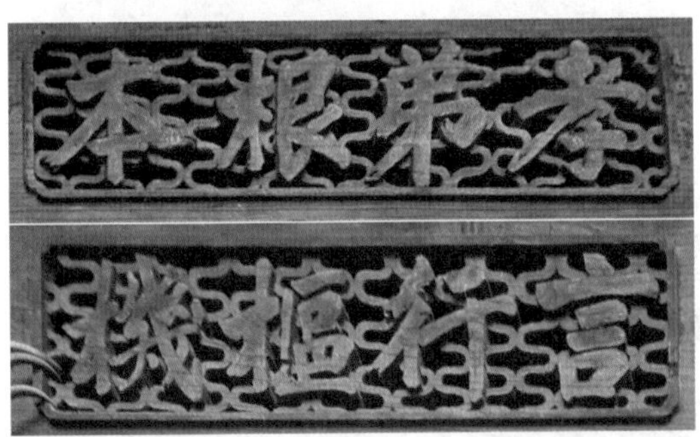

本寨民居装饰木刻一

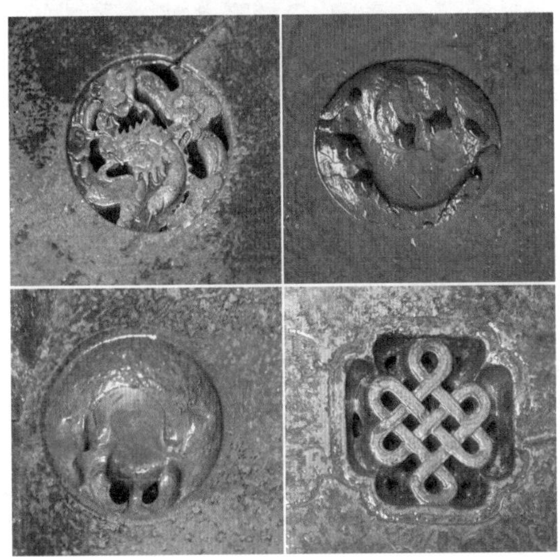

本寨民居装饰二

本寨民居装饰三

6 鲍家屯水利工程

Irrigation works at Baojiatun

级　别	第七批全国重点文物保护单位
地　址	西秀区大西桥镇鲍家屯村
年　代	明
看　点	明代军屯历史与古水利工程

鲍家屯水利工程被称为“黔中都江堰”，是贵州省目前发现的保存最为完整的明代古水利工程，至今仍然发挥着农田灌溉的功能。鲍家屯是明洪武年间的军屯，鲍氏村民聚居之地，与水利工程遥同为整体，见证了明代屯田移民的历史。

鲍家屯水利工程属引蓄结合的塘坝式水利工程，由横坝、顺坝和高低龙口组成，共包含大小 7 个堤坝、5 条主渠道、2 座水碾坊和两座石桥。采用“鱼嘴分流”的方式，把上游河道一分为二，形成“两河绕田坝”的态势，使村落周边不同高程的 3000 余亩田地都能得到自流灌溉。同时引水入村，以满足村民生活之需。整个工程系统布局合理，功能完备，集灌溉、供水、排洪、水力利用等功能于一体，可以满足丰水与枯水季节的引水、水量调节等功用，历史上便利的农业与生活用水、粮食加工等条件，使鲍家屯成为远近闻名的粮食产区。

水碾坊建于清乾隆年间，石墙石瓦、穿斗式木结构。水由闸门控制，河水流入水槽，推动下部水伞旋转，

鲍家屯水利工程和环境

水碾房局部

拦水坝与水碾房

通过中间木轴带动上部碾子碾米磨面。水碾坊古老的方式保留至今，形式和《天工开物》记载如出一辙。

鲍家屯古村落选址考究，建筑充分利用当地建筑材料，石墙石瓦、穿斗式木结构。街巷狭窄、曲折多变，在村寨街巷各处，设有门道，重要地段设有碉楼，碉楼的小窗（猫耳窗）控制着各路街道，便于开展巷战。但近年除水利工程保留较好外，屯堡内古民居由于改建增建，整体风貌受到较大影响。

鲍家屯现状

鲍家屯古民居一

鲍家屯古民居二

鲍家屯古民居院落

鲍家屯碉楼

平坝区

7 天台山伍龙寺

Wulong Temple in Tiantai Mountain

级　别	第五批全国重点文物保护单位
地　址	平坝区天龙镇天台山景区
年　代	明—清
看　点	屯堡历史和建筑布局、三教合一

天台山兀立一峰之上，因山势险峻如登天之台，故得名。天台山三面绝壁，仅北麓有石级可以蜿蜒至山巅，伍龙寺即建在一峰独秀的天台山上。

据记载，明万历十八年（1590 年）在当时军事古城堡的基础之上依山形地势建造伍龙寺，形成集军事古屯堡和宗教建筑为一体的伍龙寺格局，后经清至民国时期的数次修缮。伍龙寺现有山门、大佛殿、两厢和倒座、玉皇阁、藏经堂、祖师殿等建筑，佛道儒合一，前殿供佛祖、后殿供玉皇，清末曾为学馆。建筑群可以分内外两部分，外部墙体均用石块砌垒，由于风化已经与山岩在外观上浑然一体，墙壁上开少数猫窗，具有军事堡垒的防御功能；内部为寺庙建筑群，建筑群灵活布置在有限的山顶岩上，上下层叠，错落有致。

寺前设有四道山门，第一道为石砌衡门，建于清乾隆三十二年（1767 年），门额镌“黔南第一山”；第二道为石砌牌楼门，建于清光绪年间（1875—1908 年），券洞门上竖匾刻“天台山”三字，其下刻门联横批“天中之天”；第三道为与山石连为一体的券洞门，建于民国二十五年（1936 年），门上楷书“印宗禅院”四字周边，有弥勒佛、水八仙、太上老君、松竹梅兰等图案同在一匾之中，意喻此山儒释道三教合一，门旁石刻对联 “云从天出天然石峰天生就，月照台前台中胜景台上观”；第四道即为伍龙寺正门，券洞门上刻“清静禅院”四字，建于民国九年（1920 年）。

天台山伍龙寺鸟瞰

大佛殿建于明万历四十四年（1616 年），尚存题记，清道光二十九年（1849 年）曾维修。殿面阔三间，前带廊，单檐悬山顶，明间为抬梁式构造，梁架下施藻井，明间前檐柱有狮形柱础。廊上为卷棚顶，廊间挑枋上施驼峰，月梁和驼峰上雕刻有“二十四孝”等精美的人物花草图案。左右厢房为咸丰八年（1858 年）重建，其中左厢建于悬崖上。倒座始建年代与大殿同，但其明间抱厦为后增修。

天台山三山门浮雕

伍龙寺山门

天台山伍龙寺大佛殿

天台山二山门

大佛殿室内

大佛殿后的玉皇阁，建于明崇祯十年（1637 年），原为单檐悬山顶，后改为二层三檐歇山顶阁楼，面阔三间，阁前小天井有石板镶砌的放生池。玉皇阁右侧为经堂和二层仓房，左侧台地上为祖师殿。祖师殿是全寺地形的最高处，前平台有影壁。

伍龙寺周围尚存明万历年间修建的石砌城墙，这些墙既是院墙，也是寺院的围护墙，在外观上形如城堡，山崖与围墙、寺院和屯堡为一体，是该寺建筑布局的一大特点，至今山腰及山后尚有碓窝、房基及寨墙等明末建筑遗存。

伍龙寺石雕水缸

天台山伍龙寺玉皇阁

8 天龙古镇建筑群

Ancient architecture complex in Tianlong Town

级　别	第四批中国历史文化名镇
地　址	平坝区天龙镇天龙村
年　代	明—清
看　点	屯堡历史、格局和民居建筑

天龙古镇建筑群是明朝朱元璋时期“调北征南、调北填南”建设的屯堡，是贵州军屯、民屯文化遗产的典型代表之一，屯堡民风民俗、节日活动等传统仍沿袭较好。其中传统屯堡民居、传统街巷、天龙学堂旧址、陈蕴瑜将军故居等内容是天龙古镇的核心组成部分。

古镇中至今仍保留着部分屯堡历史格局，街巷曲折，具有较强的军事防御功能。如中街、后街、郑家巷、九道坎巷等古街巷，均为石板铺砌，街巷两侧分布着民居、寺庙等建筑。

屯堡民居具有鲜明的地方特色，其平面布局采用了合院的方式，为封闭性较强的三合院或四合院格局。屯堡民居最大特点是从墙体到房顶，广泛应用石材。

天龙古镇鸟瞰

代表性民居“四世同堂”民居，修建于清末，一正两厢的三合院布局，这里四世同堂、人才辈出。

老演武堂建于清初，是天龙村寨里最大的一个三合院，正房七间，二楼一底，左右厢房各两间，门簪装饰有“梅鹿衔枝”“喜鹊闹梅”图案。

天龙学堂旧址始建于 1934 年，1940 年扩建，后陆续修缮。所有建筑均为一楼一底，三合院布局，主要建筑有礼堂（正房），左右厢房，图书室和牌坊大门等，是西式建筑与当地建筑结合的产物。前后门皆

天龙古镇古街巷一

天龙古镇古街巷二

天龙古镇民居门窗装饰

老演武堂院落

为石砌的三门四柱牌坊，礼堂歇山顶石木结构建筑，中轴对称，较高于两厢，青瓦石板覆顶，一楼圆拱形窗、长方形二楼窗。

陈蕴瑜将军故居为三合院布局，一正两厢一照壁的典型屯堡民居，主要建筑有正房和东西厢房、图书室。故居“八”字形朝门为石砌，门楣悬挂蒋介石题写“忠烈可风”木额、雕花门楼垂柱，朝门风檐板为“寿”字纹风窗。正房较东、西厢房略高，面阔五间、进深两间，均为穿斗式悬山顶石木结构建筑，正房西厢后有花园。

陈蕴瑜（1900—1938 年），贵州省平坝县（现为平坝区）天龙镇人，1938 年 5 月，时任国民党第八军一〇二师三〇四团团长的陈蕴瑜率部参加徐州会战，不幸以身殉国。

天龙学堂旧址图书室

陈蕴瑜将军故居院落

陈蕴瑜将军故居朝门

普定县

9 玉真山寺

Temple on the Yuzhen Mountain

级　别	第四批省级文物保护单位
地　址	普定县马官镇玉官屯村
年　代	清
看　点	建筑格局与雕刻装饰

玉真山寺始建于明洪武十三年（1381 年）。清顺治、道光年间两次补修，同治年间又毁于战乱后于光绪十三年（1877 年）复建。寺为坐南向北、中轴对称的两进四合院，由山门、斗姆殿、观音殿、东西厢房、玉皇阁，以及经幢和摩崖石刻、墓葬等内容组成。

第一道山门为石砌拱券形门洞，券石上有门额横书“群峦拱玉”，两侧楹联书“真存寺若虚四面云山拱向，玉蕴峰含彩千家烟火团圆”。在第一道山门前的山腰处有铁拐李手执拐杖、身背葫芦、脚踏龟背的高浮雕摩崖造像，两旁楷书对联为“杖悬日月长生佛，葫芦乾坤自在仙”，横批“身飞世外”。第二道山门为穿斗式悬山小青瓦项大门，额枋题“眼界孤高”。

斗姆殿面阔五间、进深三间，前后带廊，穿斗式歇山顶。观音殿面阔五间、进深四间，穿斗抬梁混合式悬山顶。门前两柱的柱基是一对石狮，门上有镇宁清代秀才黄桂鉴的题字“定华发果”。殿前天井中立有款识“宣统二年”的四方形石经幢，通高约4米，柱顶圆雕“刘海戏蟾”，正中楷书阳刻“金钟卜地，玉烛照天”，基部四周阳刻八卦符号。

玉皇殿面阔三间、进深二间，为三重檐歇山顶建筑，穿斗和抬梁混合式结构。东西侧和背面三面有披檐。一层明间挑枋下饰仙人撑拱、廊间饰鹤颈椽，其下月梁雕刻人物花草图案。殿内脊檩下施驼峰，雕刻动物花草图案，脊檩尚有墨书“大清光绪十三年岁在丁亥林钟月”题记。

山门

寺门

玉皇殿西立面

观音殿与经幢

玉皇殿撑拱木雕

玉真山寺石狮

玉皇殿驼峰木雕

10 普定营盘近现代建筑群

Modern architectural complex for military defense

级　别	第五批省级文物保护单位
地　址	普定县马场镇营盘村
年　代	清一民国
看　点	中西结合的建筑形式、地方民间教育史

在偏于一隅的马场营盘村，走出了遍及当时的军界、政界、教育界的几十位袁氏子弟，其家族的传奇历史，袁氏后裔无系统的记载。可以确定的是，清雍正年间博学好古的袁氏先人由湘入黔，沿滇黔古道游学择居。清光绪十一年（1885 年），袁家冕创办了马场的凤池书院，是附近民间教育之鼻祖，以教育文武双全的人才为宗旨，其院门对联为“上马击贼，下马即学”，横批“威震南天”。后同治年间，袁家冕宅院碉楼改为“读书楼”，在它建成后的几十年中，人才辈出。

普定营盘民居门楼

普定马场营盘近现代建筑群，自清道光年间始，经不断修缮，至民国初期，形成现今规模。建筑均为砖木结构，坐北向南，代表性建筑主要有袁家冕四合院、袁士辉四合院、袁士德四合院、袁耀丹四合院、袁运梅四合院、袁谷成四合院等 8 个宅院，以及碉楼（读书楼）和营盘小学办公楼等建筑共同组成。

建筑形式采取中西结合的建筑方式，在当地的民居建筑中独具特色；因其建筑风格与中式建筑迥然不同，在当地称之为"西洋村"。整个建筑群内存的木雕和石刻，工艺精细、图案精美。其中袁家冕四合院建造较早，建于同治年间，为防外敌，于四合院右侧建一座四层楼的军事碉堡，后又成为子女读书成才的场所（即现在的读书楼）。目前建筑被居民使用且部分自主改建，缺乏整体有效保护。

普定营盘民居与读书楼

普定营盘民居一

普定营盘民居二

镇宁布依族苗族自治县

11 镇宁高荡村古建筑群

Ancient architecture complex in Gaodang Village

级　别	第五批省级文物保护单位
地　址	镇宁布依族苗族自治县城关镇高荡村
年　代	明—清
看　点	村落格局和民居建筑

高荡村是历史悠久的布依山寨，布依族村民主要为伍、杨二姓氏。根据其地形地势，布依语称"瓮座"，汉语称高荡。村内古建筑群始建于明代，至清代渐成规模，均为石木结构干栏式建筑。古建筑群主要包括古民居、村落巷道、古堡、营盘、古桥等内容组成，布依风貌保存较为完整，特色鲜明。

古民居为石木结构石板房，建造时间多始于明清时期，目前保存完好的石板老屋尚有一百余栋。民居依山势而建，多数坐北向南，山脚下有少量呈东西向布置。民居为两层，少数为三层，底层为牲畜圈舍、二层为居室，部分有三层可作居室或仓储之用。民居围护结构大致可分两类：一类是两侧山墙和后廊用石块砌成，前廊的下半段用厚石板作墙面，上半段则为木质墙面和窗户；另一类是两边山墙和前后廊的墙体均主要用石头砌成，当地称为"四落腔"。

村脚有半圆石拱寨门，保存较完好，村内还有数道石拱院门，院门以内成为相对独立的"合院聚居群"。村内各排房屋之间有宽度不等的巷道连通各户，形成

营盘遗址和高荡村

纵横交错的村内交通网。古堡位于村内东面的小山上，建于清代咸丰年间，是古村军事攻防设施，是石砌外墙的碉楼，碉楼围墙均有大小不等的观察射击孔，墙内岩体上凿有捣制火药的药槽。

位于村后山顶上的营盘，与古堡建造时期与历史背景相同，区别在于营盘不仅具有军事用途，而且兼具生活用途，是古时候避兵祸的场所，现营盘仅存残垣断壁。村中尚有古井，名为寻羊井，井盖、井壁和四周围墙均为石砌，曾是村内居民主要引用水源。距寨子外约 2 公里的梭椤河上还存有一座石拱古桥和部分古驿道，该座古桥曾是原六枝、落别、郎岱、扁担山等到镇宁、安顺的必经之地。

高荡村巷道拱门

高荡村古民居一

高荡村古民居二

高荡村场坝与古民居

高荡村古桥

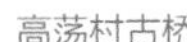

高荡村古水碾坊

高荡村古堡

12 镇宁城墙

Ancient city wall of Zhenning

级别	第二批省级文物保护单位
地址	镇宁布依族苗族自治县城关镇
年代	清
看点	古城历史

镇宁原名纳吉寨，明洪武十五年（1382 年），在此设“堡”，次年（1383 年）筑城，改名“安庄”。后设安庄卫，隶属贵州都司。洪武二十五年（1392 年）修卫城，设四门，东门“朝天”，西门“怀远”，南门“永安”，北门“镇夷”，并建有箭楼、月城等附属建筑。

清康熙十一年（1672 年）裁安庄卫，后城垣倾圮过半，乾隆年间重建。城的平面为矩形，仍开四门，东、西、南、北门分别名为“迎阳”“爽挹”“文明”“瞻阙”，门前皆筑月城，四门均有城楼，四角建角楼。城墙用白棉石砌筑，因而有“银镇宁”之美名，后又经数次增修加固，因石材选料考究、砌筑工艺严密，民间有“安顺的碑坊，镇宁的墙”之称。古城墙一直沿用到20世纪50年代，因城市发展改造，而大部分被拆除，现仅存城内钟鼓楼城墙门洞及东南角、西南角和西北角的小段城墙，共约460余米。

镇宁城墙钟鼓楼城门洞

镇宁城墙钟鼓楼城门洞近景

关岭布依族苗族自治县

13 关索岭

Guansuo Ridge

级　别	第二批省级文物保护单位
地　址	关岭布依族苗族自治县关索镇
年　代	明

关索岭是乌蒙山的支脉，山势峻伟，连绵起伏，岭侧悬崖下位灞陵河，相传因三国蜀汉将军关索曾在此驻兵而得名，自古以来就是滇黔两省通道上的要隘。民国二十五年（1936年），黔滇公路通车，关索岭不再为必经之道而逐渐荒弃。关索岭四周古迹甚多，现今尚存明清古驿道、御书楼关台、顺忠祠遗址、双泉寺遗址等遗迹。

关索岭主峰为“太子庙”，原在山顶建有“太子阁”，早已被毁。关索岭明清两代留存的石砌古驿道，宽约2米左右，至今可见被人畜踩踏的痕迹，至今已有600余年的历史，尚较为完好。关索岭现存御书楼关台，关门为石券洞城门，块石拱砌，滇黔古驿道穿洞而过，原城门上曾建有歇山顶关楼，坐东朝西面对县城，因悬有清康熙皇帝题书“滇黔锁钥”匾额，故名“御书楼”，现今关楼已不存，仅剩城门券洞。在城门旁还有一处顺忠祠遗址，是为纪念关索而建，现今尚存入口石门，内部建筑遗址大致格局依稀能辨识。

关索岭关口遗址鸟瞰

顺忠祠遗址石门

御书楼关台

14 顶营司城垣

Ancient city wall of Dingyingsi City

级　别	第二批省级文物保护单位
地　址	关岭布依族苗族自治县顶云乡顶营司村
年　代	明
看　点	司城历史和格局

据《永宁州志》记载："顶营司原为顶营寨，洪武十九年，颁印授顶营长官司，隶安顺州，洪武二十五年隶普定卫，正统三年改隶永宁州。"顶营土司是明、清两朝古永宁州（今关岭自治县）所辖三个土司之一，土司城垣始建于明洪武年间（1368—1398年），建在一个小山梁上，周长约一公里多，皆用石块垒砌而成，高约3米，东西两端各有设城门，中有衙门建筑和石板镶就的古道。东城门上，尚存崇祯十七年（1644年）所镌刻的石匾"迎恩门"，土司衙门建筑皆早已被毁，仅存部分残迹，而城垣及城门、石板古道尚存。

顶营司城垣东门

顶营司衙门遗址

15 灵龟寺无梁殿

Beamless Hall in Linggui Temple

级　别	第二批省级文物保护单位
地　址	关岭布依族苗族自治县上关镇中心小学内
年　代	清
看　点	省内罕有的地面石拱券佛殿

灵龟寺无梁殿，始建于清道光二十二年（1842年），因无梁殿前有一酷似灵龟伏地的巨石高于地表，故名灵龟寺。原有山门、前殿、厢房、正殿（无梁殿）等建筑，现仅存正殿无梁殿。

无梁殿为硬山小青瓦顶屋面，坐北向南，平面呈正方形，建筑面积约100平方米，以方形巨石拱砌而成，无砖无木，无梁无柱，故称无梁殿。殿内为东西向券顶，双心拱发券。建筑前有一石木结构抱厦，为后人所增建。东西山墙厚约0.8米，墙上嵌有"福""寿"图案石透窗，既满足了采光、通风的功能，也起到装饰的作用。正面留有石门额阴刻楷书"即是西天"，门两侧有对联"玄妙无穷弥宇宙，浑沦有致遍山河"。

灵龟寺无梁殿是贵州省内唯一保存下来的采用石拱券顶做法的地面无梁殿，保持了传统建筑的外观形式，体现了古代山地工匠独对石拱砌筑技术的熟练掌握。

灵龟寺无梁殿

灵龟寺无梁殿内景

灵龟寺无梁殿石门细部

灵龟寺无梁殿脊饰

16 花江铁索桥

Chain bridge over the Hua River

级　别	第一批省级文物保护单位
地　址	关岭布依族苗族自治县花江大峡谷景区内
年　代	清
看　点	摩崖石刻与自然景观

花江铁索桥由清光绪二十一年（1895 年）贵州提督蒋宗汉筹款修建，其后经历数次维修。桥长约 70 余米、宽约 3 米。桥面由 14 根铁链组成，拴在两岸人工凿成的石孔内，上铺数百块木板作为桥面。现今由于水电站建设造成铁索桥原桥铁索和桥板已拆除，2012 年在其上游约 300 米处复建了铁索桥，并将原桥铁索置于新桥面两侧展示，但古桥的桥墩和古道、两侧摩崖石刻、龛洞等皆保留完好。

原桥南岸古驿道旁，有数十处摩崖石刻，部分仍清晰完好，有“虹飞”“贞丰县北界”“华江桥”“功成不朽”“屹然大观”等石刻。离南岸桥头 15 米处，有一天然石洞，洞内供清末贵州提督蒋宗汉石像一尊，洞口刻有篆书“炳堂将军行乐图”。洞的左面崖壁凿一石窟，共三个龛洞，中间龛内塑观音像，上方刻“普陀真境”，但观音像头部已毁。左右两龛分别为“山神祠”“龙王宫”，龛内神像已不存，原石窟两侧有镂雕龙柱，现残存一侧。

花江铁索桥桥头石窟

花江铁索桥桥头遗址

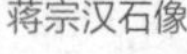
蒋宗汉石像

石窟镂雕龙柱

紫云苗族布依族自治县

17 紫云文笔塔

Pagoda of God of Literature

级　别	第四批省级文物保护单位
地　址	紫云苗族布依族自治县松山镇
年　代	清
看　点	环境和形制

紫云文笔塔建于清乾隆四十九年（1784年），建此风水塔缘由，有几方面，一为“紫云四周山势阴强阳弱，修塔镇之，以资协调”；二为“紫云山峦不秀，修塔点缀”；流传较广的是据称当时的威远营（即归化）官绅视城西北“五峰山似笔架，印山即墨，建塔作笔，东门田坝作纸，堰塘作砚”，乃文房四宝胜景，遂称“文笔闹堂”。

文笔塔为楼台式九层八角攒尖顶实心塔，通高约15米。塔基平面呈正方形，塔身呈八角形，从底至顶端皆由块石筑成，每层均挑出仿木结构石檐，翼角微翘，自下向上至顶层逐渐收分，各层起落分明。塔二层正北面嵌有“文笔塔序”石碑一通，字迹模糊，难考其详，其余各面石嵌有无字碑各一通。从第三层起，每层八方均雕刻形态各异的罗汉像一尊。

紫云文笔塔

安顺市其他文物保护单位列表

名 称	级 别	地 址	年 代	备 注
平坝棺材洞	国家级	平坝区桃花村	唐一民国	为天然岩溶洞，是当地苗族传统丧葬地，从唐代沿用至今，现存 500 余具棺木，是目前贵州存放棺材较多的棺材洞
穿洞遗址	国家级	普定县穿洞寨	旧石器时代	20 世纪 80 年代初发掘，出土石器、骨器、动物化石和人类化石两千多件、多处用火遗迹
宁谷遗址	国家级	西秀区宁谷镇	汉	为汉代古牂牁郡治所，分建筑、陶窑和墓群三个部分。出土木楱、长乐未央瓦当等大量汉代文物，是少有的三位一体的汉代遗址
八番六朝壁画墓	省级	西秀区	南北朝	为六朝壁画砖石墓，规模大、规格高，墓主是汉族显贵。墓室顶部有“星象图”，墓壁残存有“四象图”，是贵州唯一的南北朝墓室壁画
安顺吉昌屯军山营盘遗址	省级	西秀区大西桥镇	明一清	为大规模的明代屯军遗址，专家认为是当年安顺一带数十万大军的中心指挥部。屯军山有三道围墙， 遗址发现了上百件文物
飞虎山遗址	省级	平坝县白云镇平庄村	新石器时代	出土文物三千多件，包括新、旧石器时代的生活用具等，是贵州首次发现的新、旧石器时代地层叠压洞穴遗址
平庄汉墓	省级	平坝县	汉	
肖家庄汉墓	省级	平坝县	汉	
平林汉墓	省级	平坝县	汉	
金家大坪汉墓	省级	平坝县	汉	
营盘汉墓	省级	平坝县	汉	
赖坟包汉墓	省级	平坝县	汉	
老鸡场、新堡汉墓	省级	平坝县	汉	
下云、尹关、母猪龙潭等处汉墓群	省级	平坝县	旧石器时代	
白岩脚洞遗址	省级	普定县		出土了相当数量的石制品、动物化石和少量骨器
穿洞遗址	国家级	普定县新寨村	旧石器时代	距今 16000 年前古人类生活遗迹、旧石器时代晚期遗址。发现人类完整头骨两件和大量动物骨器、多处用火遗迹，在国际上具有重要考古地位
花江崖壁画	省级	关岭县	待定	含马马崖壁画、牛角井壁画群、汉元洞壁书壁画等几处壁画，专家认为是战国晚期至唐宋年间遗迹
红崖古迹	省级	关岭县	明	又称红崖天书，在长约百米、高 30 米的巨大石屏上，有数十个铁红色神秘字符，目前尚未有令人信服的破译

8
六盘水市
LUIPANSHUI

六盘水市古建筑分布图
Historical Architectural Map of Luipanshui

1. 普安卫城墙
2. 张道藩故居
3. 盘县城隍庙
4. 盘县普安州文庙
5. 大威寺茶厅
6. 小冲墓群
7. 盘县水塘村古建筑群
8. 水城化乐碉楼
9. 六枝羊场近现代商贸建筑群

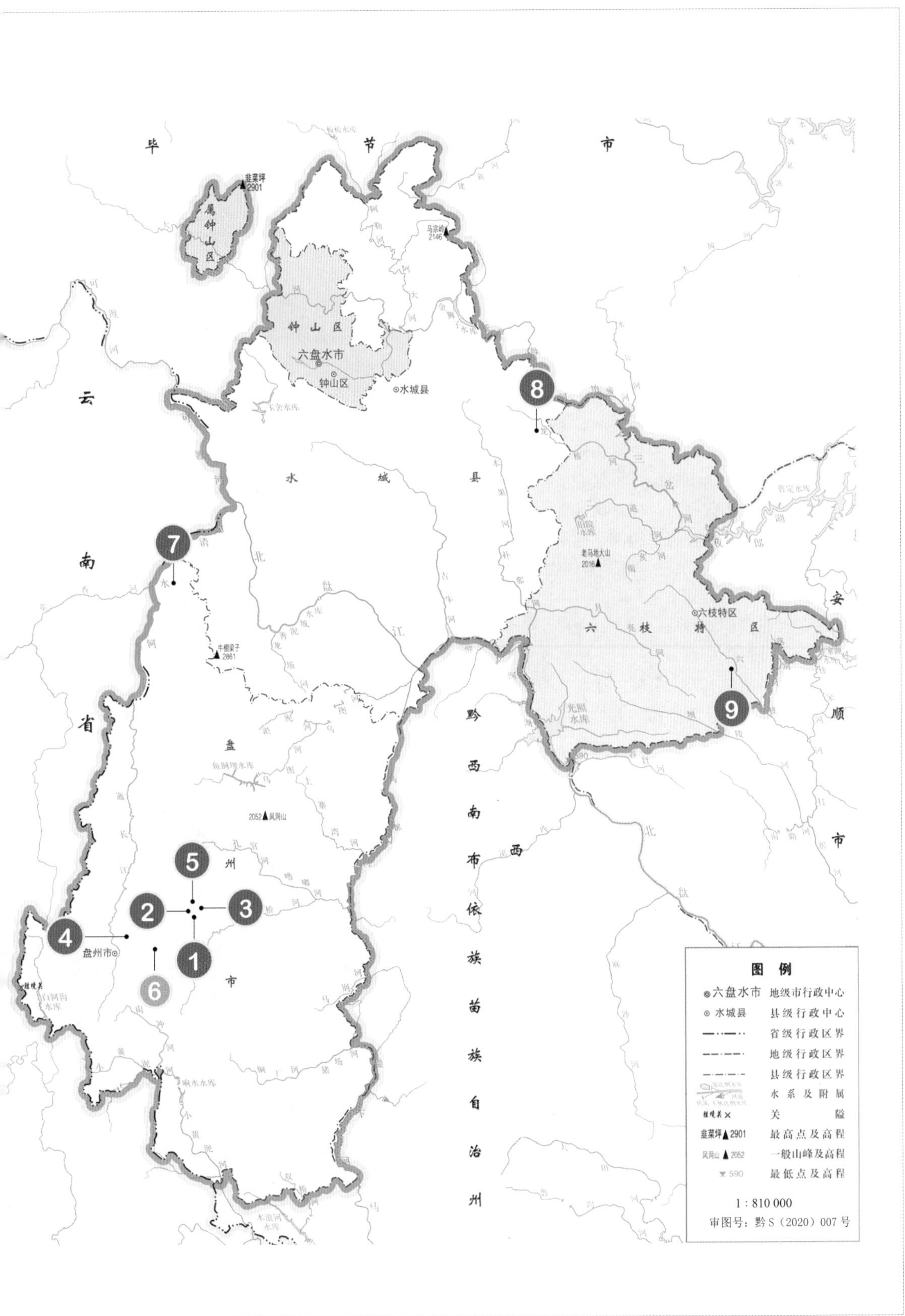
毕
节
市
韭菜坪 2901
属钟山区
马宗岭 2146
钟山区
六盘水市
钟山区
水城县
云
南
省
水
城
县
老马地大山 2016
六枝特区
六
枝
特
区
安
顺
市
牛棚梁子 2861
盘
2052 凤凰山
州
市
盘州市
黔
西
南
布
依
族
苗
族
自
治
州
光照水库
响水水库
图例
六盘水市 地级市行政中心
水城县 县级行政中心
省级行政区界
地级行政区界
县级行政区界
水系及附属
关隘
韭菜坪 2901 最高点及高程
凤凰山 2052 一般山峰及高程
590 最低点及高程
1：810 000
审图号：黔S（2020）007号
1
2
3
4
5
6
7
8
9

概 述

六盘水位于贵州省西部乌蒙山区。因其独特舒适的气候条件被称为“中国凉都”，是全国少有的以气候特征命名别称的城市。市境东邻安顺地区，南连黔西南布依族苗族自治州，西接云南省曲靖市，北毗毕节地区。地貌景观以山地、丘陵为主，除此还有盆地、山原、高原、台地等地貌类型，属于典型的喀斯特地貌。市境史前有古人类的重要栖息地，贵州省目前发现的早期智人即主要分布在六盘水市，如盘县“大洞人”、水城硝灰洞出土的“水城人”牙化石、六枝桃花洞出土的“桃花洞人”股骨化石晚期智人遗留等。

战国时期，六盘水市境为夜郎国地；秦统一中国后，属马郡汉阳县地。汉代中央王朝通使夜郎，设立郡县，大批移民迁入夜郎地区，促进了当地经济社会的发展。夜郎国灭亡后，夜郎地区直接纳入郡县体制，统治者在这里推行“羁縻”政策，“毋赋税，以其故俗治”。东汉以后，屯田制逐渐被破坏，许多豪民发展成为封建贵族领主，随其而来的垦殖者则成为依附性很强的农奴——部曲。魏晋南北朝时期，彝族先民（东爨乌蛮）中的布、默两支从滇东北向今市境和黔西广大地区发展，逐渐战胜濮人而占有其地。兴起的豪民大姓拥有大批部曲，实行封建领主制统治。隋改郡为州，唐承隋制。元代，于矢部内附，被命为于矢万户，后改普定府；罗氏鬼国内附，被命为八番顺元宣慰司，二府一司任用“蛮夷官”，实行土司制度。

明代市境土司制度仍有发展，但“改土归流”也已开始。永东十三年（1415年），普安安抚司改为普安州，设流宫知州，中原文化逐渐深入，农业有较大发展。清代雍正年间，今市境改土归流大体结束，北为水城厅、东为郎岱厅、南为普安州。此后，由中央政权直接统治的县级政区粗定，延续千余年的领主制被地主制取代。清王朝鉴于明末战乱造成人口锐减、土地荒芜的局势，采用迁入外籍人口等较宽的政策刺激农业发展，同时手工业、制造业等经济、文化都得到了前所未有的发展。清代中后期，由于地主阶级对农民的压迫剥削，贫苦百姓“数年不能更衣，终年不得盐”。清咸丰、同治年间，农民起义四起，清末一批有识之士走上民主革命道路，为推翻帝制作出贡献。民国时期，社会矛盾日益激化，反抗斗争未曾中断。民国时期置水城县、盘县、郎岱县，此建制直至中华人民共和国成立初期未变。

六盘水市地区中居住着众多少数民族，其中彝族、苗族、布依族、白族、回族、仡佬族为六盘水市的世居民族。这些民族同胞在此地世代生活，传承着本民族的文化习俗，形式各异的民俗节日、民族音乐、风格迥异的民间舞蹈和民间戏曲等众多内容构成了六盘水市独特的人文生态系统。

因其曾下辖云南，其区域建筑文化受到相关文化的辐射。在明代建筑中最具代表性的是盘县普安州文庙，此庙完整的保留了宋代“柱升起”工艺和承重斗拱的建筑风格。六枝羊场近现代建筑群反映了近代对外交流引起的建筑文化交融；清代小冲墓群、盘县水塘村古建筑群等既保留了中原建筑风格传统，又创造性地吸收了地方民族文化。此地还有中国第一座生态博物馆——六枝梭嘎生态博物馆，体现了人与遗产的活态关系。

盘州市

1 普安卫城墙

Ancient city wall of Pu'anwei

级　别	第四批省级重点文物保护单位
地　址	盘州市城关镇老城内
年　代	明

普安卫城墙，始建于明洪武二十二年（1389 年），当时“城垣周长八里五分，高二丈三尺，设东雍熙、南广居、西崇仁、北镇远四门。”清道光、咸丰、同治及光绪年间几度维修。城垣因山形而筑，西高东低，几经变迁，目前城墙格局已不辨。城墙基为石砌，内用素土夯筑，外以方整石包砌。现存北门、北门楼及东西向石城一段、西门门洞，西门“崇仁门”石匾尚存，其余城垣与西门门楼等建筑均为近年重修。

北门为省内明代城门中建筑年代最早之城门，门、楼俱存。北门城台高约 10 米，门洞为半圆拱，拱券纵联分节并列砌筑，入门洞留有设置城门竖向拱槽，其木芯铁皮城门早已拆除。

北门楼又称镇远楼，始建于明洪武二十五年（1392 年），清光绪十二年（1886 年）重修。现存门楼为民国十七年（1928 年）仿昆明“近日楼”重建，近年亦重修。门楼坐西南向东北，面阔五间、进深四间，穿斗式重檐歇山青筒瓦顶。前后带双步廊，明间敞通，翼角用撑拱起翘，现较完好。

普安卫城北门

普安卫城北门楼

普安卫城墙遗存和北门城楼

2 张道藩故居

Former residence of Zhang Daofan

级　别	第四批省级文物保护单位
地　址	盘州市城关镇沿河南路西段
年　代	清
看　点	名人生平和民居装饰

张道藩是中国现代历史上著名的政治家、画家和文化名人，其故居建于清康熙十七年（1678 年），为坐南朝北的三进院落，原由大门、过厅、正堂、厢房、客房、明楼等组成。1949 年后故居部分建筑被改造。故居现存堂屋、客房、明楼等建筑。

堂屋面阔三间，左右上下两层。堂屋大门两边窗花形式别致，中间部分为二方连续之团形“寿”字状，边缘部分为二方连续的卐字格，两者之间用一条四方连续的透空卷草连接，窗下方用一条四方连续的透空卷草装饰，堂屋内悬匾“鸿案偕春”。客房现存房屋一间，门额悬匾“齐眉合德”，系蒋介石为张道藩母亲做寿时题赠。

张道潘故居现状

张道潘故居正堂

张道潘故居客房

3 盘县城隍庙

Town God's Temple of Pan County

级　别	第四批省级重点文物保护单位
地　址	盘州市城关镇凤山书院旁
年　代	清

城隍庙始建于明永乐十五年（1417 年），几经毁建。该庙坐南向北，中轴对称，按中轴线由前至后，依次分布前殿、正殿及其左右配殿、后殿，整体构成二进式院落，现仅存戏楼、正殿和两厢。

戏楼前为门、楼后为戏台，底层为通道、二层唱戏。戏楼穿斗式歇山顶，翼角施撑拱起翘；两次间为硬山顶建筑，连接戏楼。原有两匹石马，高约 1.5 米，马前立石雕牵马僮仆，现已不见。正殿面阔七间，穿

城隍庙鸟瞰

斗抬梁混合式硬山顶，前廊深约 2.5 米，廊顶为轩棚顶，各间封檐板都嵌于垂瓜之间。额枋、月梁、雀替、垂

瓜和封檐板俱为镂空雕，工艺较精。两配殿各五间，穿斗式硬山顶。

城隍庙现除后殿已毁外，各殿建筑尚存。但原大殿明间檐下原悬一巨大算盘、额匾横刻“不由人算”，次间和稍间内原塑“十殿阎王”像，配殿内原塑“地狱”人物和情景，以及部分木雕装饰等，这些内外装饰雕刻、匾题和石雕、泥塑等，大多已毁。

城隍庙戏楼

城隍庙大殿

城隍庙山门

城隍庙大殿装饰细部

4 盘县普安州文庙

Temple of Confucius of Pu'an Prefecture, Pan County

级　别	第三批省级文物保护单位
地　址	盘州市城关镇人民北路
年　代	明
看　点	建筑格局与装饰

盘县普安州文庙始建于明永乐十五年（1417年），后经历代多次重修与维修，1996年以来在此维修与重修。主要建筑物沿中轴线自下而上依次为：礼仪二门、泮池及池上状元桥、棂星门及左右忠义祠和节孝祠、大成门、大成殿及其两配殿，最后为启圣宫。自棂星门起，各建筑台基和其间院落呈阶梯状层层升高。

牌楼式礼仪二门之间为“万仞宫墙”照壁，照壁后为泮池与状元桥，在往上为棂星门。棂星门为四柱三门石牌坊，镂雕工艺精湛。大成门为悬山顶抬梁式结构，面阔三间，前带双步廊，明间为过厅，其外檐斗拱的柱头铺作和补间铺作均为单杪双下昂六铺作计心造。斗拱的布置承袭元明风格，为省内少有。大成

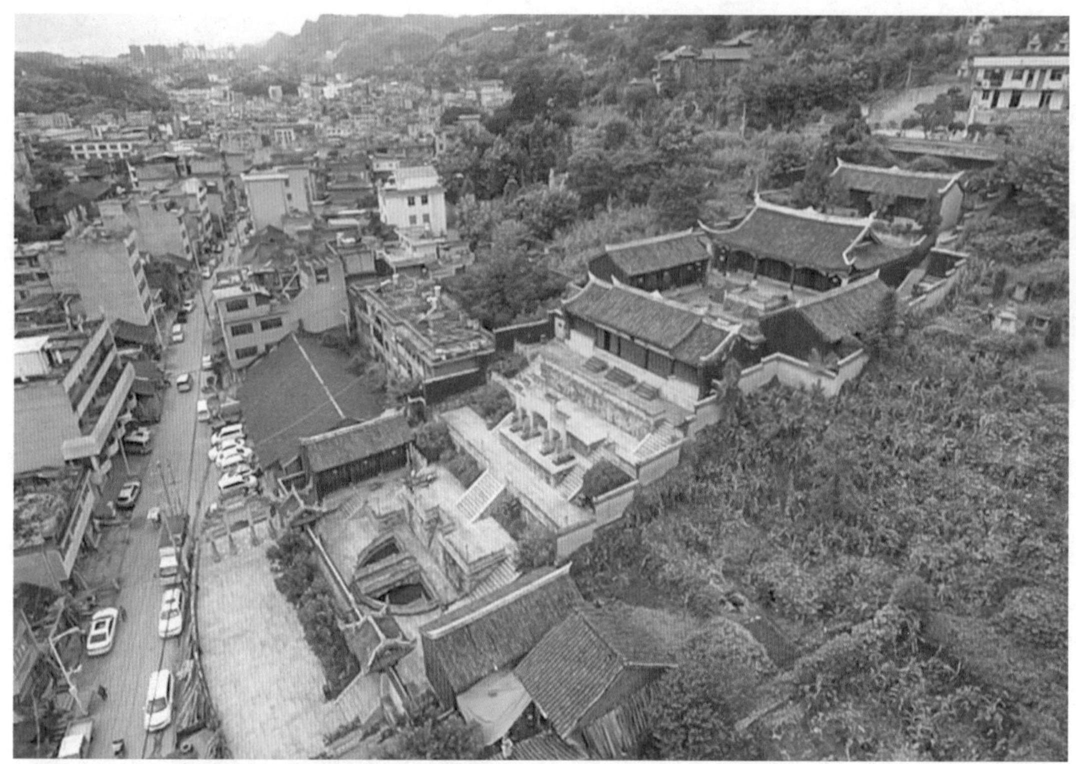

普安州文庙鸟瞰

门左右各有两间硬山顶房屋，屋面稍矮于大成门，为后来重建的。

大成殿为抬梁式结构歇山顶建筑，九架梁，前带三步廊，彻上明造。明间两品梁架略低于次稍间梁架，“柱升起”明显。所有额枋、雀替、梁、月梁和柱头上部都施彩绘，梁柱、驼峰等结构处用料体量较大。前檐通置六合门，门槛全用整块料石加工而成，殿前的丹陛石为高浮雕盘龙祥云图案，两配殿为硬山顶穿斗式建筑。

文庙的大成门、大成殿、配殿及部分甬墙为历史遗存；而礼门、义路、泮池、状元桥、节孝祠、忠义祠、棂星门、崇圣祠等建筑均在原遗址上修复或重建。

普安州文庙棂星门

普安州文庙德天配地坊

普安州文庙大成门

普安州文庙大成殿

普安州文庙大成殿丹陛石

普安州文庙大成殿内景

5 大威寺茶厅

Tea Lobby in Dawei Temple

级　别	第五批省级文物保护单位
地　址	盘州市城关镇鼓楼社区盘县一中校园内
年　代	明—清
看　点	雕刻装饰

大威寺始建于明洪武年间，清乾隆二十九年（1764年）重建，坐北向南，现今大部分建筑已毁，仅存偏殿茶厅。茶厅坐东向西，面阔三间、进深二间，七架梁、悬山顶，彻上明造，前带双步廊。殿为穿斗抬梁混合式结构，梁架施彩绘，大梁尚保存有题记为“乾隆二十九年岁次甲申仲冬十一日”。

山墙和后檐墙的下部为石砌，上部为土砖。前檐自封檐板至檐柱额枋，有三层镂空雕，图案为卷草连云的骑马雀替，具有滇东建筑的特点。其他雀替均为以缠枝图案为主的镂空雕，辅以变形龙纹。廊顶装盝形轩，明间装五抹头四扇隔扇门，次间装卍字格窗芯槛窗、木板槛墙，檐柱之间装美人靠。殿廊下还留有一个石砌鱼池和数株古杉树，为原寺院遗存。

大威寺茶厅外观

大威寺茶厅结构

大威寺茶厅结构装饰

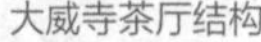

6 小冲墓群

Tombs at Xiaochong

级　别	第七批全国重点文物保护单位
地　址	盘州市红果镇华屯村
年　代	清
看　点	墓碑形制和石刻装饰

小冲墓群主要由张氏、邓氏家族墓群组成，形成于清康熙至光绪年间。墓群坐东向西，依山势分布在缓坡上，共有牌坊式石碑130余座，整个碑林中的墓碑形态各具特色，最有代表性的是六角亭碑、五龙捧圣碑和龙爪捋须碑等。

六角亭碑建于清光绪三十一年（1904年），整个亭子雕刻古朴典雅。碑亭为三层三重檐，通高约5米，整个六角亭全系石雕构成。墓碑立于底层，墓志铭立于二层，顶层为楼状，六角攒尖亭顶，上置葫芦宝顶。二层亭柱为高浮雕盘龙柱，檐口为高浮雕祥云龙头。

五龙捧圣碑通高约3.5米，以深浮雕和镂空雕相结合，雕刻工艺精湛。龙爪捋须碑雕刻为浅浮雕，造型别致，墓碑两旁立有华表三对，高5米有余。其他墓碑雕刻图案充分显示了工匠的娴熟技艺和想象力，尤其是抱鼓上的蹲狮，其面部有的雕刻成人面形，比较罕见。

墓群前建有1500余平方米的池塘，池塘中建有圆形花台，两边立有1.2米直径的石香炉。墓群中有自清康熙年间以来享受清朝俸禄者墓40余座。

小冲墓群局部

小冲墓群墓碑一

小冲墓群墓碑二

小冲墓群六角亭碑

7 盘县水塘村古建筑群

Ancient architecture complex in Shuitang Village, Pan County

级　别	第五批省级文物保护单位
地　址	盘县水塘镇水塘村
年　代	明—清
看　点	民居格局和装饰

水塘是由前所、上伍屯、中伍屯和下伍屯四个村落共同构成的集镇，现为水塘镇政府机关所在地。水塘格局形成于明洪武时期，这里曾是屯兵之地，为普安卫百户所驻地，时称“前所”；明中期至清末，是明普安州和清普安直隶厅下一级行政区治所，史称“南里”。此地主体居民为明代来自苏、皖、鄂三地的移民后裔，古代苏皖建筑文化在这里有明显的传承痕迹。现存部分明、清民居建筑和少量的宗教建筑，无论在

水塘村全景

体量、屋顶式样及脊饰、梁架工艺、门窗式样及雕饰图案等方面，都显示出江南地区精巧的建筑文化特征。其中，李氏宅院、李氏宗祠保存较为完好，为典型代表。

李氏宅院位于水塘下伍屯，整体坐西向东，共由十余个四合院组成。清乾隆年间，李秀藩始建，其后由其子孙四代续建，清道光年间成其规模并增建部分厢房和偏房。四合院均由正房、南北厢房构成，部分设置照壁。正房等主要建筑物为穿斗式小青瓦悬山顶，木作细致、装修考究，装饰内容丰富，多有彰显李氏文治武功的内容。大门均为垂花门，其中的进士第大门额悬“进士”匾，武魁第悬“武魁”匾，均系清光绪年间贵州巡抚部院颁制。

李氏宗祠位于李氏宅院东侧，为一封闭式四合院，始建于清光绪三十四年（1908 年），1929 年重修。大殿和两厢房均为二层，抬梁式梁架、硬山式屋顶。大殿通面阔 20 余米，通进深近 10 米，通高约近 8 米，在盘县古建筑中属少见的大体量单体建筑。民国后宗祠曾经作为学校和乡办公场所使用，大殿前檐被改造，但整个院落保留较完整。

水塘村民居一

水塘村民居二

水塘村李氏宅院群

水塘村民居朝门

水塘村民居槅扇门

水塘村清代武魁匾

水塘村民居窗芯雕刻

水城县

8 水城化乐碉楼

Watchtower at Huale

级 别	第五批省级点文物保护单位
地 址	水城县化乐镇泵井村
年 代	民国
看 点	地方特点的民间防卫建筑

碉楼始建于民国二年（1913 年），由当时当地的地主杨正斌为防范山匪所建，碉楼坐东北向西南，石木结构，通高约 16 米，占地面积为 38 平方米。原碉楼旁建有正房 5 间，粮仓 12 间，早已经被拆毁，现仅存碉楼单体。

碉楼共五层，下面三层为石室，四面均为砖石砌筑作为围护结构，木结构楼层。在碉楼的一层西南面有门洞，门两侧嵌刻对联“扰攘干戈成兹时局，经营石室保我乡邦”，门顶上横批“众志成城”。每层在四面都留有多处枪眼，三层西南与东北石墙面分别有一扇雕花窗洞。最上面两层为两重檐木楼阁，其中第四层中间四根立柱间安装有隔扇，围合形成方形平面封闭房屋一间，房间外围为回廊，有木窗洞可观望碉楼外部情况。顶层为四面设有通透大窗的开敞房间。目前大楼为当地村民管理，由于碉楼的顶部两层为木构架，未能即时修缮，已损坏较严重。

水城化乐碉楼鸟瞰

水城化乐碉楼

六枝特区

9 六枝羊场近现代商贸建筑群

Modern commercial architectural complex at Yangchang

级 别	第五批省级文物保护单位
地 址	六枝特区岩脚古镇
年 代	清—民国
看 点	古镇历史和民居建筑

岩脚古镇是一个清代逐渐形成的商贸古镇，当时称“羊场”。清乾隆十九年（1754 年）在此置羊场巡检司，隶属安顺府。民国三年（1914 年）改羊场巡检司为羊场分县。在羊场集散的物资以其中盐、丝绸、烟土等为主，逐渐形成古镇商贸格局。镇内主街道为东西向，三条主要街道两旁店铺林立，典型的有永昌盐号、龚家药铺、唐家马店等，镇南端有著名民族实业家龙幼安住宅和办公场所。目前古镇主要街巷两侧多改建为混凝土建筑，仅剩部分临街老店铺以及民居、桥梁等老建筑。

羊场近现代商贸建筑群及周边环境

永昌盐号旧址始建于清光绪年间，坐南朝北，前店后院。盐号临街为面阔三间的木构硬山顶建筑，已改建为混凝土楼房，现存后面的四合院。正房、厢房均为穿斗式硬山小青瓦顶，面阔三间，一楼一底，二层前廊相接，形成回廊。大门镶有“永昌号”石匾，两厢走廊栏板有梅、兰草、仙鹤以及书法等木刻，窗花、隔扇、窗芯等工艺精湛。

永昌盐号院落

永昌盐号入口

龚家药铺又称“龚氏旧宅”，始建于清光绪十一年（1885 年）。建筑为二进四合院，前店后院，穿斗式硬山小青瓦顶，左右硬山封火墙。正房三间，厢房四间，门房两间。整体建筑装饰保存较好，木雕、封火墙上等处的浮雕精致生动。

唐家马店始建于清光绪年间，为坐南朝北的四合院建筑。正房为二层穿斗式悬山小青瓦顶，面阔三间，底层为马圈。门楼与两厢为客楼，穿斗式悬山小青瓦顶，走廊互通。

龙幼安住宅又称“东洋楼”，始建于民国初年，为三层的石木结构建筑，由正房、两厢房和大门构成。正房为穿斗式庑殿小青瓦顶，两厢均为穿斗式硬山小青瓦顶。正房明间为前敞式厅堂，天井窄小，建筑平面布局采用中国传统三合院形式，局部装饰有近现代建筑元素。

龚家药铺外观

唐家马店外观

龚家药铺院落

唐家马店院落

龙幼安宅鸟瞰

六盘水市其他文物保护单位列表

名 称	级 别	地 址	年 代	备 注
大洞遗址	国家级	盘县珠东乡十里坪村	旧石器时代	包括古人类的生活居址、石器加工场和猎物屠宰场等不同活动遗址，出土大量石制品及动物化石
大硝洞炼硝遗址	省级	钟山区月照乡小屯村	清	停止开采的时间约在雍正时期，为国内最大的单洞穴炼硝遗址
桃花洞遗址	省级	六枝特区	旧石器晚期至新石器时代	遗址出土大量石器和动物化石及人类股骨化石，对周边区域性文化分布的研究有重要意义
拦龙桥摩崖石刻	省级	六枝特区新场乡	南宋	彝文阴刻，内容为古代彝族六祖分支历史、赋税和修建拦龙桥情况等，是贵州年代最早的彝文摩崖、研究彝族古文字的重要文献
硝灰洞遗址	省级	水城县	旧石器时代	出土了“水城人”牙齿化石，动物化石及石器多件，是华南地区古人类用火年代最早、最丰富的遗址之一
水城高家渡铁索桥	省级	水城县北盘江上	清	桥身长约 80 米，桥两端石壁上有摩崖石刻及碑刻。曾是水城、盘县、普安三县来往的主要通道

灭火器箱
火警☎119

9
毕节市
BIJIE

毕节市古建筑分布图
Historical Architectural Map of Bijie

1. 大屯土司庄园
2. 马鞍山赵氏民宅
3. 敖氏和罗氏墓群石刻
4. 奢香墓
5. 九层衙门遗址
6. 大方三塔
7. 黔西武庙
8. 三楚宫戏楼
9. 黔西象祠遗址
10. 织金保安寺
11. 织金鱼山
12. 织金东山寺
13. 织金财神庙
14. 织金文昌阁
15. 织金营上古建筑群
16. 威宁凤山寺
17. 威宁玉皇阁

四川省
四川省
云南省
遵义市
七星关区
毕节市（七星关区）
大方县
金沙县
大方县
赫章县
黔西县
黔西县
贵阳市
纳雍县
纳雍县
织金县
织金县
六盘水市
安顺市
黔南布依族苗族自治州
黔西南布依族苗族自治州
大营山▲2093
乌蒙▲2217
2901▲韭菜坪
珠子山▲2150
图例
毕节市 地级市行政中心
大方县 县级行政中心
省级行政区界
地级行政区界
县级行政区界
河流、水库、湖泊
韭菜坪▲2901 最高点及高程
大营山▲2093 一般山峰及高程
457 最低点及高程
1 : 1 200 000
审图号：黔S（2020）007号
1
2
3
4
5
6
7
8
9
10
11
12
13
14
15

概 述

毕节，位于贵州西北部。尧舜时代为“有鼻国”（诸侯国），这是毕节有史以来，第一次被命名为鼻（后有人写为鳖、毕、比等），也是有史以来第一次称国。此地是珠江、乌江发源地，处川、滇、黔三省交界，素称“乌蒙腹地、三省红都、文化名城”

毕节是南方古人类文化发祥地，50万年前生活在旧石器时代的人类在这里留下了足迹。有“北有周口店，南有观音洞。”一说，观音洞指的就是作为全国重点文物保护单位的黔西县观音洞旧石器早期文化遗址，是贵州悠久历史文化的源头，与北京周口店遗址、山西西侯渡遗址合称“中国古文化三大代表区”。

毕节自古在军事上扼滇控蜀，交通上为三省通衢，又是三省接合部的政治、文化中心和商品集散地。毕节是古夜郎政治、经济、文化中心之一。毕节市的气候属北亚热带湿润气候，垂直气候变化明显。区内地势西高东低，处于高原屋脊，表现为典型的喀斯特岩溶地貌以及众多高山丘陵。

毕节市秦为蜀郡属地，汉为益州之牂牁、犍为两郡所辖，晋属益州、朱提郡，唐代置牂牁、乌撒部，宋代置罗氏鬼国辖乌撒部、毗那部，元代分属“亦溪不薛”（蒙古语，意为水西之地）宣慰司、乌撒乌蒙宣慰司所辖。

明代分属水西宣慰司、乌撒军民府、永宁宣抚司和乌撒卫、毕节卫、赤水卫、永宁卫。清康熙五年（1666年）置大定（今大方）府、黔西府、平远（今织金）府、威宁府。康熙二十二年（1683年）改黔西、平远二府为州隶属大定府，康熙二十六年（1687年）改大定府为州隶属威宁府，雍正七年（1729年）升大定州为府，领黔西、平远、威宁三州和毕节县、水城厅。民国废府置县，中华人民共和国成立前夕为贵州省第四行政督察专员公署，辖毕节、大定、黔西、金沙、织金、纳雍、水城、威宁、赫章九个县。1936年，中国工农红军二、六军团长征进入毕节，在区内建立中华苏维埃人民共和国川滇黔省革命委员会，领导创建黔西北革命根据地。

毕节市居住着汉族、彝族、苗族、回族等，是多民族杂居的地区。毕节区域内的可乐遗址、慕俄格城堡遗址等汉代古遗址弥补国内汉代遗迹留存稀少的遗憾，实为珍贵。作为彝疆重地，建筑特色不可避免地受到彝族传统文化的影响，贵州宣慰府室内的装饰及陈设就参照了彝族传统的风格样式。全国仅存较为完整的彝族大屯土司庄园依山而建，前低后高，整个建筑分左、中、右三路，各路皆有三重堂宇，既相对独立又相互连通。除此之外，毕节市还留存有数个土司庄园，土司建筑中的装饰手法、风格等，在整体上体现了明清时代土司庄园的建筑特点。毕节的地域建筑文化受到巴蜀建筑文化的影响，虽然黔西北在历史上长期为水西土司所统治，但是其地理位置位于南下贵阳、安顺等黔中地区的重要通道，所以长期都与巴蜀地区有密切的经济文化交流。

织金县是毕节市古建筑群现保存较多、保存完好的历史文化名镇。织金古建筑类型丰富，部分原因为清康熙五年（1666年）“改土归流”之后，多受中原文化传入的影响又表现出浓郁的地方特色，有“四庵、四阁、四寺、四祠、八大庙”之称。其中多个建筑被列入全国重点文物保护单位。

七星关区

1 大屯土司庄园

Chieftain's manor at Datun

级　别	第三批全国重点文物保护单位
地　址	毕节市七星关区大屯乡
年　代	清—民国
看　点	彝族土司历史、汉彝文化结合的建筑群

大屯原为彝族扯勒部家族的宗社所在地，作为庄园，应从康熙年间开始，后增建“时园”，经彝族土司在庄园基础上逐年重建、扩建至清末民国初，始具今天的规模。庄园保留了较浓厚的彝族土司和汉族衙署建筑文化结合的风格，是全国较为完整的彝族土司庄园之一。

庄园依山而建，坐东向西，前低后高，整个建筑分左、中、右三轴，各路皆有三重堂宇，逐级抬高，既相对独立又相互连通。庄园轴线前有照壁，四周砖砌约2米高的围墙，沿围墙设有6座（现存4座）土筑碉堡。

中路依次为面阔五间的大堂、中厅、正房。大堂二层，建于高台基上，是庄园主议事、决策、处理庄园重大事务、举行仪式的场所，采用歇山顶形式，建筑体量为庄园之最。前、后、右三面有回廊。但现建筑右面为歇山顶、左面为悬山顶形式，据猜测应是后期改建所致，1985年曾被火烧毁、1994年修复。中厅及正堂均为悬山顶，前后带廊；正房是庄园主及家人生活起居的地方，正房后面设有三级花台种植花木。

左轴线建筑主要功用为待客与祭祖，依次为轿厅、客厅、花园及祠堂。轿厅位置紧挨大门，是庄园主出入和来客的落脚处；客厅又名“俅雅堂”，位于轿厅之后，面阔三间，三面设廊，为单檐歇山顶；祠堂面阔三间，三面设廊，为二层重檐歇山顶楼房。花

大屯土司庄园大堂

大屯土司庄园鸟瞰

大屯土司庄园大堂室内构架

大屯土司庄园正堂

大屯庄园正堂檐廊

园中有双环鱼池，池上架廊桥，桥两侧设靠，供观赏、憩息之用，鱼池两侧植花木。花园右侧设拱门一处，连接二堂前庭院，门上刻“时园”。

右轴线依次为东花园（亦园）、客房、绣楼等。花园中砌有花池，客房和绣楼都为面阔三间，悬山顶结构。绣楼为二层，四面设回廊，楼上是女眷居住，下层为生活用房。

从 20 世纪 50 年代至 80 年代，该庄园先后为办公和中学所使用，外檐装修和内部设施已大部分被拆除或改变，但总体格局及主要厅堂的构架保存完好。该庄园是彝族文化、汉文化相结合的建筑群，是反映中国土司历史及古建筑文化的重要遗存。

大屯土司庄园祠堂与“时园”

大屯土司庄园绣楼

大屯庄园山墙装饰

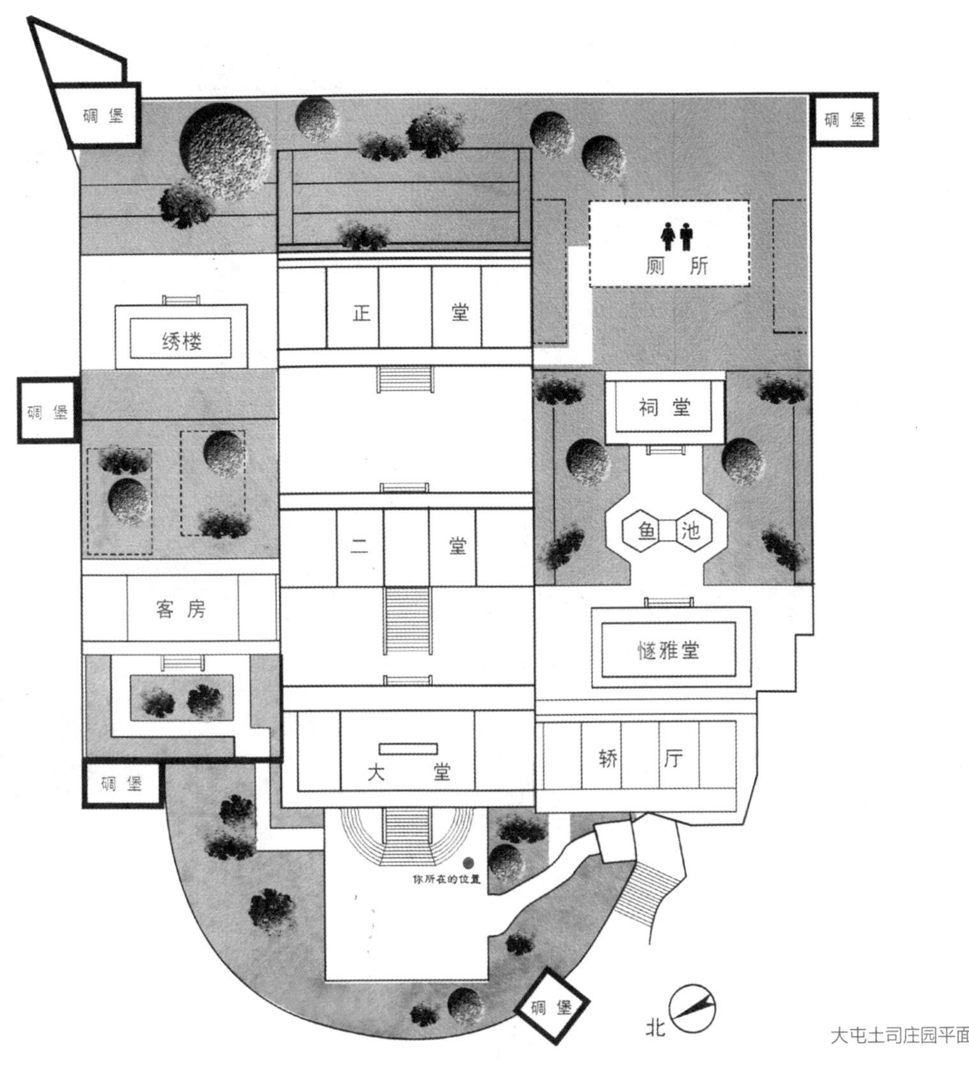

大屯土司庄园平面图

金沙县

2 马鞍山赵氏民宅

Family Zhao's residence at Ma'an Mountain

级 别	第四批省级文物保护单位
地 址	金沙县石场苗族彝族乡鹿惠村
年 代	清
看 点	石雕和木雕等建筑装饰

马鞍山赵氏民宅建于清光绪二十二年（1896年），是当地彝族秀才赵天松的私宅，原为由正房、左右厢房及门楼组成封闭性的四合院，马圈、厨房、小憩房、碉楼、花园等其他建筑及设施在两旁或后院，四周筑有石围墙，现仅存主体四合院建筑，由门楼、左右耳房、东西厢房、正厅等建筑。

正门为八字门楼，左右为耳房，门内为天井。建筑都为穿斗式木结构，正房正对门楼，面阔五间，前带廊，两山及后檐均有空斗砖墙围护，观音兜式山墙。建筑正面檐下有泥塑撑拱，侧面有圆形泥塑装饰。左右厢房各面阔三间，前带廊，两侧屏风山墙，后檐亦有砖墙封护。正房及两厢的木作、石作及瓦作均十分精致，门窗、隔扇、月梁、撑拱、雀替、垂莲柱，檐口装饰板等，皆有雕镂。高柱础上的石雕及山墙上的泥塑、脊饰等都很精细。该民居木雕、石雕、泥塑、彩绘工艺于一体，是珍贵的民居代表性遗存，目前赵氏民宅内尚有村民居住，建筑本体损毁严重，亟待修缮。

赵氏民宅鸟瞰

赵氏民宅正房

赵氏民宅厢房

赵氏民宅山墙装饰细部

3 敖氏和罗氏墓群石刻

Stone carvings in tombs of Family Ao and Family Luo

级 别	第七批全国重点文物保护单位
地 址	金沙县石场乡鹿崽楼村、清池镇园坪村
年 代	清
看 点	形制和石雕装饰

敖氏墓群石刻位于石场乡鹿崽楼村，有南、北墓群两处，分别建于清光绪二十四年（1898 年）、三十一年（1905 年）。南、北墓群相距不远，并排而建，由石墙垣、石楹门、石牌坊、石照壁、石碑、土封石围墓等组成。南墓群沿东西向轴线分布，分四层台，墓冢建于第三层台，两墓并列。北墓群建于平坦地面，周置石门、石栏栅等，内建石围土封并排三墓。敖氏墓群石碑坊多为四柱三间五楼。其上遍雕匾联、墓志、诗文、题词等文字及人物、花草、瑞兽等图案。

罗氏墓群石刻位于清池镇大坡村，有罗王氏、罗刘氏、罗阎氏三座墓葬，建于光绪九年（1883 年）。三墓东西向并排而成，中轴线上自南而北依次建石墁坝、石桌凳、墓坊、墓冢、高平台及照壁。墓前立牌楼式青石墓碑，上有浮雕人物、花草、瑞兽等图案。

敖家坟北墓群

敖家坟南墓群石坊

敖家坟南墓群影壁

敖家坟北墓群石坊

罗氏墓群石坊细部

敖氏和罗氏墓群石刻无论在形制、用材、风格，还是在技艺等方面都类似，是川南黔北地区墓葬石雕艺术中的典型代表。墓群石构件仿木结构和雕刻，共镌有不同的书法书体和圆雕、透雕、浮雕等不同雕刻方式，遍布大量丰富的花鸟虫鱼、吉祥植物、人物和场景的戏文故事等装饰图案，雕刻手法娴熟、构图丰富、严谨流畅，是石雕艺术的杰作。

罗氏墓群

大方县

4 奢香墓

She Xiang's tomb

级别	第三批全国重点文物保护单位
地址	大方县顺德路
年代	明
看点	历史人物事迹、彝族文化

奢香是四川蔺州人，明代贵州杰出的女政治家，明洪武八年（1375 年）与贵州宣慰使霭翠结婚。霭翠病逝后，奢香代袭摄政 15 年，因其摄政期间开辟“龙场九驿”以通外界、引进先进文化技术、接纳汉儒、兴办宣慰司学、奖励耕织和倡导各民族平等共存等，被认为是我国历史上维护民族团结和国家统一的巾帼英雄。奢香逝后，明王朝加封奢香为“大明顺德夫人”。

奢香墓始建于明洪武二十九年（1396 年），据资料称，原墓按明朝廷官员正三品结合彝族土司规格建造。但墓和其附属建筑曾几度被损毁与重建，20 世纪 80 年代末重新修缮了奢香墓，并设立奢香博物馆，展示彝族历史文化。

奢香墓为砌石围合封土，高约 4 米、直径 6 米，各主要部分都按 9 的倍数构建。整体 9 层围石砌筑，呈须弥座式，每盘 36 块白石，第六层为 9 柱 9 板石浮雕，柱上是图案花纹、束腰板上为 9 块各异形态的龙虎高浮雕；最上处第九围为 72 块虎面浮雕瓦当的筒瓦。墓前立碑刻彝、汉文合璧的“明顺德夫人摄贵州宣慰使奢香墓”。

奢香墓所在的奢香博物馆，是在省级文物保护单位慕俄格城堡遗址的核心区域上新建成的，是典型的彝族风格建筑。馆内展示了彝族的历史文化脉络，以及收集当地的石雕、木雕、石碑等各类文物。在院内还有省级文物保护单位大渡河桥按 4 : 1 的缩建，原大渡河桥因建设洪家渡水电站已被淹没。

慕俄格城堡遗址上新建的奢香博物馆

奢香墓近景

奢香墓

5 九层衙门遗址

Site of Nine-hall government mansion

级　别	第一批省级文物保护单位
地　址	大方县九层衙村
年　代	西晋
看　点	建筑格局和土司历史

据清道光《大定府志》记载“今考城东十五里有九层衙,久圮,惟阶石九层尚存,故名”,现在看到的“九层衙门”贵州宣慰府是近年新建的一组仿古建筑。九层衙门的建制，可追溯于蜀汉时期，时称罗甸王府，在明朝时期称贵州宣慰府，因九重殿宇逐级抬升而得名，是贵州宣慰使处理政务的官府，明天启四年(1624年)毁于兵燹，现九重衙门建筑群为2009年在其遗址上恢复重建。

遗址早已辟为耕地，九层台状地基尚可辨认。仅保少量石砌保坎、踏步遗迹、花砖和瓦残片。恢复重建的九层衙门，背靠云龙山、前临罗氏塘，坐东北向西南，中轴对称布局，分梯级递进，形成“九层八院”格局，九个殿堂的名称采用彝语的汉音译。

最前面的第一殿名“更苴栋谷”，为贵州宣慰府正殿,系迎宾、庆典及检阅时、议事场所;第二殿名“恩奥栋谷”，意为吏部，功能为官员考察、任免、升降、封勋等的事务场所；第三殿名“菲柯栋谷”，意为刑部，为掌管政法事务的场所；第四殿名“够葛栋谷”，意为工部，功能为掌管工程、屯田、水利交通等事务；第五殿名“拜项栋谷”，意为户部，为掌管土地、户籍、赋税、财政收支等事务之地；第六殿名“姆骂栋谷”，意为兵部，功能为负责士兵操练、军械制造、发布军令等；第七殿名“更兹栋谷”，意为门下省，主要功能为官员决策、参议军国大事的场所；第八殿名“吉略栋谷”，意为王殿，为二层殿堂，一层为历代宣慰使处理政务和接见各部首领的地方，二层为寝殿；第九殿为二层的“布摩栋谷”，意为礼部，一层为文化教育、宗教、历史研究的场所,二层为祭祀厅堂,系供奉彝族祖先灵位和进行祭奠。

重建的九层衙门是否为历史建筑原貌，笔者并未查阅相关资料和咨询相关专家。据称，贵州宣慰府建筑和室内装饰及陈设，主要依据相关的史料记载，并参照了彝族传统的风格样式。在文化产业开发背景下，有些夸张和演绎，也属正常。毕竟其被作为“文化产业园区”的建设项目，而不是严谨的“原址复原”。

九层衙门第一殿(新建)

新建的九层衙门鸟瞰

6 大方三塔

Three Pagodas of Dafang

级 别	第五批省级文物保护单位
地 址	大方县路塘村、新庄村、陡坡村
年 代	清
看 点	建筑形制和格局

大方三塔是大方县城周围遗存的三座古塔的合称，分别为奎峰塔、联璧塔、扶风塔。奎峰塔在南、联璧塔于东、扶风塔位西，三塔鼎足而立，皆为培补风水，期盼人文蔚起。三塔位置所形成的半弧态势可把县城揽于怀中，“风水家言，三塔皆居吉秀之地，大有裨于文风，理或然欤”。

奎峰塔位于大方县路塘村，又名玉皇阁塔，始建于明代，清乾隆元年（1736年）、四十一年（1776年）两度重修。塔为七层楼阁式六角石塔，平面为正六边形。塔身西北面每层皆有一石拱门，第二、三、四层为中空拱洞，底层石拱内嵌有乾隆四十一年（1780年）“奎峰塔碑记”碑，至今塔体基本完好。

扶风塔位于大方县新庄村文慧小学内，始建于清嘉庆二十三年（1818年），初建时为圆锥体石塔，1918年塔圮，1922年重修时改为方形石塔。该塔坐东向西，现为四角三层石塔，塔顶仿攒尖顶屋面，塔腰有“扶风宝塔”四个大字，整体质朴厚重，塔底层东侧正面嵌“重建扶风塔记”石碑一通。

联璧塔位于大方县陡坡村县电视台转播站内，原为七级石塔、六角形平面，清嘉庆二十三年（1818年）重建，存修建题记。20世纪70年代末，联璧塔被用作电视台转播塔使用，在石塔上建铁塔，顶部有损，近年联璧塔恢复原貌，但现今该石塔仅余五级。

奎峰塔

扶风塔

联璧塔

黔西县

7 黔西武庙

Temple of Guan Yu

级　别	第四批省级文物保护单位
地　址	黔西县城关镇城东路
年　代	清
看　点	石雕装饰

黔西武庙，原名关圣庙，建于清康熙三十九年（1700年），由郊外古佛堂迁建此地。雍正、嘉庆、道光年间均进行过修葺或增建。武庙坐北朝南，原中轴线上依次为影壁、状元桥、正殿、后殿，前后二进院落，但现仅存正殿、右配殿和部分左殿。

现存正殿面阔五间，通面阔18米多，穿斗抬梁式硬山青瓦顶。卷棚前檐带廊，明间及次间的四根檐柱为浮雕盘龙石柱，其下为双象双狮形柱础，刻工精湛，造型生动，为贵州地区的古代石雕佳作。大殿的后檐也为砖墙封护，山墙为观音兜式封火墙，其做法为外侧砌砖、内侧砌土坯，是贵州西北的传统建筑做法。殿前的左右配殿面阔三间，穿斗硬山青瓦顶，卷棚前檐，带前廊。

黔西武庙现状鸟瞰

武庙正殿

武庙正殿盘龙石柱

8 三楚宫戏楼

Theater stage in Sanchu Palace

级　别	第四批省级文物保护单位
地　址	黔西县城关镇城东路
年　代	清
看　点	形制和木雕装饰

三楚宫戏楼，也称为寿佛寺万年台，始建于嘉庆六年，光绪十九年（1893年）重修，是黔西县保存得较为完好的古建筑。三楚泛指今湖南湖北一带部分地区，三楚宫为当时的两湖会馆。早在明清时期，从楚地来的商人在黔西经商贸易，把当地的文化带到了黔西，三楚宫戏楼就是楚地商人聚会交流和休闲娱乐的场所，是湘楚文化与水西文化结合的产物。

三楚宫入口为三间式砖石山门，其正门的砖墙上方有云龙纹竖匾，刻“三楚宫”。大门两侧分别刻有对联“庙貌控西东，湖雨岳云重绚彩；乡人联南北，楚天黔地两关情”，从对联的内容可以看出三楚宫的“楚黔”两地背景。

戏楼为木结构歇山顶建筑，梁柱粗大，梁枋垂柱、檐角撑拱、柱间挂落等处，皆有精致的雕刻，题材和手多样，层次丰富。前檐四根大柱有两副楹联：“看来离合悲欢，假笑啼中真面目；演出忠孝节义，新声歌里旧衣冠”“霓羽弄新腔，看凤翥鸾翔，神传衡岭；湘灵遗妙技，听江声水调，响遏黔云”。在戏台的阑板处，是戏楼木雕工艺最精致的地方，包括“荆轲刺秦”“杨广逼宫”“刘谌哭庙”“三关书折”等历史故事。三楚宫戏楼在形制和雕刻上，都是省内古戏台中的上乘之作。

三楚宫戏楼

三楚宫三门

三楚宫戏楼雕刻细部一

三楚宫戏楼雕刻细部二

三楚宫戏楼雕刻细部三

9 黔西象祠遗址

Site of shrine to Xiang

级　别	第五批省级文物保护单位
地　址	黔西县素朴镇灵博村
年　代	明、清
看　点	国内唯一一处象祠遗址

象是传说中舜帝的同父异母弟弟，多次害舜，欲夺其位，舜常以德感化象，终于使象弃恶从善，勤于政务，泽被人民，象祠即是为纪念象而建的寺庙，是国内发现的唯一一处象祠遗址，是水西文化的重要地标性古建筑。

黔西象祠始建于隋末，明正德三年 (1508 年)，贵州宣慰使 (水西土司) 重新修葺象祠。王阳明为之作《象祠记》，为不朽的名篇。文中阐述了人性本善，皆可教化的致良知思想。黔西象祠作为《象祠记》的缘起和中原文化与贵州民族文化的结合产物，也有专家甚至认为是阳明先生“致良知”学说起源、后期龙场悟道之源头。

象祠遗址就坐落在称为灵博山的小山上，山前是开阔的平坝，坝子两边山势蜿蜒，当地人称为九龙朝拜。象祠初毁于清初吴三桂平定水西时的战火，后经历代多次重建、重修。至清末民国时期，象祠融儒释道三教合一，20 世纪 50 年代再次被毁。虽不断被毁，遗址遗迹处香火未断，可谓民间宗教圣地。

现在的象祠为近年在遗址上所重建，并结合山下用地，由新建的九龙阁、象祠、养心堂、阳明馆、水西馆、放生池等建筑共同组成。

遗址上新象祠（上）和山下新建筑

遗址上的新建象祠

织金县

织金古城始建于康熙五年（1666年），即吴三桂镇压水西，将原水西土司领地改土归流，建为平远府城，民国三年（1914年）改为织金县。织金古城于清代先后修建街巷渐成规模，从清初到清末中原经济文化影响下，相继修建了众多的古建筑群。据记载当时这些代表性建筑有“四庵、四阁、四寺、四祠、八大庙”之称。全国文物保护单位“织金古建筑群”包括分布在古城和周边山上的佛寺道观、书院祠堂、古道民居等众多内容，以下的五个建筑选点，如保安寺、金鱼山、财神庙、东山寺、文昌阁，都是织金古建筑群的组成部分。

保安寺全景

10 织金保安寺

Bao'an Temple

级　别	第六批全国重点文物保护单位
地　址	织金县三甲白族苗族乡三甲村
年　代	清
看　点	建筑和山岩溶洞结合

保安寺始建于清道光二十四年（1844年），由大殿、慈云洞、观音阁、地母庙及僧房组成。建筑倚靠突兀的山岩而建，以天然溶洞和岩体作为布局的中心，将建筑和山体天然洞穴结合为一体，散布在几层小平台上。

保安寺大殿建于西侧的洞口前，坐东向西，为面阔三间的重檐悬山顶建筑，四面带廊，且有石阶可进入天然溶洞慈云洞内。拾级而上，有一个平台，南为观音阁，北为僧房。僧房面阔三间进深一间，悬山顶建筑。

观音阁坐北向南，依慈云洞南洞口而建，通高约14米，为贴崖而建的“半边楼”，外观为三重檐六角攒尖顶阁楼，底层为石砌门洞，内进为洞厅，里面设佛龛；二层前面翼角翘起，有走廊，后部屋架倚岩搭建，三层为六角形阁楼。在观音阁的右上方高处的台地上为地母庙，悬山顶，面阔三间、进深三间。

保安寺这组建筑群体量不大，几个建筑单体随地形自然散布，和山岩溶洞相映成趣，被称为“云洞天开”，曾是古时织金八景之一。

慈云洞

保安寺地母庙

保安寺观音洞

11 织金鱼山

Yu Mountain

级 别	第六批全国重点文物保护单位
地 址	织金县鱼山北路旁
年 代	清
看 点	建筑环境和格局

鱼山为平地上拔地而起的一座孤峰，三面绝壁，仅东南面有石径可通山顶，山底部有一南北贯通的穿洞，因远观酷似僧人的木鱼，因此而得名。清代及民国时期，相继在山上建有黑神庙、对厅（又名碧琉璃精舍）、济赈亭、藏书楼、且住亭等，还有大小摩崖石刻数处。

黑神庙正殿坐落于山顶中央的平坦开阔地上，始建于清初，光绪十六年（1890 年）重建，坐东北向西南，为一栋五开间的悬山顶式木结构建筑，前有檐廊。明间大门上方悬挂着清代贵州书法家严寅亮所书“惠此南国”的横匾，两侧檐柱上悬挂着对联“有唐大将军，烈烈轰轰，德与山河并寿；全黔真福主，铮铮皎皎，业同日月齐辉”。

对厅也称“碧琉璃精舍”，建于民国六年（1917 年），紧临山顶绝壁边缘而立，单檐歇山顶，四周回廊置。建筑雕花门窗精美，门窗上的上龙凤牡丹等图案造型别致、栩栩如生。对厅正门前的两侧立柱撰联“人上亭楼四面灵山入眼底，客来池畔一般俗虑去心头”。

济赈亭建于鱼山之巅，系民国初年为纪念赈济织金大饥荒而建，平面呈方形，高二层，重檐四角攒尖顶，底层四面带栏杆回廊，正面二层檐下悬有“济赈亭”匾。藏书楼在黑神庙正殿侧后，建于民国时期，坐北朝南，二层砖木结构。

在山门外的山腰处，还有建有供游人小憩“且住亭”，六边形平面，六角攒尖顶。两根立柱上书对联“步步登高于斯且住，扶摇直上别有可观”。鱼山虽小，但山上建筑布局紧凑精致，且丛林掩映，文人墨客题词众多，整体氛围小而雅。

织金鱼山全景

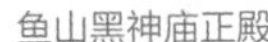
鱼山黑神庙正殿

鱼山对厅

鱼山藏书楼

12 织金东山寺

Dongshan Temple

级　别	第六批全国重点文物保护单位
地　址	织金县城关镇工业路东端
年　代	清
看　点	建筑环境和布局

织金东山三面陡峭，仅西面有石径，山腰处的东山寺，始建清康熙八年（1669 年），康熙十年（1671 年）增建前楼、钟鼓楼，后经历多次损毁和重建。

现东山寺建筑为近年在原址上的重建，坐东向西，由山门、前殿、钟鼓楼、正殿等组成。前殿为二层，坐东西向，面阔五间，为穿斗式歇山吊脚楼建筑，二层皆带前廊，底层檐下置美人靠栏杆。

正殿名为“梵帝官”，坐东西向，面阔五间、进深三间，穿斗抬梁混合式悬山顶建筑，小青瓦屋面，带前廊。正殿台阶高差加大，与前殿屋脊几乎水平。正殿前左右分别为钟、鼓楼，与前殿、正殿组成阶梯状院落。钟楼内原悬有铁铸大钟，日暮而击，钟声悠远，有“东寺晚钟”之名，曾为织金古八景之一，但古钟早已不存、现为新铸。

东山有上、中、下三层溶洞，上层名慈云洞，洞口有观音阁。在东山寺与观音阁之间，有108级台阶的“之”字形山路，踏道外沿为石龙栏杆，头在观音阁旁，尾在东山寺后。此外，东山崖壁上共有晚清以来的各种题刻十余方。其中包括清同治年间军门提督赵达庵驻军于此时所题的“佩剑披云”、民国时期织金县长王佐题刻“出岫云蒸”。

东山寺鸟瞰

东山寺摩崖石刻

东山寺正殿

13 织金财神庙

Temple of God of Wealth

级别	第六批全国重点文物保护单位
地址	织金县城关镇城北路南段
年代	清
看点	建筑形制和结构

财神庙始建于清康熙初年，清乾隆四十八年（1783年）重建，是省内体量较大的单体古建筑之一。财神庙建筑由正殿、两厢、山门及石围墙组成一个院落。

正殿为四层四檐歇山顶木结构建筑，通高约14米。一层面阔五间，通面阔约20米、通进深15米、四面回廊深约2米，并设美人靠。二层以上逐层收缩，不同角度视觉变化丰富。第一层有72根落地柱，构成整个建筑的基本框架；外圈向内的列柱，由底层直通二层，作为二层的檐柱；再向内的4列金柱，由底层直通三层，既是二层的金柱又是三层的檐柱；三层的金柱直通屋顶，作为第四层的檐柱。财神庙共有54条脊、18个翼角，每个翼角下均设有各式木雕撑拱，众多正脊、戗脊和博脊，遗迹建筑外围护结构的逐层内收，使屋顶富于变化。

财神庙鸟瞰

财神庙外观

14 织金文昌阁

Wenchang Tower

级　别	第六批全国重点文物保护单位
地　址	织金县城关镇双堰塘旁
年　代	清
看　点	建筑形制和结构

织金文昌阁始于清康熙二十七年（1688 年），原址在县城东门外，后毁，于嘉庆七年（1802 年）知州周景益移建于双堰塘南的文昌宫后。现存有文昌阁与文昌宫正殿，为光绪九年（1883 年）重修。

文昌阁坐南朝北，为三层三檐八角攒尖歇山顶，各层屋面均盖青筒瓦。底层为长方形平面，通面阔约 13.5 米、进深近 9 米，四周带廊，翼角下有雕花撑拱，明间雕花六合门，次间稍间装半壁花窗。二层平面为六角形，正面为四合花窗，其余五面为圆形“寿”字花窗。三层平面为八角形，八面装方形花窗，8 根檐柱的挑檐枋上有垂莲柱，翼角下吊风铃，正面檐下悬楷书“文昌阁”横匾，阁顶端为葫芦宝顶。阁前原由正殿、月台、左右配殿、山门组成的封闭性四合院，现仅存正殿，单檐悬山顶，面阔五间。

文昌阁鸟瞰

文昌阁正视

15 织金营上古建筑群

Ancient architecture complex at Yingshang

级　别	第五批省级重点文物保护单位
地　址	织金县龙场镇营上村
年　代	清—民国
看　点	古寨格局、民居建筑

营上古寨周边三面悬崖，只有一条路可进，具有很好的防卫功能。现存民居主要是清末民国时期建造的，如刘家大院、王永年故居、碉楼、月亮水井、石洞房等建筑内容。

王永年故居

建于民国年间，为坐西南向东北，穿斗式悬山顶小青瓦，一正两厢三合院建筑。正房面阔五间，进深两间，东厢下层为牲畜间，紧邻东厢房的偏房为二层带回廊吊脚楼式的绣楼，为旧时王家女儿的闺房。

刘家大院院落

王永年故居正房与院落

营上古建筑群鸟瞰

碉楼

目前营上古寨尚有三座完整碉楼，均建造于20世纪30年代以前。三座碉楼呈三角形分布，其中王家碉楼坐西南向东北，方形平面，为五层石木结构悬山顶小青瓦，二层以上均留有观察孔与枪眼，第四层四面建有突出悬挑的全封闭式角堡，角堡内开设向前和向下的射击孔，可以居高临下还击入村的敌人。刘家碉楼位于古寨西南方，方形平面，为五层的石木结构歇山顶碉楼，东南面开门，一到四层为规整块石砌筑，顶层为四面开敞的木结构阁楼。另一座碉楼位于古寨东南侧悬崖边，同为王家所建，石木结构，只是其功能除防御以外兼具观景作用。

石洞房又称“邬家洞”，是营上山腰一处南北对穿的山洞，据资料介绍，自清代起，就开始利用此洞穴作居住使用，利用自然山势用石块干摆修建成围墙，洞内建穿斗式木结构茅草房。

刘家碉楼

王家碉楼之二

王家碉楼之一

石洞房

威宁彝族回族苗族自治县

16 威宁凤山寺

Fengshan Temple

级　别	第二批省级文物保护单位
地　址	威宁彝族回族苗族自治县草海镇飞凤山
年　代	明—清
看　点	建筑格局与自然景观

威宁凤山寺，原称真武观，始建于明洪武初年（1368—1398 年），坐东北向西南，由真武殿、左右配殿、前殿组成封闭式四合院。同治六年（1867 年）重修，并增建山门前之戏楼、正殿后之三清殿、小观楼、大观楼，现均已不存。凤山寺现仅存前殿、真武殿、左右配殿等古建筑，近年在该寺主体建筑周边也有部分新建筑。

前殿面阔三间，进深二间，穿斗式硬山顶小青瓦，带前廊，明间两扇大门各绘有一尊护法神像，殿前檐柱为一对云龙纹石柱。

正殿即真武殿，面阔三间，前带廊，抬梁与穿斗混合式硬山顶。山墙及后檐墙体下部为料石所砌，上部为包砖墙。大殿的明间正中设须弥座神龛，奉真武大帝塑像，殿前为石砌月台，左次间前院落有石碑二块，一为四棱碑，字迹已模糊不清；另一为清同治间的寺院修复碑记。

左右配殿均为穿斗式硬山顶建筑，各面阔三间，东侧配殿现为陈列室，西侧配殿为财神殿。财神殿侧面有门可通西侧新建院落，院内有近年新建的大观楼、小观楼。

凤山寺前殿前廊

凤山寺鸟瞰

凤山寺前殿

凤山寺真武殿

17 威宁玉皇阁

Jade Emperor Pavilion

级　别	第二批省级文物保护单位
地　址	威宁彝族回族苗族自治县草海镇中心南巷
年　代	清
看　点	建筑形制和结构

玉皇阁于清康熙元年（1662年）知州程正坤所建，现由正殿、左右配殿、前殿组成，为封闭式四合院，外有山门。

前殿面阔五间，单檐歇山顶，后侧出抱厦为戏台。左右配殿均面阔三间，前带廊，穿斗式悬山顶。正殿为三层，八角攒尖顶阁楼建筑。底层平面为长方形，面阔三间，前带廊；二、三层平面为八角形，八角攒尖顶。二层结构为双层柱网，外围一圈有八根檐柱，里围一圈有八根金柱，金柱由底层向上延伸直达三层，成为三层的檐柱。阁楼顶置双层净瓶宝顶，据记载宝顶原为铜质，铸于康熙初年，全城可眺见宝顶光泽，现均已不存。

玉皇阁正面

前殿与庭院

威宁玉皇阁鸟瞰

毕节市其他文物保护单位列表

名　称	级　别	地　址	年　代	备　注
可乐遗址	国家级	赫章县可乐乡	东周至汉	彝语意为“中央大城”，该遗址由3个遗址和15个墓群所组成，分布面积大，出土文物数量多、且葬式独特
辅处汉墓	省级	赫章县	汉	出土器物造型和纹饰具有中原文化特点和本地民族文化特点，对研究黔西北历史和族属关系具有较高价值。
黔西观音洞遗址	国家级	黔西县	旧石器时代	大型的洞穴型遗址，属“晚期直立人”阶段遗址，出土大量石制品哺乳动物化石
甘棠汉墓	省级	黔西县甘棠乡红星村	汉	共发掘汉墓27座，墓葬形制包括土坑、石室和砖室，平面结构分为长方形和刀形，出土数百件各类遗物
李世杰墓	省级	黔西县雨朵镇扯泥坝村	清	李世杰官至乾隆年间兵部尚书等职，其墓室建于清朝乾隆年间，属夫妻合葬墓
凤凰穿洞遗址	省级	黔西县城关镇新民村	新石器早期	属洞穴型遗址，有北、西南两个洞口，出土动物碎骨、烧骨以及石制品千余件
青场遗址	省级	青场镇	商、周	洞穴形遗址，面积约200多平方米，出土晚期智人类化石，动物化石，石制品千余件，以及灰堆、炭屑等用火遗迹
扁扁洞遗址	省级	海子街周家村	旧石器时代	洞穴形遗址，面积60平方米，出土石制品共70余件
海子街大洞遗址	省级	海子街镇周家桥村	旧石器时代	洞穴形遗址，面积约1000平方米，出土石制品约800件，且有用火遗迹，动物化石等
青场老鸦洞遗址	省级	七星关区	旧石器时代	出土石制品、动物化石、骨制品、古人类牙齿化石、以及植物标本、火塘遗迹等
阁雅驿道	省级	大方县	明	长约5公里、宽约4米，为明初奢香夫人开辟“龙场九驿”之一，西经大方直通云南境内
千岁衢碑	省级	大方县	明	碑为半圆首，无碑座，彝汉两种文字合写，汉文内容为明嘉靖年间贵州宣慰使安万铨的政绩；彝文为彝族先民勿阿纳的功绩
大方大渡河桥	省级	大方县	明	为五孔石拱桥，通长70米、宽8米，是水西地区的交通要道。已因建水电站被淹没，现在奢香墓中复建有缩小版
慕俄格城堡遗址	省级	大方县	汉	曾为彝族默部的政治中心，毁于明天启年间。原城堡规模较大，占地约数千亩，周围有石城垣，设东南西北四门，房屋布局现已无迹可寻
后山古墓	省级	金沙县	汉	为杨氏墓，有石雕三间五楼式墓牌楼，雕刻丰富、手法娴熟

续表

名称	级别	地址	年代	备注
中水汉墓群	省级	威宁县	汉	墓址多为汉代风格，随葬品有陶器、铜器、铁器、玉器、石器等数百余件
中水遗址	省级	威宁县	新石器至青铜时代	包括分布在不同地点的数个墓地，清理出祭坑、墓葬、灰坑、房址等二百余处，出土大量陶器、石、骨、玉等器物，数十个刻画符号，属夜郎旁小邑文化遗存
向天墓群	省级	咸宁县盐仓镇	唐至清	形如圆台金字塔，是古乌撒部落历代国王和臣民的坟墓，其规模不一。大坟梁子山顶墓葬是墓群中最大的一座，推论为明代乌撒土司祖先坟墓
石门坎光华学校旧址	省级	威宁县荣和村	清	初为基督教传教士兴建的教堂和学校，民国已形成中西文化结合的近现代建筑群，现大多建筑已毁，仅存遗址
杨家店宣慰府遗址	省级	纳雍县城乐治镇杨家湾村	明	坐北朝南，五重堂布局，四个院落，占地面积约一万平方米。清康熙年间吴三桂领兵时期被焚毁，现仅存遗址

参考文献（References）

图书

[1] 全国重点文物保护单位编辑委员会．全国重点文物保护单位．北京：文物出版社，2004.

[2] 国家文物局．全国重点文物保护单位．第Ⅳ卷－Ⅵ卷：第六批．北京：文物出版社，2008.

[3] 国家文物局．中国文物保护单位名录．北京：文物出版社，2005.

[4] 中华人民共和国住房和城乡建设部．中国传统建筑解析与传承－贵州卷．北京：中国建筑工业出版社，2016.

[5] 中国住房和城乡建设部，文化部，财政部．中国传统村落名录．2013.

[6] 陈顺祥，罗德启，李多扶．贵州古建筑．北京：中国建筑工业出版社，2015.

[7] 王永强．中国少数民族文化史图典－柒－西南卷．南宁：广西教育出版社，1999.

[8] 贵州省文物局，贵州省文物考古研究所，六盘水市文物局．夜郎寻根．贵阳：贵州人民出版社，2013.

[9] 李嘉琪，贵州省地方志编纂委员会．贵州省志－文物志．贵阳：贵州人民出版社，2003.

[10] 邱宣充，吴正光．中国古建筑文化之旅－云南·贵州．北京：知识产权出版社 2002.

[11] 黎明，贵州省建设厅．贵州乡土建筑．贵阳：贵州人民出版社，2006.

[12] 贵州省文管会办公室，贵州省文化出版厅文物处．贵州侗寨鼓楼风雨桥．贵阳：贵州人民出版社，1985.

[13] 田玉隆，田泽，胡冬梅．贵州土司史．贵阳：贵州人民出版社，2006.

[14] 陈贤波．土司政治与族群历史．北京：生活·读书·新知三联书店，2011.

[15] 黄才贵．贵州民族文化论丛．贵阳：贵州人民出版社，2009.

[16] 曹端波．民族文化与社会发展．贵阳：贵州大学出版社，2007.

[17] 李虹．可乐考古与夜郎文化．贵阳：贵州民族出版社，2003.

[18] 高应达．明清时代改土归流后黔中少数民族区域社会的变迁．杭州：浙江大学出版社，2011.

[19] 贵州省文物管理委员会文化出版厅．贵州省文物分布图．北京：测绘出版社，1983.

[20] 贵州省文物局．夜郎故地遗珍．贵阳：贵州人民出版社，2011.

[21] 索晓霞，李菲．多彩贵州．北京：社会科学文献出版社，2015.

[22] 王路平．贵州佛教与区域文化．北京：中国言实出版社，2015.

[23] 罗德启．贵州民居．北京：中国建筑工业出版社，2008.

[24] 贵州省住房和城乡建设厅．贵州传统村落．北京：中国建筑工业出版社，2016.

[25] 贵阳市文化局．贵阳文物景点．贵阳：贵州教育出版社，2007.

[26] 丁平，杨彬主．见证——贵阳老建筑．贵阳：贵州科技出版社，2012.

[27] 安成祥，黔东南苗族侗族自治州文物局．历史的见证．贵阳：贵州民族出版社，2010.

[28] 祝迎生，黔南布依族苗族自治州文物局．历史的遗迹．贵阳：贵州科技出版社，2012.

[29] 吴正光．青岩镇的建筑文化．贵阳：贵州人民出版社，2008.

[30] 黔西南布依族苗族自治州文化艺术志编纂委员会．黔西南布依族苗族自治州文化艺术志．昆明：云南科技出版社，2012.

[31] 黔东南苗族侗族自治州地方志编纂委员会．黔东南苗族侗族自治州志－名胜志－文物志．贵阳市：贵州人民出版社，1992.

[32] 李先逵．干栏式苗居建筑．北京：中国建筑工业出版社，2005.

[33] 周政旭．形成与演变．北京：中国建筑工业出版社，2016.

[34] 宛志贤，麻勇斌，钟涛．吊脚楼．贵阳：贵州民族出版社，2009.

[35] 宛志贤，马启忠，钟涛．石板房．贵阳：贵州民族出版社，2009.

[36] 燕达，高嵩．六百年屯堡．贵阳：贵州人民出版社，2002.

[37] 翁家烈．夜郎故地上的古汉族群落．贵阳：贵州教育出版社，2002.

[38] 帅学剑．安顺老房子．贵阳：贵州人民出版社，2001.

[39] 钱大勇．遵义地区文物志．遵义：遵义地区文物管理委员会，遵义地区文化局，1984.

[40] 石永言 . 历史文化名城遵义 . 贵阳：贵州人民出版社，1984.
[41] 邱洪 . 历史文化名城遵义 . 北京：中国文史出版社，2015.
[42] 宛志贤，石开忠，冯玉熙 . 鼓楼 · 风雨桥 . 贵阳：贵州民族出版社，2009.
[43] 盘县文体广电旅游局 . 盘县风景名胜 . 北京：中国旅游出版社，2013.
[44] 贵阳市花溪区文物保护管理所 . 花溪遗真 . 贵阳：贵州科技出版社，2013.
[45] 邓应明 . 中国梵净山佛教文化文物研究 . 贵阳：贵州人民出版社，2011.
[46] 黔南布依族苗族自治州史志编纂委员会 . 黔南布依族苗族自治州志 – 第三卷 – 文物名胜志 . 贵阳：贵州民族出版社，1984.
[47] 中国文物学会世界遗产研究委员会，贵州省安顺市人民政府 . 世界遗产在中国 – 贵州屯堡文化 . 北京：五洲传播出版社，2014.
[48] 贵州省毕节地区地方志编纂委员会 . 毕节地区志 – 文物名胜志 . 贵阳：贵州人民出版社，1994.
[49] 罗遵义 . 正安明清古建筑 . 北京：中国文史出版社，2015.
[50] 李承槐 . 中国历史文化名城 – 镇远 . 北京：中国铁道出版社，2005.
[51] 政协开阳县委员会 . 水东土司官衙——马头寨 . 贵阳：贵州人民出版社，2017.
[52] 李飞 . 复活的土司城堡 . 贵阳：贵州教育出版社，2014.
[53] 王兴骥，周必素 . 海龙屯与播州土司综合研究 . 北京：社会科学文献出版社，2014.
[54] 徐辉 . 黔东南苗乡侗寨 . 南京：江苏科学技术出版社，2014.
[55] 罗德启 . 贵州侗族干阑建筑 . 贵阳：贵州人民出版社，1994.
[56] 罗德启 . 老房子——贵州民居 . 南京：江苏美术出版社，2000.

期刊论文

[1] 李昕，陈炯 . 海龙屯土司文化遗产的传承与保护 . 中国文化遗产，2014（06）.
[2] 葛镇亚 . 海龙屯修建始末 . 当代贵州，2015（30）.
[3] 夏勇 . 贵州土司官寨聚落形态与建筑分析——以开阳马头寨为例 . 室内设计，2012（02）.
[4] 史继忠 . 镇远青龙洞古建筑群 . 当代贵州，2017（23）.
[5] 史继忠 . 安顺云山屯古建筑群 . 当代贵州，2007（10）.
[6] 李杰 . 黔东南从江增冲侗族村落 . 美术大观，2010（10）.
[7] 周立志，吴育忠 . 铜仁东山明清古民居的徽派特征分析 . 铜仁学院学报，2009（03）.
[8] 陈政 . 府城石阡万寿宫 . 贵州文史丛刊，2004（02）.
[9] 邵德龙，李毅 . 明代古建筑乌当来仙阁及楹联 . 贵阳文史，2010（05）.
[10] 娄青，吴晓秋 . 龙场九驿文化线路遗产保护——黔西象祠古建筑修缮与保护 . 贵州师范学院学报，2011（05）.
[11] 项锡黔，徐浩，杨安迪 . 隆里古城——建筑、文化和符号 . 贵州民族研究，2008（01）.
[12] 李平凡，陈世鹏 . 彝族古代建筑——九重宫殿浅析 . 贵州民族研究，2006（04）.
[13] 李贵云，姚胜祥 . 湄潭浙江大学旧址 . 文史天地，2013（08）.
[14] 山溪 . 贵州的历史文化名城——镇远 . 城乡建设，2001（01）.
[15] 顿明明 . 贵州安顺云山屯及本寨——国家历史文化名城研究中心历史街区调研 . 城市规划，2006（09）.
[16] 史继忠 . 阳明洞和阳明祠 . 当代贵州 2007（13）.
[17] 邹芝桦 . 大屯土司庄园 . 文史天地，2012（07）.
[18] 赵轶峰 . 奢香的遗产——明初政治文化外缘区域秩序建构的一个案例 . 贵州社会科学，2012（02）.
[19] 石莉 . 奢香驿道文化与保护 . 教育文化论坛，2012（05）.
[20] 吴民，姚胜祥 . 楼上村古建筑群 . 文史天地，2015（06）.
[21] 刘正品 . 明十八先生墓 . 理论与当代，2004（05）.
[22] 阿土 . 贵州民族特色建筑——三都怎雷古建筑群 . 贵州民族研究，2012（06）.
[23] 阿土 . 贵州民族特色建筑——黎平地坪风雨桥 . 贵州民族研究，2012（06）.
[24] 彭银 . 贵州的会馆建筑 . 古建园林技术，2012（02）.
[25] 李储林 . 明清贵州江西会馆地域分布及形成机制探析 . 晋中学院学报，2015（02）.

图片来源（Illustrations）

01 贵阳市

区县	古建筑名称	图 片 名 称	图片来源
南明区	甲秀楼	甲秀楼和翠微园全景、浮玉桥上碧涵亭、甲秀楼全景、甲秀楼近景、翠微园门楼、翠微园拱南阁、翠微园曲廊和翠微阁、翠微阁正面	作者 摄
	黔明寺	黔明寺全景、黔明寺正殿、黔明寺观音阁	作者 摄
	达德学校旧址	达德学校旧址全景、达德学校旧址大门、达德学校旧址忠烈堂	作者 摄
	刘统之先生祠	刘统之先生祠全景、刘统之先生祠大门、刘统之先生祠前院过厅	作者 摄
云岩区	文昌阁	文昌阁和瓮城全景、文昌阁院落平面、文昌阁外观、文昌阁底层结构	作者 摄
	阳明祠	阳明祠建筑群全景、阳明祠山门、阳明祠院落内景、阳明祠正殿内景、尹道真祠院落内景、尹道真祠正殿	作者 摄
	黔灵山弘福寺	黔灵山弘福寺全景、黔灵山弘福寺山门、黔灵山弘福寺前殿、黔灵山弘福寺正殿、黔灵山弘福寺正殿装饰细部、黔灵山弘福寺正殿内景	作者 摄
	大觉精舍	大觉精舍全景、大觉精舍内院、大觉精舍倒座、大觉精舍阁楼、大觉精舍阁楼细部	作者 摄
乌当区	乌当来仙阁	来仙阁全景、来仙阁近景、来仙阁一层大门装饰、来仙阁一层大内部、来仙阁顶层内部结构	作者 摄
	乌当协天宫	乌当协天宫入口和戏楼、乌当协天宫戏楼正面、乌当协天宫内院和大殿	作者 摄
花溪区	赵以炯故居	赵以炯故居全景、赵以炯故居大门、赵以炯故居前院过厅、赵以炯故居内院	作者 摄
	慈云寺	慈云寺鸟瞰、慈云寺山门、慈云寺戏楼、慈云寺前院大雄宝殿、慈云寺后院观音殿（左）和灵官殿（右）	作者 摄
	万寿宫	万寿宫全景、万寿宫山门、万寿宫山门细部、万寿宫戏楼、万寿宫大殿、万寿宫大殿内景	作者 摄
	文昌阁	青岩文昌阁鸟瞰、青岩文昌阁山门、青岩文昌阁前院、青岩文昌阁	作者 摄
	龙泉寺	龙泉寺鸟瞰、龙泉寺山门、龙泉寺戏楼、龙泉寺真武宫、龙泉寺大雄宝殿、龙泉寺南门、龙泉寺纯阳殿	作者 摄
	佛寿寺	寿佛寺山门、寿佛寺正殿	作者 摄
	赵理伦百岁坊	赵理伦百岁坊和青岩古镇、赵理伦百岁坊、赵理伦百岁坊细部一、赵理伦百岁坊细部二	作者 摄
	周王氏媳刘氏节孝坊	周王氏媳刘氏节孝坊	
	赵彩章百岁坊	赵彩章百岁坊	
	花溪镇山村民居	镇山村和周边环境、镇山村下寨、镇山村寨门、镇山村上寨巷道、镇山村上寨民居一、镇山村上寨民居二、镇山村下寨民居	作者 摄
	花溪桐埜书屋	桐埜书屋入口、桐埜书屋院落、桐埜书屋外观、周渔璜故居门楼	作者 摄

续表

区县	古建筑名称	图片名称	图片来源
修文县	阳明洞	王文成公祠阳明洞（祠的下方）、阳明洞洞口外观（上为王文成公祠）、阳明洞内景、阳明洞题刻、王文成公祠入口、王文成公祠元气亭、王文成公祠正殿、王文成公祠正殿内景、君子亭	作者 摄
	修文三潮水	三潮水龙池和池亭、知非庵山门现状	作者 摄
开阳县	马头寨古建筑群	开阳马头寨全景、马头寨朝阳寺、马头寨宋氏土司总管府遗址、马头寨宋荣宗宅、马头寨宋荣宗宅大门	作者 摄
	宝王庙	宝王庙鸟瞰、宝王庙山门、宝王庙山门“二龙戏珠”石浮雕、宝王庙戏楼、宝王庙戏楼雕刻、宝王庙正殿、宝王庙正殿藻井	作者 摄
		宝王庙正殿藻井	第七批国保申报材料
	开阳长庆寺	长庆寺鸟瞰、长庆寺山门、长庆寺院落、长庆寺下殿、长庆寺正殿、长庆寺木雕二、长庆寺木雕一、长庆寺木雕四、长庆寺木雕三、长庆寺石雕一、长庆寺石雕二	作者 摄

02 遵义市

区县	古建筑名称	图片名称	图片来源
汇川区	海龙囤	海龙囤地形（东侧）、天梯和飞虎关、朝天关、飞龙关、万安关、新王宫遗址	作者 摄
红花岗区	桃溪寺	桃溪寺鸟瞰、桃溪寺大殿与院落	作者 摄
	湘山寺	湘山寺鸟瞰、湘山寺大殿和老山门（左）、湘山寺老山门、湘山寺塔园、湘山寺观音像碑	作者 摄
	杨粲墓	杨粲墓室外观、杨粲墓室内景、杨粲墓室侧壁、杨粲墓正壁雕刻、杨粲墓室侧壁雕刻、杨粲墓室藻井	作者 摄
播州区	遵义龙坑场牌坊	遵义龙坑场牌坊、遵义龙坑场牌坊细部一、遵义龙坑场牌坊细部二、遵义龙坑场牌坊细部三、遵义龙坑场牌坊细部四	作者 摄
	遵义宝峰山砖塔	宝峰山砖塔与宝峰山寺、宝峰山砖塔外观、宝峰山砖塔底层内景、宝峰山砖塔顶层结构、宝峰山砖塔细部	作者 摄
	尚稽陈玉壂祠	尚稽陈玉壂祠鸟瞰、尚稽陈玉壂祠外观、陈玉壁祠风雨廊和前院 、陈玉壁祠阁楼外观	作者 摄
	遵义瓦厂寺	遵义瓦厂寺鸟瞰、遵义瓦厂寺前殿、遵义瓦厂寺前殿结构细部、遵义瓦厂寺大雄宝殿、遵义瓦厂寺大雄宝殿细部一、遵义瓦厂寺大雄宝殿细部二、遵义瓦厂寺大雄宝殿内景	作者 摄
	遵义虾子胡氏民宅	虾子胡氏民宅全景、虾子胡氏民宅大门、虾子胡氏民宅前院砖坊、虾子胡氏民宅前院、虾子胡氏民宅前院堂屋装饰、虾子胡氏民宅内院、虾子胡氏民宅内院厢房装饰、虾子胡氏民宅后院、虾子胡氏民宅家具陈设一、虾子胡氏民宅家具陈设二	作者 摄
	遵义黎庶昌故居	黎庶昌故居门楼、黎庶昌故居过厅、黎庶昌故居中厅与院落、拙尊园、黎庶昌故居正堂与院落	作者 摄

续表

区县	古建筑名称	图片名称	图片来源
绥阳县	绥阳张喜山祠	张喜山祠石构架、张喜山祠结构细部、张喜山祠月梁石雕一、张喜山祠月梁石雕二、张喜山祠柱础石雕、张喜山祠神台石雕	作者 摄
	绥阳卧龙山寺	绥阳卧龙山寺山门、绥阳卧龙山寺戏楼、绥阳卧龙山寺戏楼雕刻、绥阳卧龙山寺大殿、绥阳卧龙山寺大殿结构装饰	作者 摄
	绥阳洋川杜家堰坎宅院	杜家堰坎宅院大门、杜家堰坎宅院堂屋、杜家堰坎宅院戏台与书院	作者 摄
湄潭县	湄潭浙江大学旧址	浙江大学旧址（文庙）鸟瞰、浙江大学旧址——文庙大成殿、浙江大学旧址——文庙大成殿内景、清光绪年间湄潭文庙学宫图、浙江大学旧址——文庙大成殿石雕、浙江大学旧址——万寿宫山门、浙江大学旧址——万寿宫戏楼、浙江大学旧址——万寿宫大殿	作者 摄
凤冈县	玛瑙山营盘遗址	玛瑙山营盘遗址鸟瞰（部分）、玛瑙山营盘营墙一、玛瑙山营盘营墙二、玛瑙山营盘碉楼、玛瑙山营盘碉楼内部、玛瑙山营盘古墓葬、玛瑙山营盘古石碾槽	作者 摄
桐梓县	桐梓周西成祠	周西成祠门楼、周西成祠全景	作者 摄
正安县	正安尹道真务本堂	尹道真务本堂鸟瞰、尹道真务本堂门楼、尹道真务本堂院落大门、尹道真务本堂院落、尹道真务本堂正堂内景	作者 摄
	正安宝兴隆盐号和客栈	宝兴隆盐号鸟瞰、宝兴隆盐号前梁架结构、宝兴隆盐号损毁的结构装饰、宝兴隆盐号后厅梁架结构	作者 摄
	正安祝家坪古建筑群	鲁家崖营堡寨外景、营堡寨圆拱石大门寨墙、祝家坪村寨印子屋建筑、祝家坪村寨三合院建筑、祝家坪村寨浮雕石柱础、祝家坪村寨三合院建筑花窗一、祝家坪村寨三合院建筑花窗二、祝家坪字库塔全景、祝家坪村寨马溪沟风雨桥	第七批国保申报材料
	正安公馆桥	正安公馆桥全境、正安公馆桥、正安公馆桥石碑、正安公馆桥石雕	作者 摄
务川仡佬族苗族自治县	务川申祐祠	申祐祠鸟瞰、申祐祠门楼、申祐祠门楼细部	作者 摄
	龙潭村古建筑群	龙潭村鸟瞰、大朝门遗址、申小松民居一、申小松民居二、申小松民居三、申祐故居、申祐祠堂、丹堡院落围墙和朝门、丹堡院落内景、丹堡院落堂屋装饰	作者 摄
	罗峰书院	罗峰书院鸟瞰、罗峰书院奎文阁、罗峰书院院落	作者 摄
	务川池水申氏民宅	池水申氏民宅、池水申氏民宅室内、池水申氏民宅结构细部一、池水申氏民宅结构细部二	作者 摄
习水县	三岔河摩崖	三岔河摩崖外观、石窟佛寺造像一、石窟佛寺造像二、石窟佛寺造像三、袁锦道祠石刻牌坊、袁锦道祠石牌坊门额、袁锦道像	第七批国保申报材料
	习水程寨袁氏宗祠	袁氏宗祠鸟瞰、袁氏宗祠外观、袁氏宗祠院落、袁氏宗祠原建筑石雕构件一、袁氏宗祠原建筑石雕构件二	作者 摄
	土城古镇建筑群	土城古镇鸟瞰图、土城古镇张家大院、土城古镇火神庙院落、土城古镇古街巷一、土城古镇古街巷二、土城古镇古街巷三	作者 摄
赤水市	复兴江西会馆	复兴江西会馆鸟瞰、复兴江西会馆山门、复兴江西会馆戏楼与院落、复兴江西会馆戏楼雕刻、复兴江西会馆杨泗殿、复兴江西会馆杨泗殿内景、复兴江西会馆后殿与天井、复兴江西会馆石狮、复兴江西会馆撑栱木雕	作者 摄
		复兴江西会馆总平面图	第七批国保申报材料

续表

区县	古建筑名称	图片名称	图片来源
赤水市	赤水天恩桥	天恩桥、天恩桥石牌坊、天恩桥桥墩和石龙	作者 摄
	两会水石窟寺	两会水石窟寺远观、两会水石窟寺造像	作者 摄
	丙安村古建筑群	丙安古建筑群鸟瞰、丙安古建筑群临江面远观、丙安古镇太平门、丙安古镇东华门、丙安古镇街巷一、丙安古镇街巷二、丙安古道摩崖、丙滩桥与东华门	作者 摄
	赤水万寿宫	赤水万寿宫鸟瞰、赤水万寿宫外观、赤水万寿宫内景现状	作者 摄
	赤水古城垣	赤水古城垣现状鸟瞰、赤水古城垣（聚全门外）、赤水古城垣（聚全门内）	作者 摄
仁怀市	仁怀鹿鸣塔	仁怀鹿鸣塔、怀仁鹿鸣塔细部	作者 摄
	茅台酒酿酒工业遗产群	茅台酒酿酒工业遗产群鸟瞰、“成义”烧房烤酒房旧址、“成义”烧房烤酒房旧址大门、“恒兴”烧房烤酒房旧址侧面、“恒兴”烧房烤酒房旧址屋架、“荣和”烧房干曲仓旧址、茅台酒酿酒工业遗产群街巷一、茅台酒酿酒工业遗产群街巷二	作者 摄

03 铜仁市

区县	古建筑名称	图片名称	图片来源
碧江区	东山古建筑群	东山寺及古民居群鸟瞰、东山寺雷神殿、东山寺大雄宝殿与院落、飞山宫（右前）和民居建筑群、飞山宫牌楼式大门、飞山宫正殿、飞山宫正殿内景、飞山宫后殿、东山古建筑群民居街景一、东山古建筑群民居街景二	作者 摄
	铜仁川主宫	川主宫鸟瞰、川主宫外观、川主宫牌楼大门	作者 摄
	新营塝屯墙和复兴桥	新营塝屯西门、新营塝南门内景、新营塝北门与屯内民居、复兴桥	第七批国保申报材料
	客兰寨古建筑群	客兰寨古建筑群鸟瞰、刘元晃宅远观、刘元晃宅庭院、客兰寨古巷道一、客兰寨古巷道二	作者 摄
万山区	高楼坪刘氏宗祠	刘氏宗祠鸟瞰、刘氏宗祠牌楼大门、刘氏宗祠牌楼大门细部、刘氏宗祠戏楼、刘氏宗祠享堂与院落、刘氏宗祠过厅	作者 摄
玉屏侗族自治县	印山书院	印山书院鸟瞰、印山书院外观、印山书院大门、印山书院东院落、印山书院西院落	作者 摄
江口县	江口梵净山金顶古庙	红云金顶全貌、红云金顶释迦殿和弥勒殿、红云金顶仰视、老金顶和古寺残墙、老金顶圣旨承恩寺残墙	作者 摄
	江口云舍村古建筑群	云舍村鸟瞰、云舍村桶子屋外观一、云舍村桶子屋外观二、云舍村桶子屋外观三、云舍村桶子屋院落、云舍村桶子屋装饰	作者 摄
石阡县	石阡万寿宫	石阡万寿宫与禹王宫鸟瞰、石阡万寿宫牌楼大门、石阡万寿宫牌楼大门细部、石阡万寿宫戏楼、石阡万寿宫戏楼脊饰、石阡万寿宫戏楼藻井、石阡万寿宫中路过厅、石阡万寿宫中路正殿、石阡万寿宫正殿室内、圣帝宫牌楼大门、紫云宫牌楼大门、禹王宫外观、禹王宫门楼细部	作者 摄
	石阡府文庙	石阡府文庙鸟瞰、石阡府文庙大成门、石阡府文庙大成殿与院落、大成殿前丹陛石、大成殿柱础、石阡府文庙大成殿结构	作者 摄

续表

区县	古建筑名称	图片名称	图片来源
石阡县	楼上村古建筑群	楼上村鸟瞰、梓潼宫正殿外观、梓潼宫正殿与院落、楼上村民居马槺古宅、楼上村民居典型院落一、楼上村民居典型院落二、楼上村民居雕窗、楼上村巷道	作者 摄
	成氏家族墓	成世瑄墓、牌头墓葬、牌头墓葬石牌坊、牌头墓葬石牌坊细部一、牌头墓葬石牌坊细部二	作者 摄
思南县	府文庙	府文庙鸟瞰、府文庙“礼门”“义路”、府文庙大成门、府文庙大成门背面、府文庙大成殿	作者 摄
	万寿宫	万寿宫鸟瞰、万寿宫牌坊、万寿宫山门、万寿宫戏楼与厢房、万寿宫戏楼装饰、万寿宫拜厅、万寿宫正殿	作者 摄
	周和顺盐号	周和顺盐号与永祥寺（左）、周和顺盐号大门、周和顺盐号对厅、周和顺盐号对厅入口、周和顺盐号正房、周和顺盐号正房室内、周和顺盐号厢房、周和顺盐号室内陈设一、周和顺盐号室内陈设二	作者 摄
印江土家族苗族自治县	印江文昌阁	印江文昌阁正面外观、印江文昌阁内景一、印江文昌阁内景二、印江文昌阁顶层结构、依仁书院外观、依仁书院院落	作者 摄
	印江严氏宗祠	严氏宗祠鸟瞰、严氏宗祠正堂与院落、严氏宗祠厢房结构装饰、严氏宗祠正堂近景、严氏宗祠后堂、严氏宗祠后堂室内结构	作者 摄
	印江建厂田氏宗祠	田氏宗祠外观、田氏宗祠大门、田氏宗祠熙楼和厢房、田氏宗祠正厅、田氏宗祠后院、田氏宗祠燕翼亭	第七批国保申报材料
	新业文昌阁	文昌阁远观、文昌阁大门、文昌阁门墩石刻、文昌阁翘角装饰	第七批国保申报材料
德江县	德江扶阳寨	扶阳古寨城墙一角、朝阳寺后殿、扶阳古寨院墙、扶阳古寨院墙石雕、扶阳古寨朱昭强宅、扶阳古寨民居花窗、扶阳古寨惜字塔——文峰塔、扶阳古寨墓葬	第七批国保申报材料
松桃苗族自治县	大路风雨桥	大路风雨桥远观、大路风雨桥近景、大路风雨桥内景	作者 摄
	寨英村古建筑群	寨英村寨门之一、寨英村巷道一、寨英村巷道二、寨英村巷道三、民居石雕细部一、民居石雕细部二、寨英村城墙一、寨英村城墙二	作者 摄

04 黔东南苗族侗族自治州

区县	古建筑名称	图片名称	图片来源
凯里市	凯里万寿宫	凯里万寿宫鸟瞰、凯里万寿宫门楼、凯里万寿宫中殿、凯里万寿宫中殿背面与院落	作者 摄
雷山县	郎德上寨古建筑群	郎德上寨与周边环境鸟瞰、郎德上寨寨门、郎德上寨民居一、郎德上寨民居二、郎德上寨铜鼓坪、郎德上寨远景	作者 摄
丹寨县	丹寨万寿宫	万寿宫全景、万寿宫戏楼、万寿宫正殿、万寿宫北厢房、万寿宫厢房挂落	第七批国保申报材料
麻江县	麻江夏同龢状元第	夏同龢状元第与姜氏宗祠鸟瞰、夏同龢状元第与姜氏宗祠外观	作者 摄
黄平县	重安江水碾群	重安江水碾群（局部）	搜狐网
		重安江水碾群和环境（草棚毁后）	作者 摄

续表

区县	古建筑名称	图片名称	图片来源
黄平县	黄平重安江铁索桥	三朝桥远观	作者 摄
	旧州古建筑群	天后宫正殿与院落、仁寿宫戏楼、仁寿宫正殿、文昌宫入口、文昌宫正殿、达源发民居院落、达源发民居石雕、达源发民居木雕	作者 摄
	飞云崖古建筑群	飞云崖古建筑群山门、飞云崖古建筑群山门局部、皇经楼、池桥和碑亭、飞云崖下接引阁、飞云崖观音洞和接引阁、童子亭、月潭寺山门、月潭寺大佛殿、大官厅	作者 摄
	岩门长官司城	岩门司南门、岩门土司城内民居、岩门土司城内古街道一、岩门土司城内古街道二	第七批国保申报材料
施秉县	云台山古建筑群	云台山周公殿后神灵宫、周公殿前的土地庙、云台山“一天花雨”山门、云台山徐公殿	作者 摄
台江县	台江文昌宫和莲花书院	文昌宫建筑群、文昌宫门楼、文昌宫阁楼、莲花书院门楼、莲花书院天井、莲花书院栏杆、莲花书院花窗	第七批国保申报材料
	施洞苏元春公馆	苏元春公馆外观、苏元春公馆前厅、苏元春公馆中院、苏元春公馆后堂背面	作者 摄
	施洞两湖会馆	两湖会馆外观、两湖会馆门楼、两湖会馆戏楼、两湖会馆过厅、两湖会馆天井	作者 摄
镇远县	镇远城墙	府城墙、卫城墙下北门、卫城墙上北门、卫城墙上北门城楼与城墙	作者 摄
	镇远四官殿	四官殿门楼、四官殿远观	第七批国保申报材料
		四官殿正殿内景	作者 摄
	青龙洞建筑群	青龙洞古建筑群鸟瞰、青龙洞古建筑群远观（局部）、青龙洞山门、青龙洞观音殿外观、青龙洞斗姥宫、万寿宫山门、万寿宫山门细部、万寿宫戏楼、万寿宫戏楼雕刻一、万寿宫戏楼雕刻二、万寿宫戏楼藻井、万寿宫杨泗殿室内、万寿宫杨泗殿室内藻井、万寿宫山墙与紫阳书院、紫阳书院圣人殿、紫阳书院老君殿、中元禅院大佛殿背面、祝圣桥	作者 摄
	镇远天后宫	天后宫概貌、天后宫山门、天后宫戏楼、天后宫正殿、天后宫西厢	第七批国保申报材料
	谭氏民宅（谭公馆）	谭公馆俯视、谭公馆大门、迎客厅（轿厅）、前院正房、后院天井及厢房	第七批国保申报材料
	邹泗钟祠	邹泗钟祠入口现状、邹泗钟祠前厅、邹泗钟祠后厅、邹泗钟祠梁架雕刻	作者 摄
岑巩县	岑巩禹王宫	禹王宫鸟瞰、禹王殿外观	作者 摄
三穗县	三穗八弓文笔塔和武笔塔	文笔塔、武笔塔远观	作者 摄
天柱县	三门塘古建筑群	三门塘与周边环境鸟瞰、刘氏宗祠外观、刘氏宗祠牌楼细部、王氏宗祠外观、巷道与民居一、巷道与民居二、巷道与民居三、古民居院落、古民居堂屋外观	作者 摄
	天柱抱塘村古建筑群	抱塘古建筑群全景、吴氏宗祠牌楼、吴氏宗祠正厅、粟永辉宅远景、粟永辉宅近景、粟永辉宅正屋及天井、粟氏宗祠马头墙、古民居木雕、民居木雕花窗、花阶路巷道	第七批国保申报材料
锦屏县	锦屏飞山庙	飞山庙与环境鸟瞰、飞山庙山门、飞山庙戏楼、飞山庙大殿、飞山庙大殿结构装饰、飞山阁外观、飞山阁二层室内	作者 摄
	隆里古建筑群	龙里古城与周边环境鸟瞰、青阳门内街景、正阳门、正阳门内街景、迎恩门、龙标书院牌楼大门、隆里千户所外观、临街民居三槐第、临街民居科举第	作者 摄

续表

区县	古建筑名称	图片名称	图片来源
黎平县	黎平会议会址（胡荣顺店铺）	黎平会议会址鸟瞰、黎平会议会址临街外观、黎平会议会址天井、黎平会议会址内院入口、黎平会议会址正堂院落、黎平会议会址正堂装饰	作者 摄
	黎平两湖会馆	禹王宫鸟瞰、禹王宫外观、禹王宫檐廊、禹王宫内历代木匾、禹王宫庑厅和水榭	作者 摄
	黎平南泉山	南泉山寺全景、南泉山寺山门、南泉山寺中殿、南泉山寺内院、南泉山寺大佛殿山墙	作者 摄
	地坪风雨桥	地坪风雨桥全景、地坪风雨桥近景、地坪风雨桥结构、地坪风雨桥内景	作者 摄
	述洞独柱鼓楼	述洞独柱鼓楼和村寨、述洞独柱鼓楼外观、述洞独柱鼓楼楼门、述洞独柱鼓楼结构、述洞独柱鼓楼远景	作者 摄
	纪堂鼓楼	纪堂宰告鼓楼、纪堂宰告鼓楼结构、纪堂新塘鼓楼、纪堂新塘鼓楼火塘雕刻、纪堂塘明鼓楼	作者 摄
	登岑粮仓群	登岑粮仓群和村寨全景、登岑粮仓一、登岑粮仓二、登岑粮仓三、登岑粮仓四	作者 摄
	高进戏楼	高进村全景、高进寨边花桥、高进戏楼鼓楼和卡房、高进鼓楼、高进鼓楼装饰细部、高进鼓楼火塘装饰纹样、高进鼓楼石雕装饰、高进戏楼、高进卡房	作者 摄
	秦溪凌云塔	凌云塔全景、凌云塔院门、凌云塔仰视、凌云塔一层内景、凌云塔顶层内景、凌云塔装饰细部	作者 摄
	肇兴鼓楼风雨桥	肇兴侗寨全景、信团鼓楼、信图鼓楼装饰一、信团鼓楼装饰二、义团鼓楼和风雨桥、仁团鼓楼、仁团鼓楼和风雨桥、仁团风雨桥和两岸民居、礼团鼓楼	作者 摄
	黎平流芳村古建筑群	流芳村全景、流芳村寨门、流芳村寨门内的古井和萨坛、流芳村鼓楼、流芳村鼓楼结构和木鼓、刘芳村鼓楼内景、流芳村粮仓群一、流芳村粮仓群二	作者 摄
	黎平潭溪石氏宗祠	石氏宗祠牌楼门、石氏宗祠正殿	作者 摄
	黎平六甲萨岁堂	六甲萨岁堂鸟瞰、六甲萨岁堂外观、六甲萨岁堂入口	作者 摄
从江县	高阡鼓楼	高阡鼓楼、高阡鼓楼楼门、高阡鼓楼内龙饰一、高阡鼓楼内龙饰二	作者 摄
	增冲鼓楼	增冲寨全景、增冲鼓楼外观、增冲鼓楼楼门、增冲鼓楼底层、增冲鼓楼结构	作者 摄
	宰俄鼓楼	宰俄鼓楼、宰俄鼓楼楼门装饰	作者 摄
	金勾风雨桥	金勾风雨桥远景、金勾风雨桥近景、金勾风雨桥内景、金勾风雨桥结构	作者 摄
	从江信地鼓楼	信地鼓楼	作者 摄
	流架风雨桥	留架风雨桥外观、留架风雨桥内景、留架风雨桥土地庙和古碑、留架风雨桥桥楼结构	作者 摄
	从江则里鼓楼	则里鼓楼、则里鼓楼楼门装饰、则里鼓楼内景、则里鼓楼装饰	作者 摄
	从江增盈鼓楼和风雨桥	增盈鼓楼外观、增盈鼓楼楼门、增盈风雨桥远观、增盈风雨桥近景、增盈鼓楼内部	作者 摄
榕江县	榕江大利村古建筑群	大利村全景、大利村村貌一、大利村村貌二、大利村萨坛和鼓楼、大利村民居一、大利村民居二、大利村中步花桥	作者 摄

05 黔南布依族苗族自治州

区县	古建筑名称	图片名称	图片来源
都匀市	都匀文峰塔	都匀文峰塔、都匀文峰塔石门	作者 摄
	都匀百子桥	都匀百子桥现状	作者 摄
福泉市	福泉城墙	福泉城墙北门鸟瞰、福泉城墙西门水城鸟瞰、福泉城墙西门水城内景、福泉城墙西门水城城垣、福泉城墙西门水城内城城门	作者 摄
	葛镜桥	葛镜桥与环境、葛镜桥桥面	作者 摄
	竹王城遗址	竹王城遗址东门门洞、竹王城遗址莲花岩石刻、竹王城遗址山下的皋阳桥	作者 摄
瓮安县	冷少农故居	冷少农故居大门、冷少农故居正房与院落、冷少农故居渔樵耕读窗雕一、冷少农故居渔樵耕读窗雕二	作者 摄
贵定县	贵定城隍庙	贵定城隍庙鸟瞰、贵定城隍庙过厅、贵定城隍庙大殿与庭院、贵定城隍庙大殿檐廊	作者 摄
	阳宝山古建筑群	莲花寺遗址	微信公众号：贵州阳宝山景区
		莲花寺山门遗址	贵定县人民政府网
		和尚塔林石刻群	美丽黔南旅游网
		和尚塔石刻	贵定县人民政府网
		观音洞遗址	微信公众号：贵州阳宝山景区
龙里县	龙里冠山	冠山古建筑群鸟瞰、化钱石塔、冠山山门、冠山紫虚阁全景	作者 摄
惠水县	惠水仙人桥洞葬	仙人桥洞葬	作者 摄
	惠水孔庙	惠水孔庙大成殿现状鸟瞰、大成殿一角、大成殿现状、大成殿室内架构、大成殿侧面檐廊	作者 摄
长顺县	长顺白云山	白云寺鸟瞰图、白云寺修复后现状、白云寺遗存石狮、白云寺遗存石柱础、白云寺遗存木雕一、白云寺遗存木雕一细部、白云寺遗存木雕二、白云寺遗存木雕二细部	作者 摄
平塘县	麻翁古屯墙	麻翁古屯墙城门、麻翁古屯内巷道、麻翁古屯内民居	贵州平塘党政信息网
荔波县	邓恩铭故居	邓恩铭故居鸟瞰、邓恩铭故居临街立面	作者 摄
	荔波永济泉	荔波永济泉全景、荔波永济泉通道、荔波永济泉通道拱门、荔波永济泉井台俯视、荔波永济泉内景	作者 摄
	水浦古建筑群	水浦古建筑群鸟瞰、水浦古民居一、水浦古民居二、水浦古民居三、水浦古民居室内、水浦古民居梁架、水浦村禾仓、水浦古民居群远景	作者 摄
独山县	翁奇奎文阁	奎文阁正立面图、奎文阁仰视、奎文阁阁顶梁架、过殿外观、后殿外观、奎文阁字葬塔	第七批国保申报材料
三都水族自治县	黔南水族墓群	引朗石板墓葬一、引朗石板墓葬二、引朗石板墓石刻一、引朗石板墓石刻二、引朗石板墓石刻三、引朗石板墓石刻四、荔波水浦石板墓葬一、荔波水浦石板墓葬二、荔波水浦石板墓石刻	作者 摄

续表

区县	古建筑名称	图片名称	图片来源
三都水族自治县	三都怎雷村古建筑群	怎雷村上寨、中寨鸟瞰、怎雷村上寨远观、怎雷村古民居一、怎雷村古民居二、怎雷村古民居三、怎雷村禾仓	作者 摄
	三都都江厅城墙	都江厅城墙北门、都江厅城内古街道及民居、都江厅城墙遗存	作者 摄
		都江厅城墙古衙署、都江厅城墙古衙署前石狮	坝上客的博客

06 黔西南布依族苗族自治州

区县	古建筑名称	图片名称	图片来源
兴义市	兴义刘氏庄园	刘氏庄园鸟瞰(部分)、刘氏庄园家庙前厅、刘氏庄园家庙正厅院落、刘氏庄园忠义祠前殿、刘氏庄园忠义祠正殿院落、刘氏庄园刘显潜住宅、刘氏庄园炮楼与轿厅、刘氏庄园花厅、刘氏庄园新宗祠、刘氏庄园新宗祠戏台、刘氏庄园新宗祠正殿、刘氏庄园石雕一、刘氏庄园石雕二	作者 摄
	兴义永康桥	兴义永康桥全景、兴义永康桥桥面、兴义永康桥镇河宝剑、桥旁古驿道关门	作者 摄
	兴义窦氏民宅	窦氏民居鸟瞰、窦氏民居门楼、窦氏民居院落一、窦氏民居院落二、窦氏民居院落三、窦氏民居雕刻装饰一、窦氏民居雕刻装饰二	作者 摄
	何应钦故居	何应钦故居鸟瞰、何应钦故居正厅、何应钦故居正厅柱础	作者 摄
	兴义南龙村古建筑群	南龙村鸟瞰、南龙村寨门、南龙村民居一、南龙村民居二、南龙村民居装饰细部、南龙村场坝和祭祀台	作者 摄
	鲁屯牌坊群	李锦章百岁坊（后为李汝兰之母百岁坊）、李锦章百岁坊局部、生员黄建勋之母李氏贞节坊	作者 摄
安龙县	明十八先生墓	明十八先生墓区鸟瞰、明十八先生墓石牌坊、明十八先生墓与小石坊、明十八先生祠堂院落、多节亭和摩崖石刻	作者 摄
	安龙兴义府试院	兴义府试院现状鸟瞰、重修后的大门、重修后的魁星阁、兴义府试院大堂、兴义府试院大堂内景、大堂檐廊、兴义府试院二堂、议事亭、植桂轩	作者 摄
	招堤	招堤和环境、金星山建筑群鸟瞰、招堤、金星山建筑群山门、尺幅千里坊、涵虚阁、涵虚阁入口浮雕、一览亭、半山亭、半山亭题记和石榻	作者 摄
	袁祖铭旧居和五省会馆	袁祖铭旧居鸟瞰、五省会馆鸟瞰、袁祖铭旧居前厅、袁祖铭旧居前厅梁架、袁祖铭旧居正厅与庭院	作者 摄
贞丰县	马二元帅府	马二元帅府鸟瞰、马二元帅府前厅、马二元帅府花园与后厅、马二元帅府后厅与院落、马二元帅府后厅窗饰	作者 摄
	贞丰文昌阁	贞丰文昌宫鸟瞰、文昌宫入口、文昌宫前殿、文昌宫正殿	作者 摄
	定边城墙(含观音庙、关帝庙)	定边城墙西门遗址现状、定边城墙和西门现状、关帝庙正殿、观音庙大殿	作者 摄

续表

区县	古建筑名称	图片名称	图片来源
兴仁县	兴仁三家寨道堂	道堂鸟瞰、三家寨道堂侧院、道堂外观、道堂院落	作者 摄
	兴仁寿福寺	寿福寺鸟瞰、寿福寺大门、寿福寺戏楼、寿福寺正殿	作者 摄
普安县	崧岿寺	崧岿寺鸟瞰、崧岿寺前殿（修缮中）、崧岿寺明代石狮柱础、崧岿寺大殿内景（修缮中）	作者 摄

07 安顺市

区县	古建筑名称	图片名称	图片来源
西秀区	安顺文庙	安顺文庙入口、“德配天地”坊、宫墙数仞和两侧礼门义路、泮池与棂星门、棂星门、棂星门石雕细部、大成门、大成门云龙石柱、大成殿、大成殿室内梁架、大成殿前廊、大成殿云龙石柱	作者 摄
	安顺武庙	武庙牌坊大门、武庙泮池与大殿、武庙大殿石木结构、武庙大殿鱼龙撑拱、武庙观音楼	作者 摄
	崇真寺	三清殿院落现状、三清殿木构装饰	作者 摄
	安顺圆通寺西秀山白塔	圆通寺大雄宝殿与西秀山白塔、圆通寺大雄宝殿石木结构、圆通寺大雄宝殿石门槛雕刻、圆通寺观音阁、西秀山白塔、西秀山白塔细部一、西秀山白塔细部二	作者 摄
	云山屯古建筑群	云山屯鸟瞰、云山屯大屯门、云山屯戏台、云山屯民居一、云山屯民居二、云山屯民居三、云山屯民居院落、本寨鸟瞰、本寨寨门、本寨民居垂花门楼一、本寨民居垂花门楼二、本寨典型民居外观、本寨杨家大院碉楼、本寨典型院落一、本寨典型民居院落二、本寨民居装饰木刻一、本寨民居装饰二、本寨民居装饰三	作者 摄
	鲍家屯水利工程	鲍家屯水利工程和环境、鲍家屯现状、拦水坝与水碾房、水碾房局部、鲍家屯古民居一、鲍家屯古民居二、鲍家屯古民居院落、鲍家屯碉楼	作者 摄
平坝区	天台山伍龙寺	天台山伍龙寺鸟瞰、天台山二山门、天台山三山门浮雕、伍龙寺山门、天台山伍龙寺大佛殿、大佛殿室内、天台山伍龙寺玉皇阁、伍龙寺石雕水缸	作者 摄
	天龙古镇建筑群	天龙古镇鸟瞰、天龙古镇古街巷一、天龙古镇古街巷二、天龙古镇民居门窗装饰、天龙学堂旧址图书室、老演武堂院落、陈蕴瑜将军故居朝门、陈蕴瑜将军故居院落	作者 摄
普定县	玉真山寺	山门、寺门、观音殿与经幢、玉皇殿西立面、玉皇殿撑拱木雕、玉皇殿驼峰木雕、玉真山寺石狮	第七批国保申报材料
	普定营盘近现代建筑群	普定营盘民居一、普定营盘民居二、普定营盘民居门楼、普定营盘民居与读书楼	作者 摄
镇宁布依族苗族自治县	镇宁高荡村古建筑群	营盘遗址和高荡村、高荡村古民居一、高荡村古民居二、高荡村场坝与古民居、高荡村巷道拱门、高荡村古桥、高荡村古水碾房、高荡村古堡	作者 摄
	镇宁城墙	镇宁城墙钟鼓楼城门洞、镇宁城墙钟鼓楼城门洞近景	作者 摄

续表

区县	古建筑名称	图片名称	图片来源
关岭布依族苗族自治县	关索岭	关索岭关口遗址鸟瞰、顺忠祠遗址石门、御书楼关台	作者 摄
	顶营司城垣	顶营司城垣东门、顶营司衙门遗址	作者 摄
	灵龟寺无梁殿	灵龟寺无梁殿、灵龟寺无梁殿石门细部、灵龟寺无梁殿内景、灵龟寺无梁殿脊饰	作者 摄
	花江铁索桥	花江铁索桥桥头遗址、花江铁索桥桥头石窟、石窟镂雕龙柱、蒋宗汉石像	作者 摄
紫云苗族布依族自治县	紫云文笔塔	紫云文笔塔	微信公众号：紫云资讯

08 六盘水市

区县	古建筑名称	图片名称	图片来源
盘州市	普安卫城墙	普安卫城墙遗存和北门城楼、普安卫城北门、普安卫城北门楼	作者 摄
	张道藩故居	张道潘故居现状、张道潘故居客房、张道潘故居正堂	作者 摄
	盘县城隍庙	城隍庙鸟瞰、城隍庙山门、城隍庙戏楼、城隍庙大殿	作者 摄
		城隍庙大殿装饰细部	第七批国保申报材料
	盘县普安州文庙	普安州文庙鸟瞰、普安州文庙德天配地坊、普安州文庙棂星门、普安州文庙大成门、普安州文庙大成殿、普安州文庙大成殿丹陛石、普安州文庙大成殿内景	作者 摄
	大威寺茶厅	大威寺茶厅外观、大威寺茶厅结构、大威寺茶厅结构装饰	作者 摄
	小冲墓群	小冲墓群局部、小冲墓群墓碑一、小冲墓群墓碑二、小冲墓群六角亭碑	作者 摄
	盘县水塘村古建筑群	水塘村全景、水塘村李氏宅院群、水塘村民居朝门、水塘村民居一、水塘村民居二、水塘村民居槅扇门、水塘村清代武魁匾、水塘村民居窗芯雕刻	第七批国保申报材料
水城县	水城化乐碉楼	水城化乐碉楼鸟瞰、水城化乐碉楼	作者 摄
六枝特区	六枝羊场近现代商贸建筑群	羊场近现代商贸建筑群及周边环境、永昌盐号入口、永昌盐号院落、龚家药铺外观、龚家药铺院落、唐家马店外观、唐家马店院落、龙幼安宅鸟瞰	作者 摄

09 毕节市

区县	古建筑名称	图片名称	图片来源
七星关区	大屯土司庄园	大屯土司庄园鸟瞰、大屯土司庄园大堂、大屯土司庄园大堂室内构架、大屯土司庄园正堂、大屯庄园正堂檐廊、大屯土司庄园祠堂与“时园”、大屯土司庄园绣楼、大屯庄园山墙装饰、大屯土司庄园平面图	作者 摄
金沙县	马鞍山赵氏民宅	赵氏民宅鸟瞰、赵氏民宅正房、赵氏民宅厢房、赵氏民宅山墙装饰细部	作者 摄
	敖氏和罗氏墓群石刻	敖家坟北墓群、敖家坟北墓石坊、敖家坟南墓群石坊、敖家坟南墓群影壁、罗氏墓群、罗氏墓群石坊细部	第七批国保申报材料

续表

区县	古建筑名称	图片名称	图片来源
大方县	奢香墓	慕俄格城堡遗址上新建的奢香博物馆、奢香墓、奢香墓近景	作者 摄
	九层衙门遗址	新建的九层衙门鸟瞰、九层衙门第一殿（新建）	作者 摄
	大方三塔	奎峰塔、扶风塔、联璧塔	作者 摄
黔西县	黔西武庙	黔西武庙现状鸟瞰、武庙正殿、武庙正殿盘龙石柱	作者 摄
	三楚宫戏楼	三楚宫三门、三楚宫戏楼、三楚宫戏楼雕刻细部一、三楚宫戏楼雕刻细部二、三楚宫戏楼雕刻细部三	作者 摄
	黔西象祠遗址	遗址上新象祠（上）和山下新建筑、遗址上的新建象祠	作者 摄
织金县	织金保安寺	保安寺全景、慈云洞、保安寺观音洞、保安寺地母庙	作者 摄
	织金鱼山	织金鱼山全景	作者 摄
		鱼山黑神庙正殿	多彩贵州网
		鱼山对厅、鱼山藏书楼	织金县人民政府网
	织金东山寺	东山寺鸟瞰、东山寺摩崖石刻、东山寺正殿	作者 摄
	织金财神庙	财神庙鸟瞰、财神庙外观	作者 摄
	织金文昌阁	文昌阁鸟瞰、文昌阁正视	作者 摄
	织金营上古建筑群	营上古建筑群鸟瞰、王永年故居正房与院落、刘家大院院落、刘家碉楼、王家碉楼之一、王家碉楼之二、石洞房	作者 摄
威宁彝族回族苗族自治县	威宁凤山寺	凤山寺鸟瞰、凤山寺前殿、凤山寺前殿前廊、凤山寺真武殿	作者 摄
	威宁玉皇阁	威宁玉皇阁鸟瞰、前殿与庭院、玉皇阁正面	作者 摄

致谢（Acknowledgements）

感谢清华大学建筑学院的信任和委托、华润雪花啤酒（中国）有限公司的项目资助；感谢长期致力于推动古建筑文化普及和传承的王贵祥教授给予的指导，并向他致以崇高的敬意；感谢李菁老师和丛书其他分册的主编，在本书编写过程中给予的启迪；感谢我的导师王路教授，对我在聚落和民居研究方面的指引和帮助。

书中大多数建筑选点参考了国家级和省级文保单位名录，这些建筑点在各级文物部门的出版物和网站中，提供了简要而明确的参考信息，书中参考资料虽未能一一清楚标明，但向他们的工作表示敬意和感谢。

特别感谢好友陈迟博士和李海霞博士在本书编写中给予的建议和帮助。感谢中央民族大学的几位书稿工作参与者：由祝玉娇协助完成了地图绘制、部分建筑实地调研拍摄、后期图片整理和图文信息核实；吴瑶协助完成了各市州的概况整理；裴可心、李思瑶协助完成了部分基础信息收集整理。

为保证古建筑信息的时效性和真实性，本书中采用的图片大多为近期实地踏勘拍摄，个别古建筑选点没有赴现场调研，采用了已出版文献和网站中的图文，在此向这些作者一并表示感谢。受篇幅所限，大量有价值的民居建筑和市级文保建筑未涵盖在内，本书中仅选择了 209 处古建筑。在资料收集和写作、建筑选择中，难免会有偏颇和遗缺，望各位读者批评指正。

赵海翔

2018 年 11 月 25 日